narr **STUDIENBÜCHER**

Melanie Andresen

# Computerlinguistische Methoden für die Digital Humanities

## Eine Einführung für Geisteswissenschaftler:innen

Bibliografische Information der Deutschen Nationalbibliothek
Die Deutsche Nationalbibliothek verzeichnet diese Publikation in der Deutschen Nationalbibliografie; detaillierte bibliografische Daten sind im Internet über http://dnb.dnb.de abrufbar.

DOI: https://doi.org/10.24053/9783823395799


Dischingerweg 5 · D-72070 Tübingen



Internet: www.narr.de
eMail: info@narr.de

CPI books GmbH, Leck

ISSN 0941-8105
ISBN 978-3-8233-8579-0 (Print)
ISBN 978-3-8233-9579-9 (ePDF)
ISBN 978-3-8233-0505-7 (ePub)

# Inhalt

# Vorwort

Dieses Buch basiert auf der Lehrveranstaltung „Computerlinguistische Methoden für die Digital Humanities", die ich in den Wintersemestern 2020/21 bis 2023/24 an der Universität Stuttgart im Masterstudiengang „Digital Humanities" unterrichtet habe. Ich danke allen Studierenden dieser Lehrveranstaltung ganz herzlich für ihre hochmotivierte Teilnahme, wertvolle Rückmeldungen und die zahlreichen Impulse aus ihren geisteswissenschaftlichen Disziplinen, die den Austausch in der Lehrveranstaltung wie auch in den Digital Humanities im Ganzen für mich so facettenreich und spannend machen.

Mein Dank gilt meinem Lektor Tillmann Bub, der mir genau zum richtigen Zeitpunkt den Anstoß gegeben hat, dieses lange erwogene Projekt tatsächlich in die Tat umzusetzen. Jonas Kuhn danke ich herzlich dafür, dass er mir die Umsetzung ermöglicht hat.

Für ihre Zeit zum Korrekturlesen, ihr hilfreiches Feedback und gute Gespräche danke ich (in alphabethischer Reihenfolge) Johanna Binnewitt, André Blessing, Lisa Dücker, Agnieszka Faleńska, Lina Franken, Sarah Ihden, Sarah Jablotschkin, Nora Ketschik, Roman Klinger, Janis Pagel, Axel Pichler, Nils Reiter, Evelyne Roth, Michael Roth, Nadja Schauffler, Eleonore Schmitt, Lena Schnee, Carla Sökefeld, Anna Tilmans und Michael Vauth.

Stuttgart, im Februar 2024 — Melanie Andresen

# 1 Einleitung

In diesem Kapitel werden Inhalt und Aufbau dieses Buches vorgestellt. Wir klären außerdem, was genau die Computerlinguistik ist und welche Gemeinsamkeiten und Unterschiede zwischen der Computerlinguistik und dem eng verwandten Gebiet der Korpuslinguistik bestehen. Zuletzt führen wir die Grundbegriffe Korpus, Metadaten und Annotation ein, die im ganzen Buch zentral sind.

## 1.1 Über dieses Buch

Computerlinguistische Methoden durchdringen heute unseren Alltag: Wir stellen Anfragen an Suchmaschinen, die ermitteln, welche Webseiten am besten zu unserem Anliegen passen. Wir nutzen automatische Übersetzer, damit wir uns bei einer geschäftlichen E-Mail auf Englisch nicht allein auf unser Sprachgefühl verlassen müssen. Unser Textverarbeitungsprogramm korrigiert unsere Rechtschreibfehler. Das Tippen von Textnachrichten auf dem Handy wird dadurch erleichtert, dass uns jederzeit die wahrscheinlichsten nächsten Wörter vorgeschlagen werden. Bei Bedarf können wir unser Smartphone auch mündlich beauftragen, den Wecker für morgen früh zu stellen oder Mama anzurufen. Und vielleicht fragen wir Chatbots nach den richtigen Antworten für die heutigen Hausaufgaben oder lassen sie ganze Essays für uns schreiben.

Auch für die geisteswissenschaftliche Textanalyse bieten computerlinguistische Methoden ein großes Potenzial. Sie ermöglichen uns die Auswertung von Textmengen, die mit manuellen Methoden nicht realistisch bearbeitet werden können. Denn auch in den Geisteswissenschaften stehen uns immer größere Datenmengen zur Verfügung, die wir nicht mehr manuell sichten können. Stattdessen sind wir auf das sog. Distant Reading angewiesen, d. h. die computerbasierte Erschließung großer Textmengen. Die Computerlinguistik bietet uns zudem neue, datengeleitete Zugänge zu unseren Gegenständen. Dies ist insbesondere bei explorativen Fragestellungen hilfreich, wenn wir unsere Daten zunächst erschließen und nicht direkt eine bestimmte, aus der Theorie abgeleitete Hypothese prüfen wollen. Computerlinguistische Methoden ergänzen den traditionellen geisteswissenschaftlichen Blick auf Texte um Quantifizierungen, die unter anderem präzise Vergleiche und die Anwendung statistischer Methoden ermöglichen. Ein Teilschritt der Analyse wird dadurch reproduzierbar, auch wenn die Interpretation der Daten am Ende in der Regel uns Menschen und unserer subjektiven Perspektive überlassen bleibt.

Dieses Buch richtet sich an alle, die Interesse an der Anwendung computerlinguistischer Methoden auf geisteswissenschaftliche Fragestellungen und an der Reflexion ihrer Potenziale haben. Es setzt kein linguistisches, technisches oder mathematisches Vorwissen voraus und bietet dadurch einen niedrigschwelligen Einstieg in ein spannendes und interdisziplinäres Forschungsfeld, das an der Schnittstelle von ganz unterschiedlichen, textbasiert arbeitenden Geisteswissenschaften und der Computerlinguistik liegt.

Die Computerlinguistik hat sich in den letzten Jahrzehnten methodisch massiv verändert.[1] Frühe Ansätze haben vor allem menschliche Expert:innen genutzt, die ihr Wissen über den Gegenstand in maschinell lesbare Regeln übersetzt haben, die der Computer dann anwenden konnte. Für den Anwendungsfall der Spamerkennung in E-Mails ließe sich beispielweise als Regel formulieren, dass das Wort *gratis* im Betreff möglicherweise auf eine Spamnachricht hinweist und diese dann entsprechend behandelt wird. Durch die stark gestiegene (und weiterhin steigende) Verfügbarkeit von Sprachdaten und Rechenkapazitäten zu ihrer Verarbeitung setzen die meisten Ansätze der Gegenwart auf statistische Verfahren des maschinellen Lernens und Deep Learnings. Hierbei gibt es keine von Menschen formulierten Regeln. Stattdessen muss eine ausreichende Menge bereits korrekt klassifizierter Daten zum Training zur Verfügung stehen, anhand derer der Algorithmus die (teilweise sehr komplexen) Zusammenhänge zwischen den Merkmalen der sprachlichen Oberfläche und den Zielkategorien ermittelt.

Für die Anschlussfähigkeit computerlinguistischer Methoden an die Geisteswissenschaften stellen sich durch diese Entwicklung ganz neue Fragen. Insbesondere die Interpretierbarkeit der automatischen Analyse und ihrer Ergebnisse ist ein entscheidender Faktor für die Einsatzfähigkeit computerlinguistischer Modelle in den Geisteswissenschaften. Für die geisteswissenschaftlichen Erkenntnisinteressen ist es in der Regel nicht ausreichend, zum Beispiel die Unterscheidung zwischen zwei Gruppen von Texten erfolgreich automatisieren zu können. Stattdessen wollen wir durch die Analyse vor allem etwas über unseren Gegenstand lernen. Die erfolgreichsten Methoden der Computerlinguistik sind deshalb nicht unbedingt auch die mit dem größten Potenzial für die Geisteswissenschaften.

In dieser Einführung werden deshalb zwei Strategien verfolgt: Erstens liegt ein Schwerpunkt auf Methoden, die mit linguistischen Grundlagen in Verbindung stehen und sich durch gute Nachvollziehbarkeit durch den Menschen auszeichnen. Diese entsprechen aus computerlinguistischer Perspektive nicht immer dem allerneusten Stand der Technik, sind für geisteswissenschaftliche Fragestellungen aber vielfach geeigneter. Zweitens wird mit dem maschinellen Lernen und den künstlichen neuronalen Netzen in die aktuellen Methoden der Computerlinguistik einführt. Schließlich ist auch für manche geisteswissenschaftlichen Anliegen vor allem die erfolgreiche Automatisierung das Ziel. Der computerlinguistische Stand der Technik ist in einem sehr zügigen Wandel begriffen und mag sich zum Zeitpunkt der Veröffentlichung dieses Buches bereits weiterentwickelt haben, ohne dass die hier vermittelten Grundlagen ihre Gültigkeit verlieren würden.

---

1 Für einen detaillierteren Einblick in die Geschichte der Computerlinguistik siehe Menzel (2010) und Lobin (2010), einen aktuelleren Überblick über das Fach bietet Munro (2022).

Der Hauptteil dieses Buches ist in drei Teile gegliedert: Die Kapitel in **Teil I** gehen von linguistischen Beschreibungsebenen aus und stellen dar, welche computerlinguistischen Zugänge uns jeweils zu dieser Ebene von Sprache zur Verfügung stehen und wie wir damit praktisch arbeiten können. Im Rahmen der Lexik (Kapitel 2) geht es darum, was für den Computer (und für uns) ein Wort ist und wie wir den Wortschatz eines Korpus mit Methoden wie Kollokations- oder Keywordanalyse untersuchen können. Die Kapitel zu Wortarten (Kapitel 3) und Syntax (Kapitel 4) beschreiben, wie wir diese linguistischen Grundkategorien modellieren, manuell oder automatisch annotieren und für geisteswissenschaftliche Fragestellungen nutzen können. Im Gebiet der Semantik betrachten wir Wege, den Inhalt eines Korpus über Wortfelder zu erschließen (Kapitel 5), Möglichkeiten, im Rahmen der Sentimentanalyse Bewertungen oder Stimmungen zu erfassen (Kapitel 6) und mit den Konzepten der distributionellen Semantik, insbesondere den populären Word Embeddings, zu arbeiten (Kapitel 7). Im Bereich der Pragmatik blicken wir auf die Referenten von Texten und darauf, wie wir sie anhand von Named Entity Recognition und Koreferenzanalyse erfassen können (Kapitel 8). Am Ende jedes Kapitels zeigen Beispielstudien, welche Anwendungspotenziale sich aus den jeweiligen Methoden für die Digital Humanities ergeben. **Teil II** setzt einen methodischen Schwerpunkt quer zu den linguistischen Teilgebieten. Wir widmen uns der Frage, wie wir in Korpora nach Wörtern und Mustern suchen und die Ergebnisse durch statistische Kennzahlen und Visualisierungen präsentieren können (Kapitel 9). Kapitel 10 fokussiert die manuelle Annotation von Daten, die für viele Automatisierungen der wichtige erste Schritt ist. In zwei Kapiteln zum maschinellen Lernen (Kapitel 11) und spezifischer dem Deep Learning (Kapitel 12) geht es um Möglichkeiten der Automatisierung von Annotationen. In **Teil III** betrachten wir computerlinguistische Methoden im Kontext der Gesellschaft und widmen uns den ethischen Fragen, die bei der Anwendung computerlinguistischer Methoden berücksichtigt werden müssen (Kapitel 13).

Am Ende der meisten Kapitel gibt es Übungen, zu denen im digitalen Anhang des Buches Musterlösungen zur Verfügung stehen. Sie können im Online-Shop des Narr Verlags aufgerufen werden (https://files.narr.digital/9783823385790/Zusatzmaterial.zip). Zu manchen Aufgaben gehören außerdem Beispielskripte in *Python*, die ebenfalls im digitalen Anhang zu finden sind. Die Skripte sind so gestaltet, dass sie auch ohne fundierte Programmierkenntnisse ausprobiert werden können. Um die Skripte auf Ihrem eigenen Rechner ausführen zu können, müssen Sie eine möglichst aktuelle Version von → *Python 3* installiert haben. Zusätzlich empfiehlt sich eine (kostenlose) Programmierumgebung wie → *PyCharm* oder → *Visual Studio Code*. Mögliche Probleme bei der Installation und Einrichtung lassen sich in einem Buch nur schwer abdecken. Über die Suchmaschine Ihres Vertrauens finden Sie aber bei Bedarf zahlreiche Anleitungen in Text- und Videoform.

Alle Tools und Ressourcen, die mit einem Pfeil (→) versehen sind, finden Sie im Ressourcenverzeichnis am Ende des Buches mit allen wichtigen Informationen zum Zugriff wieder. Zur Veranschaulichung der in diesem Buch vorgestellten Methoden wird häufig das → *Foodblogkorpus* als Beispiel verwendet. Es umfasst 150 deutschsprachige Texte aus 15 Foodblogs und steht als freier Download zur Verfügung. Alle URLs in diesem Buch wurden zuletzt am 12. Dezember 2023 überprüft.

## 1.2 Korpus- und Computerlinguistik

Dieses Buch ist eine Einführung in computerlinguistische Methoden. In den Grundlagen des Faches ergibt sich aber eine Überschneidung mit dem Gebiet der Korpuslinguistik. Einige Konzepte und Methoden, die in diesem Buch präsentiert werden, sind auch Teil des korpuslinguistischen Werkzeugkoffers. Deshalb wollen wir die beiden Fächer zu Beginn vergleichend nebeneinanderstellen. Die **Korpuslinguistik** kann definiert werden als:

> die Gesamtheit aller Tätigkeiten, die darauf gerichtet sind,
> (1) umfangreiches authentisches Sprach- oder Textmaterial (gesprochen oder geschrieben) zu sammeln, zusammen zu stellen [sic], aufzubereiten, mit Informationen zu annotieren, zu verwalten und zu warten sowie verfügbar zu machen,
> (2) solches Material für wissenschaftliche oder technische Zwecke oder andere Anwendungen systematisch auszuwerten. (Köhler 2005: 1)

Diese Definition betont in Punkt 1, dass das Textmaterial „umfangreich“ sein muss. Dies hängt damit zusammen, dass die Korpuslinguistik im Normalfall zu quantitativen, generalisierenden Aussagen kommen möchte und dazu Muster analysiert, die sich erst ab einer gewissen Menge von Material beobachten lassen. Wie groß die Menge an Daten zu diesem Zweck sein muss, lässt sich nur für den Einzelfall beantworten. Weiterhin wird auch die Authentizität des Sprachmaterials hervorgehoben. Dies erfolgt insbesondere in Abgrenzung zu in der Sprachwissenschaft historisch häufig genutzten Verfahren, der Introspektion, also der Befragung des eigenen, subjektiven Sprachgefühls, sowie der Konstruktion von Beispielsätzen, die unter Umständen zwar grammatisch möglich sind, aber in der wirklichen Sprachverwendung nicht vorkommen.

Die Definition erwähnt außerdem, dass in Korpora gesprochene oder geschriebene Sprache gesammelt werden kann. Beide Modi bringen ihre eigenen Herausforderungen mit sich. Gesprochene Sprache muss zunächst aufgezeichnet und dann transkribiert, also verschriftlicht werden. Auch wenn die automatische Erkennung gesprochener Sprache große Fortschritte macht, erfordert dieser Vorgang in den meisten Fällen erheblichen manuellen Aufwand. Geschriebene Sprache ist oft besser verfügbar, wenn sie von vornherein digital ist oder bereits digitalisiert wurde. Bauen wir hingegen ein Korpus aus mittelalterlichen handschriftlichen Dokumenten auf, ist auch hier mit einem erhöhten Arbeitsaufwand aus Scannen, automatischer Texterkennung, Nachbearbeitungen usw. zu rechnen.

Neben der Erstellung des Korpus wird auch die Verwaltung und Verfügbarmachung als Aufgabe der Korpuslinguistik angeführt. Während nicht bei jedem Korpus eine

Veröffentlichung möglich ist (insbesondere im Rahmen studentischer Arbeiten mit geringen Kapazitäten oder bei Korpora aus datenschutzrechtlich sensiblen oder urheberrechtlich geschützten Texten), ist es für die wissenschaftliche Gemeinschaft von großer Bedeutung, dass Daten allgemein zur Verfügung stehen, sodass Aufbereitungsarbeit nicht mehrfach geleistet werden muss. Öffentlich verfügbare Daten ermöglichen außerdem eine unabhängige Überprüfung von Ergebnissen und tragen so dazu bei, dass das Fach den Ansprüchen an die gute wissenschaftliche Praxis gerecht wird (siehe z. B. Deutsche Forschungsgemeinschaft 2022).

Punkt 2 der Definition trägt der Tatsache Rechnung, dass Korpora nicht nur zu linguistischen Zwecken analysiert werden, sondern für ganz unterschiedliche Wissenschaften interessant sein können. Dies ist gerade im Kontext der Digital Humanities von Bedeutung, wo sich potenziell alle geisteswissenschaftlichen Fächer korpus- und computerlinguistischer Methoden bedienen. Die zusätzliche Erwähnung von technischen Zwecken leitet bereits in den Zuständigkeitsbereich der **Computerlinguistik** über:

> Die Computerlinguistik ist diejenige Wissenschaft, die ganz allgemein die maschinelle Verarbeitung von Sprache mit dem Computer in den Blick nimmt. Im Mittelpunkt stehen dabei Prozesse, die die Erzeugung oder Analyse von gesprochener oder schriftlich fixierter Sprache erlauben. Aber auch die Beschreibung der Sprache selbst in einer Weise, dass der Computer damit umgehen kann, ist Gegenstand der Computerlinguistik. Und schließlich verfolgt man mit der maschinellen Verarbeitung von Sprache meist ein bestimmtes praktisches Ziel, so dass auch die Entwicklung von Software, von sprachverarbeitenden Systemen, ein wichtiges Teilgebiet der Computerlinguistik darstellt. (Lobin 2010: 10)

Wie bei der Korpuslinguistik wird Sprache auch hier in geschriebener und gesprochener Form erwähnt. Während in der Korpuslinguistik gesprochene Sprache für die Analyse zunächst ins geschriebene Medium übertragen wird, befassen sich Teilbereiche der Computerlinguistik auch mit Sprache als akustischem Phänomen, etwa im Kontext von Sprachassistenten. In diesem Buch wird es nur um die schriftliche Form von Sprache gehen.

Gegenüber der Korpuslinguistik wird in der Definition eine neue Unterscheidung gemacht: Die Computerlinguistik befasst sich wie die Korpuslinguistik mit der Analyse, aber auch mit der Erzeugung von Sprache. Während wir uns bei der Analyse mit vorhandenen Sprachdaten befassen, können wir bei der Erzeugung ganz neue Sprache, ebenfalls in gesprochener oder geschriebener Form, generieren. Sprachgenerierung kommt zum Beispiel bei Chatbots zum Einsatz und wird im Kontext von Produktbeschreibungen genutzt. Sie ist außerdem Teil der bereits erwähnten Sprachassistenzsysteme, die in gesprochener Sprache auf unsere Fragen antworten.

Die Definition erwähnt die Herausforderung, Sprache überhaupt in einer Form zu modellieren, mit der ein Computer etwas anfangen kann. Das betrifft zum Beispiel die Segmentierung: Arbeiten wir mit Wörtern, Sätzen oder Texten als Analyseeinheiten? Was für Kategorien benötigen wir für unsere Analyse? Und in was für Datenstrukturen können wir all das im Computer abbilden? Im Laufe des Buchs werden wir uns mit einigen Möglichkeiten hierzu befassen.

Ein wichtiger Unterschied gegenüber der Korpuslinguistik ist das am Ende erwähnte praktische Ziel: Computerlinguistische Entwicklungen erfolgen mehrheitlich in Hinblick auf ein bestimmtes Anwendungsszenario oder ein spezifisches Problem, das mithilfe von Software gelöst werden soll. Das kann zum Beispiel darin bestehen, für beliebige Sätze eine vollständige syntaktische Analyse zu produzieren oder zuverlässig positive Bewertungen zu einem Produkt von negativen zu unterscheiden.

Betrachtet man nun Korpus- und Computerlinguistik im Vergleich, zeigen sich Gemeinsamkeiten und Unterschiede: Beide Felder betreiben computergestützte Forschung zu Sprache mithilfe von Korpora. Aber sie verfolgen dabei ganz unterschiedliche Erkenntnisinteressen: Die Korpuslinguistik beschreibt die Verwendung von Sprache anhand von Korpora und ist an sprachlichen Mustern um ihrer selbst willen interessiert. Die Computerlinguistik demgegenüber versucht, Sprache mit dem Computer zu modellieren und so praktische Probleme technisch zu lösen (McEnery & Hardie 2012: 228).

Folglich unterscheidet sich auch, was in den beiden Fächern jeweils als interessantes Forschungsergebnis betrachtet wird. Durch die hohe Anwendungsorientierung in der Computerlinguistik ist die entscheidende Frage häufig: Wie gut funktioniert dieses System, das bestimmte sprachliche Muster oder Handlungen erkennen soll? Zum Beispiel: Mit welcher Genauigkeit kann das automatische System Hatespeech in den sozialen Medien erkennen? Ist es genau genug, um in der Praxis eingesetzt werden zu können? Die Korpuslinguistik legt den Fokus hingegen auf die Beschreibung und Erklärung von sprachlichen Phänomenen und fragt: Was können wir aus den Ergebnissen über den sprachlichen Gegenstand lernen? Im Beispiel interessiert sich die Korpuslinguistik etwa für die Frage: Welche sprachlichen Merkmale zeichnen Hatespeech in den sozialen Medien aus und welche Funktionen haben sie?

Viele Ergebnisse computerlinguistischer Forschung werden heute in der Korpuslinguistik und den Digital Humanities eingesetzt und einige davon werden wir in diesem Buch betrachten. Dazu gehört etwa die Tokenisierung, also die Segmentierung von Zeichenketten in Wörter, die Annotation von Wörtern mit ihrer Wortart oder ihrer syntaktischen Funktion sowie die Erkennung von Eigennamen oder im Text ausgedrückten Sentiments. Diese Analyseoptionen sind nicht nur in den Sprachwissenschaften relevant. Sprache ist auch in vielen anderen Geisteswissenschaften Gegenstand oder ermöglicht zumindest einen Zugang zum Forschungsgegenstand: „[E]xperience of the human world is largely a textually mediated experience, and to that extent, human beings live in a textually mediated world" (McEnery & Hardie 2012: 230).

## 1.3 Grundbegriffe

In diesem Kapitel war bereits vielfach von Korpora die Rede, die sowohl in der Korpus- als auch in der Computerlinguistik eine entscheidende Rolle spielen. In diesem

Abschnitt werfen wir einen genaueren Blick auf die Grundbegriffe Korpus, Metadaten und Annotationen.

Das Wort „Korpus“ gibt es im Deutschen als Maskulinum und als Neutrum:[2] Während wir „der Korpus“ sagen, wenn es zum Beispiel um den Körper eines Menschen, eines Schranks oder einer Gitarre geht, nutzen wir „das Korpus“ in der Korpuslinguistik, um von einer wissenschaftlich untersuchbaren Textsammlung zu sprechen. Genauer lässt sich das **Korpus** (Plural: Korpora) wie folgt definieren:

> Ein Korpus ist eine Sammlung schriftlicher oder gesprochener Äußerungen. Die Daten des Korpus sind typischerweise digitalisiert, d. h. auf Rechnern gespeichert und maschinenlesbar. Die Bestandteile des Korpus bestehen aus den Daten selber sowie möglicherweise aus Metadaten, die diese Daten beschreiben, und aus linguistischen Annotationen, die diesen Daten zugeordnet sind. (Lemnitzer & Zinsmeister 2015: 13)

Die meisten Korpora umfassen schriftliche Äußerungen. Der Aufbau von Korpora gesprochener Sprache ist meist aufwendiger, da er zunächst die Transkription der gesprochenen Sprache, also ihre Übertragung in den schriftlichen Modus, erfordert. Generell ist die gesprochene Sprache deshalb korpuslinguistisch weniger erforscht. Aber auch die Aufbereitung schriftlicher Texte kann sehr aufwendig sein, wenn sie nicht schon von sich aus maschinenlesbar sind. Für die korpuslinguistische Analyse von handschriftlichen Aufzeichnungen einer historischen Persönlichkeit etwa ist viel manuelle Aufbereitung notwendig. Die maschinenlesbare Form des Korpus ist Voraussetzung für die effiziente (oder überhaupt realistische) Durchführung aller korpus- und computerlinguistischen Verfahren. Neben den Primärdaten, also den Texten selbst, werden in der Definition noch Metadaten und Annotationen als Teile von Korpora genannt.

Der Begriff der **Metadaten** ist manchen vielleicht aus dem öffentlichen Diskurs um Datenschutz und die Vorratsdatenspeicherung bekannt. Hier ist oft die Rede davon, dass beispielsweise Metadaten von Telefongesprächen erfasst werden können. Es werden also nicht die Gespräche selbst aufgezeichnet (das wären hier die Primärdaten), aber alle Informationen dazu erfasst, wer wann wie lange mit wem telefoniert hat

Informationen, die ebenfalls bereits weiterreichende Schlüsse zulassen. Metadaten sind also ihrem Präfix entsprechend „Daten über die Daten“. In der Korpuslinguistik beantworten Metadaten die Frage: Was ist eigentlich drin in diesem Korpus? Diese Information ist essenziell, um wissenschaftlich mit den Daten arbeiten zu können. Welche Metadaten wichtig sind und zu den Texten des Korpus zur Verfügung stehen sollten, hängt von der Fragestellung ab, zu deren Beantwortung sie beitragen sollen. Beispiele für häufig erfasste Metadaten sind etwa die Textsorte, die Autorin oder der Autor des Textes (bzw. demografische Daten wie Alter und regionale Herkunft), der

2 Genaugenommen gibt es auch das Femininum „die Korpus“. Dabei handelt es sich um einen Fachbegriff aus dem Druckwesen für einen Schriftgrad von 10 Punkt (https://www.duden.de/node/83098/revision/1413078).

Modus (geschrieben/gesprochen), der Entstehungszeitpunkt und ggf. die Erhebungsbedingungen.

Metadaten sind unheimlich wichtig, um die Daten zu verstehen und beurteilen zu können, ob ein verfügbares Korpus zu unserer Fragestellung passt. Anhand der Metadaten können wir außerdem erkennen, ob es im Korpus möglicherweise Teilgruppen gibt, in denen die Antwort auf unsere Frage unterschiedlich ausfällt und die getrennt analysiert werden sollten. Wenn wir uns etwa für die Satzlänge in der deutschen Schriftsprache interessieren und unser Korpus Zeitungstexte, wissenschaftliche Texte und Social-Media-Posts enthält, ist eine separate Analyse dieser Gruppen empfehlenswert.

Wenn wir ein bereits verfügbares Korpus nutzen, müssen wir uns deshalb immer ausführlich über die Metadaten informieren und prüfen, ob die Daten zur Bearbeitung unserer Fragestellung geeignet sind. Metadaten werden zum Beispiel über eine begleitende Webseite veröffentlicht oder können in wissenschaftlichen Publikationen enthalten sein. Sollten relevante Informationen fehlen, besteht vielleicht die Möglichkeit, direkt bei den Ersteller:innen nachzufragen. Wenn wir selbst ein Korpus erstellen, müssen wir neben den Texten selbst auch möglichst viele Metadaten erheben. Es empfiehlt sich, dies frühzeitig anzugehen, bevor eventuell Informationen verloren gehen. Im Zweifelsfall lohnt es sich, alle verfügbaren Metadaten zu erfassen, falls sie sich erst später als wichtig herausstellen oder Forscher:innen mit anderen Interessen das Korpus nachnutzen wollen. Metadaten sollten in maschinenlesbarer Form erfasst werden, zum Beispiel in einer Tabelle. Bei der Erfassung sollte man von vornherein auf Einheitlichkeit achten, um spätere Nachbearbeitungen zu vermeiden (z. B. gibt es sehr viele unterschiedliche Möglichkeiten, ein Datum zu schreiben). Suchen wir zum Beispiel im Kernkorpus des 20. Jahrhunderts des → *Digitalen Wörterbuchs der deutschen Sprache (DWDS)* nach Verwendungsbelegen für ein bestimmtes Wort, bekommen wir zu jedem Treffer die Information, aus welcher Publikation er stammt (inkl. Titel, Autor:in, Veröffentlichungsjahr, Seitenzahl), zu welcher Textklasse der Text gehört (Belletristik, Wissenschaft, Gebrauchsliteratur oder Zeitung) und welcher Lizenz der Text unterliegt.

Neben den Primärdaten und den Metadaten ist in der oben angeführten Definition von Korpus noch von (optionalen) Annotationen die Rede. Bei **Annotationen** handelt es sich um Anreicherung des reinen Textes eines Korpus mit zusätzlichen Informationen. Oft sind das linguistische Informationen wie Wortarten, syntaktische Strukturen, Eigennamen oder Koreferenzrelationen. Grundsätzlich kann aber jede Art Information annotiert werden, die am Text beobachtbar ist, zum Beispiel das Thema eines Absatzes oder die Erzählebene in literarischen Texten. Metadaten liefern in der Regel Informationen über den Text als Ganzes, Annotationen können sich auf sprachliche Einheiten beliebiger Größe beziehen: Laute, Morpheme, Wörter, Wortgruppen, Sätze oder Absätze.

Annotationen ermöglichen es, das Korpus gezielter nach Phänomenen zu durchsuchen. Wenn wir uns zum Beispiel für die Verwendung von Adjektiven interessieren, ist es hilfreich, wenn zu jedem Wort eines Textes die Wortart hinterlegt ist und wir direkt danach suchen können. Annotationen haben außerdem den Vorteil, dass sie unsere Interpretation der Daten wiederauffindbar und kritisierbar machen. Wenn wir in einem Text annotiert haben, in welchen Sätzen es unserer Meinung nach um Krankheit geht, kann eine andere Person sich diese Annotationen später ansehen und unter Umständen feststellen, dass sie selbst manche Entscheidungen anders getroffen hätte. So tragen Annotationen zur Wissenschaftlichkeit des Forschungsprozesses bei.

Annotationen können manuell oder automatisch vorgenommen werden. Mit beiden Formen werden wir uns in diesem Buch ausführlich beschäftigen. Die manuelle Annotation (Kapitel 10) erfordert eine klare Ausformulierung von Regeln zur Annotation (Annotationsrichtlinien), damit die Annotationen nicht subjektiv ausfallen, sondern mehrere Personen anhand der Regeln zu ähnlichen Annotationsergebnissen kommen. Die manuelle Annotation kann durch zahlreiche digitale Tools unterstützt werden. Das Ziel der Computerlinguistik ist in der Regel die automatische Annotation durch den Computer. Für einige linguistische Kategorien ist das bereits mit hoher Qualität möglich, etwa für die Wortarten. Andere Kategorien, die mehr Wissen über den größeren sprachlichen Kontext oder die Welt erfordern, sind weniger gut automatisierbar. Für viele Kategorien stehen bereits Tools zur automatischen Annotation zur Verfügung. Wenn wir für unsere Analyse individuellere Kategorien benötigen, für die das nicht der Fall ist, können wir uns auch selbst an der Automatisierung der Annotationsaufgabe versuchen (Kapitel 11 und 12).

Die Kategorien oder Label, die bei der Annotation vergeben werden, bezeichnet man auch als **Tags**. Eine Sammlung von Tags, die gemeinsam einen Phänomenbereich abdecken, heißt **Tagset**. Das STTS (Schiller et al. 1999) ist zum Beispiel ein Tagset zur Annotation von Wortarten, das aus 54 unterschiedlichen Tags besteht. Von einem Tagset erwarten wir, dass es das zu annotierende Phänomen mehr oder weniger vollständig abdeckt. Ein Tagset ist exhaustiv, wenn für alle denkbaren Phänomene ein Tag vorgesehen ist. Tagsets sollten außerdem disjunkt sein, d. h., die Kategorien sind trennscharf und jeder Instanz wird genau ein Tag zugewiesen. Im Beispiel der Wortarten sollte jedes Wort des Deutschen genau einer Kategorie des Tagsets zuzuweisen sein (und nicht keiner oder mehreren).

Annotationen können in ganz unterschiedlichen Formen vorgenommen werden. Allen von uns bekannt sind sicherlich handschriftliche Annotationen auf Papier. So können wir etwa beim Lesen einer Kurzgeschichte anhand von Markierungen formale oder inhaltliche Besonderheiten hervorheben, zum Beispiel alle Textstellen, die zur Charakterisierung der Hauptfigur beitragen. Annotationen auf Papier sind leicht anzufertigen und oft für einen ersten Zugang zu einem Text geeignet, wenn die zu annotierenden Kategorien möglicherweise noch gar nicht feststehen. Die Auswertung von Annotationen auf Papier ist allerdings mühsam und kaum automatisierbar, weshalb es sich immer empfiehlt, frühzeitig auf eine digitale Form umzusteigen.

Mit welchen Annotationstools und in welchem Annotationsformat wir sinnvollerweise arbeiten, hängt von einer Reihe von Faktoren ab, insbesondere davon, welche

Art Information wir annotieren und wie wir sie später analysieren wollen. In den folgenden Kapiteln werden wir eine Reihe von Beispielen für Annotationskategorien und die Arbeit mit ihnen kennenlernen.

# Teil 1: Linguistische Ausgangspunkte

# 2 Lexik

In diesem Kapitel geht es darum, wie wir ein Wort definieren und es mit dem Computer erfassen können, indem wir Zeichenketten in Token segmentieren und Wortformen auf ihr Lemma abbilden. Wir befassen uns außerdem mit allgemeinen Frequenzeigenschaften des Wortschatzes von Korpora. Als konkrete Analyseverfahren zur Lexik betrachten wir die Berechnung von Kollokationen und Keywords und demonstrieren ihren Nutzen anhand von Beispielstudien.

## 2.1 Das Wort

In der Lexik dreht sich alles um das **Wort** und den Wortschatz. Deshalb widmen wir uns zunächst dem grundlegenden Konzept des Wortes, das sich als überraschend schwer zu fassen erweist. Im *Lexikon der Sprachwissenschaft* heißt es etwa:

> Intuitiv vorgegebener und umgangssprachlich verwendeter Begriff für sprachliche Grundeinheiten, dessen zahlreiche sprachwissenschaftliche Definitionsversuche uneinheitlich und kontrovers sind. (Bußmann 2008: 794)

Woran liegt es, dass das Konzept des Wortes, das uns im Alltag völlig klar erscheint, schwer präzise zu definieren ist? Betrachten wir die folgende Liste von Beispielen:

(1) Ich stehe auf.

(2) Ich fahre nach New York.

(3) Mund-zu-Mund-Beatmung

(4) Sie soll's am Abend nochmal versuchen.

(5) Waschmaschine vs. washing machine

Intuitiv lässt sich das Wort als etwas beschreiben, das zwischen zwei Leerzeichen (oder Interpunktionszeichen) steht. Doch gleich im ersten Beispielsatz wird dieses Konzept herausgefordert: *stehe auf* lässt sich schließlich auf die Grundform *aufstehen* zurückführen. Es ließe sich durchaus dafür argumentieren, dass es sich nur um ein Wort handelt. Ebenso können wir im Fall von *New York* dafür plädieren, dass es sich um ein einziges Wort handelt, da beide Komponenten nur zusammen als Name der Stadt gelesen werden können. Bei komplexen Wortbildungen wie in Beispiel (3) haben wir es zwar mit nur einem Wort zu tun, aber die Bestandteile haben noch eine hohe Selbstständigkeit, die gerade durch die graphematische Trennung durch Bindestriche betont wird. Zuletzt erlaubt das Deutsche Kontraktionen (‚Zusammenziehungen', auch: Verschmelzungen), bei denen die Bestandteile in unterschiedlichem Maße selbstständig bleiben: Bei *soll's* in Beispiel (4) ließe sich noch dafür argumentieren, vor dem Apostroph zu trennen und von zwei Wörtern zu sprechen. Bei *am* hingegen ist die Kontraktion aus *an dem* sehr stark konventionalisiert, wir nehmen sie also kaum noch als solche wahr und eine Trennung ist nicht in allen Kontexten grammatisch. Das Beispiel (5) zeigt, dass die Segmentierung am Leerzeichen je nach Sprache sehr unterschiedliche Ergebnisse haben kann und dadurch willkürlich erscheint.

Um diese ganz unterschiedlichen Perspektiven abzudecken, brauchen wir mehrere Wortkonzepte. Wir wollen sie im Folgenden anhand dieser Bespielsätze unterscheiden:

(6) Die **Ente** schwimmt im Teich.

(7) Die **Ente** taucht unter.

(8) Ich versuche, mich mit der **Ente** anzufreunden.

(9) Ich mag **Enten**.

Die Duden-Grammatik (Duden 2009: 129–130) unterscheidet zwei Wortkonzepte, nämlich das Lexem und das syntaktische Wort:

- Das **Lexem** ist eine abstrakte Einheit des Wortschatzes, die in unterschiedlichen grammatischen Formen realisiert werden kann. In den Beispielsätzen gehören alle vier fett markierten Wörter zum gleichen Lexem ENTE. Ein Lexem wird meistens durch sein Lemma dargestellt. Das **Lemma** (Plural: Lemmata, auch: Nennform) können wir uns vorstellen als die Form des Wortes, die wir im Wörterbuch nachschlagen würden. Bei Verben ist das der Infinitiv, bei Substantiven der Nominativ Singular, bei Adjektiven die prädikative Form (wie in *Die Wolke ist **weiß***).
- Das **syntaktische Wort** oder die **Wortform** ist eine spezifische grammatische Ausprägung eines Wortes. Das Wort *Ente* in Beispiel (6) und (7) steht im Nominativ Singular, in Beispiel (8) im Dativ Singular, in Beispiel (9) im Akkusativ Plural. Wir haben es also mit drei unterschiedlichen syntaktischen Wörtern zu tun.

Zusätzlich können wir noch das **graphematische Wort** hinzuziehen, bei dem es sich um eine Buchstabensequenz handelt, die von Leerzeichen (und ggf. Interpunktionszeichen) begrenzt wird (Fuhrhop & Peters 2023: 260). Hier ist die sprachliche Oberfläche entscheidend und nicht die Zugehörigkeit zu einer Bedeutungseinheit wie beim Lexem oder die grammatischen Eigenschaften wie beim syntaktischen Wort. In diesem Sinne handelt es sich bei den fettgedruckten Wörtern in (6)–(9) um vier graphematische Wörter.

In der Korpus- und Computerlinguistik spielen für die Wortdefinition auch praktische Fragen eine Rolle: Damit sie dem Computer möglichst leicht vermittelbar ist, benötigen wir eine an der sprachlichen Oberfläche orientierte Definition. Deshalb wird der Begriff des Wortes, der zahlreiche theoretische Implikationen hat, oft vermieden. Stattdessen sprechen wir von **Type** und **Token** (englisch ausgesprochen):

> Als Type bezeichnen wir ein Wort im Sinne einer abstrakten Kategorie. Kommt in einem Satz (oder Korpus) zweimal das Wort *und* vor, gehören beide Instanzen zum gleichen Type. [...] Token sind demgegenüber die konkreten Vorkommen eines Types an einer bestimmten Stelle im Text. Zu einem Type kann es im Korpus also immer ein oder mehrere Token geben. (Andresen & Zinsmeister 2019: 32)

Der Begriff Token entspricht also weitestgehend dem graphematischen Wort. Allerdings gehören auch Interpunktionszeichen zu den Token sowie alle anderen Textsegmente, die wir eventuell nicht im engeren Sinne als Wort bezeichnen würden (z. B. E-Mail-Adressen und Hashtags). In den Beispielsätzen zählen wir bei den fettgedruckten Wörtern vier Token, aber nur zwei Types (*Ente* und *Enten*).

Die Größe eines Korpus wird meist in Token angeben. Es ist sinnvoll, zur Klarstellung zu ergänzen, ob die Zählung mit oder ohne Interpunktion erfolgt:

> Das *Foodblogkorpus* umfasst 89.448 Token (inkl. Interpunktion).

In diesem Buch wird der Einfachheit halber häufig von „Wörtern" die Rede sein, eine Präzisierung erfolgt dort, wo es sich als notwendig erweist.

## 2.2 Tokenisierung

Wie stellen sich Wörter nun für den Computer dar? Zunächst ist zu betonen, dass der Computer kein intuitives Verständnis von Wörtern hat. Stattdessen sieht die Maschine zunächst nur Zeichenketten, auch Strings genannt. Leerzeichen unterscheiden sich dabei nicht grundsätzlich von anderen Zeichen. Auf der grundlegendsten Ebene werden alle Zeichen durch eine Abfolge von Nullen und Einsen repräsentiert: das Zeichen „A" etwa durch die Folge „01000001", das Leerzeichen durch „00100000".[3] Wenn wir mit Zeichenketten linguistisch arbeiten wollen, müssen wir sie zunächst segmentieren. Diese Segmentierung wird als **Tokenisierung** bezeichnet, also die Zerlegung von Zeichenketten in Token (und oft auch in Sätze).

Eine einfache Möglichkeit zur Tokenisierung besteht darin, die Zeichenkette an Leerzeichen und sonstigem Whitespace (z. B. Zeilenumbrüchen und Tabstopps) zu teilen. Damit erreichen wir in der Mehrzahl der Fälle unser Ziel der Segmentierung in Token. Aber es gibt Ausnahmen: Insbesondere für Interpunktionszeichen brauchen wir eine separate Behandlung, damit sie nicht am Ende des vorangehenden Tokens kleben bleiben. Da das Inventar von Interpunktionszeichen überschaubar ist, wäre hier denkbar, mit einer Liste zu arbeiten und Zeichenketten mit einem Interpunktionszeichen am Ende nachzubearbeiten. Allerdings würden wir im Falle von Abkürzungen wollen, dass der Abkürzungspunkt Teil des Tokens bleibt, was eine komplexere Handhabung erfordert (s. u.).

3 https://www.utf8-zeichentabelle.de/unicode-utf8-table.pl?utf8=bin.

Die zweite Aufgabe der Tokenisierung besteht in der Segmentierung in Sätze. Auch hier kann man sich eine einfache Grundregel vorstellen, derzufolge wir Zeichenketten an Interpunktionszeichen segmentieren, die das Satzende anzeigen, also an Punkt, Fragezeichen und Ausrufezeichen. Dies würde beispielsweise der Zeichenkette in Beispiel (10) bereits gerecht. Zusätzlich ließe sich prüfen, ob auf das Interpunktionszeichen ein Leerzeichen und ein Großbuchstabe folgen, um Beispiele wie (11) zu berücksichtigen. Die größte Herausforderung auch bei der Satzsegmentierung sind Abkürzungen. In Beispiel (12) sollte erkannt werden, dass der Punkt nach *Aufl* ein Abkürzungspunkt ist und kein Satzende anzeigt. Die Aufgabe wird erschwert durch Fälle wie Beispiel (13), wo der Punkt eine Doppelfunktion als Abkürzungspunkt und Satzendepunkt erfüllt.

(10) Morgens esse ich gerne Müsli. Das schmeckt!

(11) Wir brauchen mindestens 1.000 Enten!

(12) Die dritte Aufl. ist soeben erschienen.

(13) Das Buch erscheint in dritter Aufl.

Die wichtigste Aufgabe der Tokenisierung besteht also in der Disambiguierung von Punkten in Abkürzungs- und Satzendepunkte. Zu diesem Zweck können wir regelbasierte Verfahren nutzen, wie zum Beispiel Listen von häufig verwendeten Abkürzungen und reguläre Ausdrücke (siehe Kapitel 9.1), mit denen zum Beispiel geprüft wird, ob auf den Punkt ein Leerzeichen und ein Großbuchstabe folgen. Allerdings sind Listen nicht sehr flexibel. Je nach Textsorte sind ganz unterschiedliche Abkürzungen üblich und eine für Zeitungsdaten erstellte Liste wird für wissenschaftliche Texte nur teilweise hilfreich sein. Außerdem gibt es viele selten verwendete Abkürzungen, die nicht alle erfasst werden können. Auch das Problem, zu erkennen, wenn eine Abkürzung am Satzende steht, ist durch die Liste noch nicht gelöst (Hagenbruch 2010).

Listenansätze können um Regeln ergänzt werden. Dabei kann das Wort nach dem zu disambiguierenden Punkt Aufschluss geben: Kleinschreibung macht sehr wahrscheinlich, dass es sich um eine Abkürzung und kein Satzende handelt. Ist es großgeschrieben, können wir aber nicht umgekehrt schließen, dass ein Satzende vorliegt. Um hier abzuwägen, kann es helfen, die Wortart zu berücksichtigen: Wird zum Beispiel eine Präposition großgeschrieben, haben wir es in der Regel mit einem neuen Satz zu tun. Zusätzlich können wir im Korpus prüfen, ob das Wort auch kleingeschrieben vorkommt. Wird es meistens kleingeschrieben, können wir die Großschreibung wiederum als Hinweis auf eine Satzgrenze interpretieren (Hagenbruch 2010).

Anstatt all diese Zusammenhänge in Regeln zu formulieren, können wir die Tokenisierung auch mit statistischen Verfahren vornehmen, die auf Grundlage von Korpora komplexere Muster erkennen und auf neue Daten anwenden können. Das Verfahren *Punkt* von Kiss & Strunk (2006) macht sich das Konzept der Kollokationen zunutze, das in Kapitel 2.5 genauer vorgestellt wird. Kurz gesagt liegt hier die Annahme zugrunde, dass Abkürzungen im Korpus nur selten ohne den Punkt am Ende vorkommen. Indem wir ermitteln, welche Wörter auffällig häufig vor einem Punkt stehen, haben wir gute Kandidaten für Abkürzungen identifiziert. Zusätzlich ziehen Kiss & Strunk (2006) noch heran, dass Abkürzungen meistens eher kurz sind und unter Umständen auch weitere, wortinterne Punkte vorkommen. Letzteres ist insbesondere dann der Fall, wenn Abkürzungen für mehrere Wörter entgegen der Rechtschreibempfehlung zusammengeschrieben werden (*u.s.w.*). Das Verfahren hat den großen Vorteil, dass es keinen zusätzlichen menschlichen Input wie zum Beispiel Annotationen benötigt, sondern unüberwacht (siehe Kapitel 11.2) von den bloßen Textdaten ausgeht. Dadurch ist es leicht auf andere Sprachen übertragbar – jedenfalls solche, die Leerzeichen und Interpunktion nutzen.

Für die praktische Umsetzung der Tokenisierung stehen uns eine Reihe von Tools zur Verfügung. In *Python* sind hier insbesondere das → *Natural Language Toolkit* (*NLTK*) (mit der Tokenisierung basierend auf Kiss & Strunk 2006), → *Stanza* und → *spaCy* zu erwähnen, in der Programmiersprache → *R* die Bibliothek → *quanteda*. Außerdem gibt es Tools zur Korpusanalyse, die neben vielen anderen Funktionen auch eine Tokenisierung vornehmen, wie zum Beispiel → *AntConc*.

## 2.3 Lemmatisierung

Das Deutsche ist eine morphologisch komplexe Sprache – jedenfalls im Vergleich zum Englischen, für das die meisten Tools zur automatischen Sprachverarbeitung zuerst entwickelt werden.[4] Das bedeutet, dass viele Lexeme viele ganz unterschiedliche Oberflächenformen haben. Das Adjektiv *weiß* etwa kann neben dieser Grundform zum Beispiel auch als *weiße, weißer, weißes, weißen, weißere, (am) weißesten* verwendet werden. Wenn wir wissen wollen, wie oft in einem Text von der Farbe Weiß die Rede ist, ist uns die konkrete Wortform vermutlich weniger wichtig, wir würden gerne die Vorkommen aller Formen des Lexems zählen. Zu diesem Zweck ist der Schritt der Lemmatisierung notwendig.

Bei der **Lemmatisierung** werden alle Token auf ihre Grundform, also auf das Lemma, abgebildet. Die automatische Lemmatisierung kann sich zunutze machen, dass viele Flexionsprozesse im Deutschen regelhaft funktionieren. So können wir eine Partizip-II-Form eines Verbs mehrheitlich daran erkennen, dass sie mit *ge-* beginnt und auf *-t* endet. Das Lemma können wir bilden, indem wir das *ge-* streichen und das *-t* durch ein *-en* ersetzen (*gelacht* → *lachen, gemeint* → *meinen*). Allerdings gibt es auch einige irreguläre Formen (*gewesen* → *sein*) und Wörter, die diesem Muster entsprechen, ohne ein Partizip zu sein (*geht, gerät*). Anstatt sich auf solche hart formulierten Regeln zu verlassen, arbeiten die meisten modernen Lemmatisierer mit wahrscheinlichkeitsbasierten Verfahren (Wartena 2019).

4 Morphologisch deutlich komplexer als das Deutsche sind zum Beispiel Türkisch und Arabisch.

Die Lemmatisierung ist Teil der meisten Tools zur automatischen Analyse von Sprache, etwa über die Plattform ⟶ *WebLicht*, die *Python*-Bibliotheken ⟶ *Stanza* und ⟶ *spaCy* oder den ebenfalls in *Python* implementierten Tagger ⟶ *HanTa* (Wartena 2019). In der Regel empfiehlt sich die Verwendung der Lemmatisierung, wenn wir vor allem am Inhalt eines Textes und weniger an seiner sprachlichen Gestaltung interessiert sind. Obwohl die Lemmatisierung für viele Anwendungsfälle sehr nützlich ist, kann es auch wichtig sein, die konkreten Wortformen dabei nicht aus den Augen zu verlieren. Studien haben gezeigt, dass es zwischen den unterschiedlichen Formen eines Lemmas durchaus Bedeutungsunterschiede geben kann: Tognini-Bonelli (2001: 94) zeigt zum Beispiel, dass das Verb *to face* in seiner Form *facing* eher im konkreten Sinne von ‚etwas gegenüberstehen' verwendet wird, bei Verwendung der Form *faced* ist mehrheitlich die metaphorische Bedeutung ‚mit etwas konfrontiert sein' gemeint.

## 2.4 Der Wortschatz von Korpora

Die Frequenzen von Wörtern und die Verteilung dieser Frequenzen in Korpora folgen einer Reihe von Mustern, die für die Arbeit mit Korpora immer wieder von Bedeutung sind und die wir hier betrachten werden.

Welche Wörter würden wir erwarten, wenn wir die häufigsten Wörter im *Foodblogkorpus* betrachten? Tabelle 1 zeigt die Lösung: In der Mehrzahl handelt es sich um sog. Funktionswörter, also Artikel, Konjunktionen, Präpositionen und Pronomen. Diese Wörter verraten uns zunächst nichts oder wenig über den Inhalt des Korpus und sind auch für jedes Korpus des Deutschen ungefähr gleich. Das einzige Wort, das einen Hinweis auf die Textsorte gibt, ist *g* (wie in *500 g Mehl*) als häufige Mengenangabe für Zutaten. Die hohe Frequenz von *ich* kann zusätzlich als Hinweis auf eine Textsorte interpretiert werden, in der Menschen von ihren eigenen Erfahrungen berichten.

| Rang | Types | Frequenz |
|---:|---|---:|
| 1 | *und* | 2730 |
| 2 | *die* | 1546 |
| 3 | *mit* | 1211 |
| 4 | *in* | 1108 |
| 5 | *der* | 1065 |
| 6 | *g* | 749 |
| 7 | *den* | 740 |
| 8 | *ich* | 683 |
| 9 | *das* | 636 |
| 10 | *auf* | 620 |

Tabelle 1: Die 10 häufigsten Types im *Foodblogkorpus*

Wenn wir die Frequenz aller Wörter im Korpus ermitteln, sortieren und grafisch darstellen, ergibt sich für jedes Korpus eine Verteilung wie in Abbildung 1. Jedes Korpus hat somit eine sehr kleine Anzahl von Wörtern, die extrem häufig sind (linker Rand). Von Rang zu Rang nimmt die Frequenz aber sehr schnell ab. Außerdem hat jedes Korpus extrem viele Wörter, die nur sehr selten oder sogar nur ein einziges Mal vorkommen (rechter Rand in Abbildung 1). Dieser Zusammenhang wird als das **Zipf'sche Gesetz** bezeichnet. Formaler ausgedrückt besagt das Gesetz:

> Die Frequenz eines Wortes ist umgekehrt proportional zu seinem Rang in der sortierten Wortliste. Das heißt: Wenn die Frequenz eines Wortes $W_1$ k-mal so groß ist wie die eines Wortes $W_2$, dann ist der Rang von $W_2$ ungefähr k-mal so groß wie der von $W_1$. (Perkuhn, Keibel & Kupietz 2012: 84; ursprünglich Zipf 1949)

Die Werte in Tabelle 1 zeigen, dass das zumindest annähernd der Fall ist: *die* hat einen doppelt so hohen Rangplatz wie *und*, dem Gesetz nach müsste die Frequenz von *und* also doppelt so hoch sein wie die von *die*. Tatsächlich liegt die Frequenz 1,77-mal so hoch (2730/1546) und auch manche der folgenden Werte liegen etwas abseits der erwarteten Werte. Aber die ungefähre Tendenz wird durch das Gesetz gut beschrieben, wie auch an der charakteristischen Kurve in Abbildung 1 erkennbar ist.

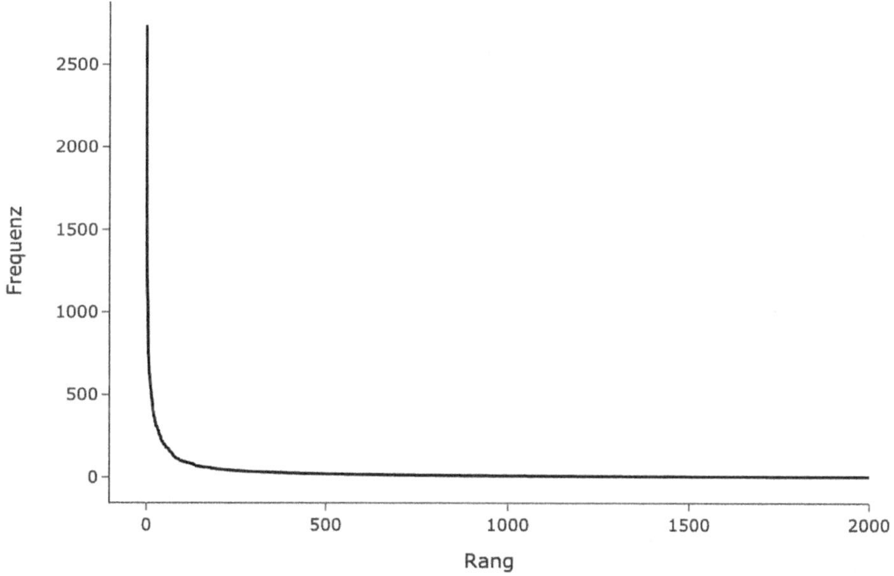


Abbildung 1: Die häufigsten Wörter des *Foodblogkorpus* und ihre Frequenz, nach Frequenz sortiert

Die beschriebene Verteilung von Wortfrequenzen bedeutet auch, dass es in jedem Korpus eine hohe Anzahl an sog. **Hapax Legomena** (Singular: Hapax Legomenon) gibt, d. h. Wörtern, die im Korpus nur ein einziges Mal vorkommen. Auch dies lässt sich am *Foodblogkorpus* veranschaulichen: Wie bereits oben genannt, umfasst das Korpus insgesamt 89.448 Token (inkl. Interpunktion) und 13.042 Types, also unterschiedliche Wörter. Davon handelt es sich bei ganzen 7.707 um Hapax Legomena. Das heißt, dass ungefähr jeder zweite Type nur ein einziges Mal im Korpus vorkommt. Dieser Anteil variiert zwar von Korpus zu Korpus, die Größenordnung ist aber recht stabil.

Für die korpus- und computerlinguistische Praxis bedeutet dies: Die hochfrequenten Funktionswörter können ein Problem darstellen, da sie (für die meisten Fragestellungen) wenig Information transportieren, aber viel frequenter sind als alle anderen Wörter. Diesem Problem wird häufig mit sog. **Stoppwortlisten** begegnet, d. h. Listen von genau diesen Funktionswörtern, die basierend auf der Liste von der Analyse ausgeschlossen werden können. Wie bereits erwähnt, sind diese hochfrequenten Wörter korpusübergreifend relativ stabil, sodass nicht für jedes Korpus eine eigene Liste erstellt werden muss. Textsortenspezifische Ergänzungen können aber durchaus sinnvoll sein.

Am anderen Ende der Verteilung kann die hohe Zahl an Hapax Legomena eine Herausforderung sein. Im Gegensatz zu den hochfrequenten Wörtern ist in diesem Bereich mit sehr viel Variation zwischen Korpora zu rechnen. Das bedeutet, dass jedes neue Korpus, das wir analysieren, wieder sehr viele noch unbekannte Wörter enthält, für die der Computer aber etwa bei der automatischen Annotation mit Wortarten trotzdem eine sinnvolle Analyse anbieten soll.

Eine einfache Möglichkeit, den Wortschatz eines Korpus zu charakterisieren, ist der sog. **Type-Token-Ratio** (TTR). Dabei handelt es sich um ein Maß für die lexikalische Vielfalt eines Textes, das zahlreiche Anwendungsmöglichkeiten hat. Das Maß wird zum Beispiel verwendet, um den Sprachstand Lernender zu beschreiben: Je besser man eine Sprache beherrscht und je größer der Wortschatz wird, desto größer wird die lexikalische Vielfalt der Texte. In der Literaturwissenschaft könnte man annehmen, dass die lexikalische Vielfalt in „anspruchsvoller" Literatur höher ist als in Heftromanen – Jannidis, Konle & Leinen (2019) können diese Hypothese allerdings nicht bestätigen.

Der TTR berechnet sich als Quotient aus der Anzahl der Types und der Anzahl der Token in einem Korpus.

$$TTR = \frac{\text{Anzahl Types}}{\text{Anzahl Token}}$$

Das *Foodblogkorpus* beispielsweise hat 89.448 Token und 13.042 Types (beides inkl. Interpunktion), sodass wir den TTR folgendermaßen berechnen können:

$$TTR = \frac{13042}{89448} = 0,146$$

Für die Interpretation dieses Wertes ist es hilfreich, sich die möglichen Extremwerte zu vergegenwärtigen. Nehmen wir also den (völlig unrealistischen) Extremfall maximaler lexikalischer Vielfalt an, der darin besteht, dass jeder Type im Korpus nur ein einziges

Mal vorkommt. Für das *Foodblogkorpus* würde das bedeuten, dass 89.448 unterschiedliche Wörter vorliegen. Der TTR würde in diesem Fall einen Wert von 1 erreichen:

$$\frac{89448}{89448} = 1$$

Der andere Extremfall besteht darin, dass das ganze Korpus nur aus einem einzigen Wort besteht, das immer wiederholt wird:

$$\frac{1}{89448} \approx 0$$

Der TTR nimmt in diesem Fall einen Wert sehr nahe an 0 an. Realistische Werte werden immer irgendwo zwischen diesen beiden Extremen liegen. Um letztlich zu einer Beurteilung eines solchen Wertes zu kommen, brauchen wir immer einen Vergleichswert. Hier stoßen wir allerdings auf ein gewichtiges Problem des TTR: Der Wert ist nicht unabhängig von der Korpusgröße. Stattdessen lässt sich beobachten, dass der TTR mit steigender Korpusgröße abnimmt. Dadurch ist ein Vergleich von Korpora unterschiedlicher Größe nicht möglich. Der Grund für diese Abhängigkeit liegt wiederum in der Zipf'schen Verteilung und wird von Perkuhn, Keibel & Kupietz (2012: E6–3) anschaulich beschrieben:

> Zur Veranschaulichung dieser Ursache stellen Sie sich vor, Sie gehen ein bestehendes Korpus Worttoken für Worttoken durch und berechnen dabei nach jedem Token den TTR-Wert für das Teilkorpus, das alle bisher gesehenen Tokens enthält. Nach einigen hundert Tokens werden Sie bereits den meisten der hochfrequenten (d. h. häufigen) Worttypes mindestens einmal begegnet sein. Je größer Ihr Teilkorpus wird, desto mehr werden Sie auch von den mittelfrequenten Wörtern mindestens einmal gesehen haben, und es wird immer unwahrscheinlicher, im nächsten Token einen neuen Worttype anzutreffen, denn es verbleiben fast nur noch niederfrequente Worttypes, die Sie noch ein erstes Mal sehen könnten.

Um der Abhängigkeit des TTR von der Korpusgröße Rechnung zu tragen, kommt in der Praxis der **standardisierte Type-Token-Ratio** (STTR) zum Einsatz. Die Berechnung besteht aus drei Schritten (Perkuhn, Keibel & Kupietz 2012: E6–4):

1. Wir teilen das Korpus in Segmente gleicher Länge. Häufig wird hier eine Länge von 100 bis 2000 Token gewählt, ein geeigneter Wert hängt aber auch von der Länge der Texte im Korpus ab.
2. Wir berechnen den TTR für jedes Segment einzeln. Das letzte (in der Regel zu kurze) Segment wird dabei ausgelassen.
3. Wir bilden das arithmetische Mittel aller TTR-Werte für das Korpus.

Sofern wir die gleiche Segmentlänge wählen, können wir den STTR-Wert von zwei unterschiedlichen Korpora miteinander vergleichen. Auch der STTR kann Werte zwischen 0 und 1 annehmen und ist analog zum TTR zu interpretieren.

Zur Anwendung auf das *Foodblogkorpus* gibt es unterschiedliche Möglichkeiten. Wir können Textgrenzen und Blogs vorübergehend ignorieren und alle Texte zu einer großen Datei zusammenführen, die dann segmentiert wird. Da die Texte im Schnitt knapp 600 Token lang sind, berechnen wir den STTR für eine Segmentlänge von 500 und kommen auf den Wert 0,56. Alternativ können wir einen STTR-Wert für alle Blogs einzeln berechnen und sie miteinander vergleichen. So können wir feststellen, dass die lexikalische Vielfalt im Korpus erheblich schwankt: Die Werte reichen von 0,49 für den Blog *Baking with Marianne* bis zu *Kochzivilisten* mit 0,61 (bei Segmentlänge 500).

## 2.5 Kollokationen

Um den Wortschatz und die Verwendung konkreter Wörter in einem Korpus weiterführend zu beschreiben, lohnt es sich, über das Einzelwort hinauszuschauen:

> You shall know a word by the company it keeps. (Firth 1957: 179)

Diese vielzitierte Formulierung von John R. Firth bringt die Intuition hinter dem Konzept der **Kollokationen** auf den Punkt: Die Bedeutung eines Wortes ergibt sich aus dem Kontext, in dem es benutzt wird. Allgemeiner gesprochen können wir viel über die Verwendung eines Wortes lernen, wenn wir betrachten, welche anderen Wörter häufig im Kontext unseres Zielwortes stehen.

Zu den wichtigsten Kollokationen zum Suchwort *Film* im *DWDS-Wortprofil*[5] gehören beispielsweise *drehen*, *Regisseur/in*, *zeigen*, *gleichnamig*, *laufen*, *Festival* und *sehenswert*. Hieraus lassen sich bereits mehrere kulturell relevante Aspekte von Filmen ableiten: Es geht um die Herstellung eines Films, darum, einen Film dem Publikum zu präsentieren, und um die Bewertung von Filmen. Das Adjektiv *gleichnamig* verweist u. a. darauf, dass viele Filme etwa auf Buchvorlagen basieren. Auf diese Weise erlauben uns Kollokationen einen kompakten Einblick in die Verwendungskontexte eines Wortes, ohne dass wir dafür alle Texte des Korpus lesen müssten.

Der Begriff der Kollokation wird in der Linguistik auf sehr unterschiedliche Weise definiert und verwendet. In diesem Kapitel geht es um ein rein empirisches Konzept, also etwas, was wir berechnen können und dessen Einstufung als Kollokation nicht von der Einschätzung Forschender abhängig ist. Wir werden aber sehen, dass auch bei der Berechnung viele Entscheidungen zu treffen sind, mit denen wir als Forschende die Ergebnisse beeinflussen. In diesem Sinne können Kollokationen folgendermaßen definiert werden:

> [W]e define a collocation as a combination of two words that exhibit a tendency to occur near each other in natural language, i. e. to cooccur. (Evert 2009: 1214)

Um dieses Verhältnis von zwei Wörtern beobachtbar zu machen, müssen wir zunächst klären, was wir unter Kookkurrenz, also dem gemeinsamen Vorkommen von zwei

---

5 https://www.dwds.de/wp/?q=Film.

Wörtern, verstehen. Evert (2009: 1215) führt drei Möglichkeiten an. Die erste besteht darin, das gemeinsame Vorkommen an der Textoberfläche zu betrachten. Dafür wird ein Fenster um das Zielwort herum definiert: Alle Wörter, die in einem Fenster von zum Beispiel zwei Wörtern rechts und links (ggf. auch nur rechts oder links) vom Zielwort stehen, werden als Kookkurrenzen betrachtet. In Beispiel (14) sehen wir ein solches Kontextfenster der Größe zwei. Wir können festhalten, dass das Zielwort *Zeit* mit den Wörtern *Rezept, einige, in, Anspruch, und, die, lohnt* und *für* vorkommt. Je nach Größe des Kontextfensters ergeben sich andere Kollokationen, sodass die Wahl wohlüberlegt getroffen und bei der Präsentation der Ergebnisse angegeben werden sollte.

(14) Ich bin mir dessen bewusst, dass dieses Rezept einige Zeit in Anspruch nimmt, aber ich verspreche, dass sich die Arbeit und die Zeit lohnt für dieses himmlisch köstliche Sommertörtchen. (*Foodblogkorpus*, bakingwithmarianne_05)

Die zweite Möglichkeit, Kookkurrenz zu definieren, besteht darin, textuelle Kriterien anzusetzen und festzulegen, dass zwei Wörter dann kookkurrieren, wenn sie im gleichen Satz, Absatz oder Text stehen. Eine textbasierte Definition kann zum Beispiel bei kurzen Texten sinnvoll sein, etwa bei einem Korpus aus Social-Media-Posts.

Drittens kann Kookkurrenz auch syntaktisch definiert werden. Zwei Wörter kookkurrieren in dieser Variante, wenn sie zum Beispiel in einer direkten syntaktischen Relation im Sinne der Dependenzsyntax stehen (siehe Kapitel 4). Dies ermöglicht im Vergleich zu den anderen Definitionen genauere Aussagen dazu, in welchem Verhältnis die beiden Wörter stehen (z. B. *Film* ist das Akkusativobjekt zu *drehen*).

Zusätzlich ist es oft sinnvoll, als Kriterium für eine Kollokation eine Mindestfrequenz anzusetzen, indem wir etwa festlegen, dass die Wortkombination mindestens zehnmal im Korpus vorkommen muss. Alternativ oder ergänzend kann eine Mindestanzahl von Texten festgelegt werden, in denen die Wortkombination vorkommen muss. Auf diese Weise kann zum Beispiel ausgeschlossen werden, dass nur ein einziger Text, in dem die beiden Wörter sehr häufig zusammenstehen, für den Status als Kollokation verantwortlich ist. Eine Mindestfrequenz reduziert auch den Aufwand in der Berechnung von Kollokationen, weil schon bei einer Mindestfrequenz von zwei die zahlreichen Hapax Legomena gar nicht mehr betrachtet werden müssen (Evert 2009: 1215).

Wenn wir definiert haben, was wir unter Kookkurrenz verstehen, können wir das gemeinsame Vorkommen von zwei Wörtern im Korpus auf dieser Grundlage einfach zählen. Um zu beurteilen, ob zwei Wörter dazu neigen, gemeinsam vorzukommen, ist die Frequenz allein aber keine ausreichende Information. Ein Wort, das im Korpus generell sehr häufig ist, wird auch mit mehr Wörtern häufig gemeinsam vorkommen als ein seltenes Wort. Wir brauchen deshalb ein sog. **Assoziationsmaß**, das die Häufigkeit des gemeinsamen Vorkommens mit den Häufigkeiten des einzelnen Vorkommens in Relation setzt. Wir sprechen erst dann von einer Kollokation, wenn zwei Wörter im

Text häufiger gemeinsam vorkommen, als auf Grundlage ihrer Einzelwahrscheinlichkeiten zu erwarten wäre.

Wir müssen also die bei zufälliger Verteilung erwartete Frequenz *E* mit der tatsächlich beobachteten Frequenz *O* (für engl. ‚observed') vergleichen. Letztere lässt sich, wie der Name verrät, einfach in den Daten beobachten. Die erwartete Frequenz hingegen müssen wir berechnen. Dabei hilft uns die Tatsache, dass relative Frequenzen als Wahrscheinlichkeiten interpretiert werden können (siehe Kapitel 9.2). Angenommen, wir interessieren uns dafür, ob es sich bei *Kardamom* im *Foodblogkorpus* um eine Kollokation zu *Zimt* handelt. Die beiden Wörter kommen mit den in Tabelle 2 angeführten Frequenzen vor. Wählen wir ein Kontextfenster von ±2, so kommen sie im Korpus 15-mal gemeinsam vor.

| **Wort** | **Absolute Frequenz $f$** | **Relative Frequenz $\frac{f}{N}$** |
|---|---|---|
| *Zimt* | 48 | 0,00054 |
| *Kardamom* | 30 | 0,00034 |

Tabelle 2: Beispielfrequenzen der Wörter *Zimt* und *Kardamom* im *Foodblogkorpus* (N = 89448)

Den relativen Frequenzen entsprechend beträgt die Wahrscheinlichkeit, dass ein zufällig gewähltes Wort des Textes *Zimt* ist, 0,00054. Die Wahrscheinlichkeit, dass es *Kardamom* ist, beträgt 0,00034. Um die Wahrscheinlichkeit zu ermitteln, dass beides nacheinander eintritt, können wir die Einzelwahrscheinlichkeiten einfach miteinander multiplizieren (folgende Darstellung orientiert an Evert 2009: 1225–1226):

$$\frac{f_1}{N} \cdot \frac{f_2}{N} = 0,00054 \cdot 0,00034 = 0,0000002$$

Die Variable $f$ steht hier für die absolute Frequenz, wobei der Index jeweils auf das Wort verweist ($f_1$ist also die Frequenz von Wort 1, hier *Zimt*), $N$ ist die Korpusgröße. Da das Wort *Kardamom* bei einem Kontextfenster von zwei Wörtern rechts und links an insgesamt vier Positionen mit der gegebenen Wahrscheinlichkeit auftauchen kann, multiplizieren wir das Ergebnis außerdem mit dieser Größe des Kontextfensters $k$:

$$k \cdot \frac{f_1}{N} \cdot \frac{f_2}{N} = 4 \cdot 0,00054 \cdot 0,00034 = 0,00000072$$

Um die dazugehörige absolute Frequenz zu ermitteln, multiplizieren wir anschließend mit der Korpusgröße $N$:

$$k \cdot \frac{f_1}{N} \cdot \frac{f_2}{N} \cdot N = 4 \cdot 0,00054 \cdot 0,00034 \cdot 89448 = 0,064$$

So erhalten wir die erwartete Frequenz $E$ für das gemeinsame Vorkommen der beiden Wörter: Wir würden erwarten, dass die beiden Wörter im Korpus 0,064-mal gemeinsam verwendet werden, wenn es keine besondere Assoziation zwischen ihnen gibt. Indem wir um die Korpusgröße $N$ kürzen, erhalten wir eine noch etwas kompaktere Formel:

$$E = k \cdot \frac{f_1}{N} \cdot \frac{f_2}{N} \cdot N = k \cdot \frac{f_1 \cdot f_2}{N}$$

Nun können wir die beobachtete und die erwartete Frequenz miteinander vergleichen. Hierfür gibt es viele unterschiedliche Möglichkeiten, wir betrachten exemplarisch das Maß **Pointwise Mutual Information (PMI)**, oft auch nur **Mutual Information (MI)** genannt. Intuitiver Ausgangspunkt ist der Quotient von beobachteter und erwarteter Frequenz:

$$\frac{O}{E} = \frac{15}{0,064} = 233$$

Die Interpretation ist leicht verständlich: *Zimt* und *Kardamom* kommen im Korpus 233-mal so häufig gemeinsam vor, wie auf Grundlage ihrer Einzelwahrscheinlichkeiten zu erwarten wäre. Als weiterer Schritt wird der Wert noch logarithmiert, um das Maß symmetrisch zu machen: Werte größer als 0 stehen nun für eine positive Assoziation, Werte kleiner als 0 für eine negative Assoziation (Abstoßung). Die gesamte Formel für das Maß PMI lässt sich dementsprechend wie folgt zusammenfassen (Evert 2009: 1226):

$$PMI = \log_2\left(\frac{O}{E}\right), \text{ wobei } E = k \cdot \frac{f_1 \cdot f_2}{N}$$

Für das Beispiel bedeutet dies:

$$PMI = \log_2\left(\frac{15}{0,064}\right) = 7,86$$

Dieser Wert ist am besten im Vergleich mit Werten anderer Wortpaare zu interpretieren. Ein häufiges Szenario ist, dass wir für unser Zielwort die Assoziation mit allen anderen Wörtern des Korpus berechnen und uns die zum Beispiel zehn Wörter mit der stärksten Assoziation ausgeben lassen, die die Grundlage für unsere anschließende Interpretation darstellen.

PMI ist nur ein Assoziationsmaß unter sehr vielen, die uns zur Verfügung stehen. Diese Maße haben teilweise beschriebene Vor- und Nachteile, eine klare Empfehlung für alle Anliegen gibt es aber nicht (siehe den Überblick in Evert 2009). Für die Praxis sollten wir bedenken, dass die Wahl des Assoziationsmaßes durchaus großen Einfluss auf die Ergebnisse hat und es sich zum Beispiel lohnen kann, die Ergebnisse mehrerer Maße miteinander zu vergleichen. Auch mit der Festlegung der Kontextdefinition und der Mindestfrequenzen sowie der Frage, ob wir die Daten vor der Analyse lemmatisieren, fließen in die Berechnung von Kollokationen viele menschliche Entscheidungen ein. Auch wenn Kollokationen auf Berechnungen beruhen, können wir deshalb kaum von einer „objektiven" oder „neutralen" Analyseform sprechen.

Kollokationsanalysen können in Korpusanalysetools wie ⟶ *AntConc* durchgeführt werden, in *Python* bietet zum Beispiel das ⟶ *NLTK* eine entsprechende Funktion an, in *R* die Bibliothek ⟶ *quanteda*. Bei allen Optionen stehen mehrere unterschiedliche Assoziationsmaße zu Auswahl.

## 2.6 Keywords

Eine zweite Analyseform, die sich dem Wortschatz in Korpora widmet und für viele Forschungsfragen relevant ist, ist der Vergleich von zwei Korpora. Zum Beispiel können wir die Texte von Virginia Woolf mit denen ihrer Zeitgenoss:innen oder die Wissenschaftssprachen der Fächer Literaturwissenschaft und Linguistik miteinander vergleichen (Andresen 2022). Hierfür ist das Konzept der **Keywords** hilfreich, das auf Scott (1997) zurückgeht. Keywords sind die Antwort auf die Frage: Welche Wörter (oder anderen sprachlichen Strukturen) werden in einem von zwei Korpora besonders viel häufiger verwendet als im anderen? Dem liegt die Annahme zugrunde, dass solche Wörter mit sehr großen Frequenzunterschieden zwischen den Korpora die besten Rückschlüsse auf die jeweiligen Eigenheiten der Korpora erlauben.

Bei einer Keywordanalyse kann sich unser Forschungsinteresse auf eines der beiden Korpora oder beide Korpora beziehen. Im ersten Fall interessieren wir uns zum Beispiel für das Werk von Virginia Woolf und seine Besonderheiten. Um die Keywords im Werk Virginia Woolfs zu analysieren, benötigen wir ein sinnvolles **Vergleichskorpus**, das zu unserer Fragestellung passen muss. Im Beispiel wäre es naheliegend, literarische Texte von Woolfs Zeitgenoss:innen als Vergleich zu wählen, um die Alleinstellungsmerkmale ihres Schreibens zu ermitteln. Ein Vergleich mit zum Beispiel Zeitungstexten der Gegenwart würde hingegen weniger sinnvoll interpretierbare Ergebnisse liefern. Die Keywordanalyse kann uns dann zeigen, welche Wörter Woolfs Schreiben gegenüber anderen Texten der Zeit auszeichnen. Anders gelagert ist es im oben genannten Fall eines Vergleichs von Wissenschaftssprachen zweier Fächer: Hier sind beide Korpora Untersuchungsgegenstand und wir interessieren uns sowohl für die Keywords des einen als auch für die des anderen Fachs. Für die Berechnung machen diese beiden Perspektiven aber zunächst keinen Unterschied.[6]

Ähnlich wie bei den Kollokationen reicht die bloße Betrachtung der absoluten Frequenzen oder der Unterschiede zwischen den absoluten Frequenzen nicht aus. Es gibt viele statistische Maße für die Ermittlung von Keywords und die Untersuchung

6 Auch beim Vergleich von Virginia Woolfs Werk mit einem Vergleichskorpus ergeben sich Keywords, die das Vergleichskorpus auszeichnen und manchmal als negative Keywords bezeichnet werden. Diese können grundsätzlich analog zu den positiven Keywords interpretiert werden als Wörter, die Virginia Woolf auffällig selten verwendet.

der mathematischen Eigenschaften unterschiedlicher Assoziationsmaße ist weiterhin Gegenstand der Forschung (Schröter et al. 2021; Evert 2022). Die meisten Maße basieren auf der Messung von entweder Signifikanz oder Effektstärke (siehe Kapitel 9.5). Bei ersteren werden tendenziell frequente Wörter bevorzugt, bei letzteren seltene Wörter, sodass die Kombination beider Typen von Maßen vielversprechend erscheint (Evert 2022). Am häufigsten wird heute neben dem ursprünglich von Scott (1997) verwendeten Chi-Quadrat-Test der Log-Likelihood-Test (Dunning 1993) verwendet. Die einfachste Implementierung findet sich in der Software ⟶ *AntConc*, die in den Einstellungen die Auswahl unterschiedlicher Signifikanz- und Effektstärkemaße erlaubt. Auch die R-Bibliothek ⟶ *quanteda* unterstützt die Berechnung von Keywords.

## 2.7 Beispielstudien

Im Folgenden betrachten wir beispielhaft eine Reihe von Studien, die von Kollokationen oder Keywords als Analysemethoden Gebrauch machen. Kollokationen erfordern wenig Vorverarbeitung der Daten und ihre Berechnung wird durch viele Tools unterstützt. Sie ermöglichen deshalb einen niedrigschwelligen Zugang zu Korpora und machen im Sinne des Distant Reading allgemeine Trends im Korpus sichtbar, die dann mithilfe anderer Methoden weiterverfolgt werden können.

Meier-Vieracker (2022) untersucht die Verwendung von *Ecke* und *Eck* in der Fußballsprache anhand von Kollokationen. Während *Ecke* sich mehrheitlich auf den Eckball bezieht, geht es beim *Eck* normalerweise um die Ecke des Tores als Ziel eines Schusses. Die unterschiedlichen Bedeutungen sind auch in den Kollokationsprofilen zu erkennen, wo sich *rechts*, *lang* und *links* als Attribute zum *Eck* und für *Ecke* das Verb *klären* sowie die Bestandteile der Phrase *die Ecke bringt nichts ein* gegenüberstehen (Meier-Vieracker 2022: 14–17).

Wevers & Verhoef (2018) analysieren, mit welchen Strategien im Verlauf des 20. Jahrhunderts in den Niederlanden für Coca-Cola geworben wurde. Anhand von Kollokationsanalysen auf Werbeanzeigen in niederländischen Zeitungen stellen sie fest, dass neben dem Geschmack (*invigorating*, *refreshing*) vor allem die Präsentation des Getränks als internationales Produkt zentral war (*world*, *countries*, *international*). Komplementär dazu wird aber auch die lokale Anbindung der Marke betont, etwa durch die Erwähnung der Abfüllanlagen in den Niederlanden.

Eine spannende Verbindung von Kollokationen mit Geoinformationen präsentieren Donaldson, Gregory & Taylor (2017). Ihr Ausgangspunkt ist die ästhetische Theorie des 18. und 19. Jahrhunderts, die sehr spezifische Verwendungen der Adjektive *beautiful*, *picturesque*, *sublime* und *majestic* vorsieht. In der Studie wird geprüft, ob sich diese theoretischen Definitionen in der tatsächlichen Verwendung der Adjektive durch zeitgenössische Autor:innen wiederfinden. Als Datenbasis dient ein Korpus aus Reiseberichten zum englischen Lake District. Donaldson, Gregory & Taylor (2017) ermitteln die Kollokationsstärke zwischen den vier genannten Adjektiven und allen in den Korpora erwähnten geografischen Entitäten. Auf dieser Grundlage erstellen sie für alle Adjektive Karten des Lake Districts, die die Assoziation zwischen Adjektiven und Orten anzeigen. Sie können unter anderem zeigen, dass *beautiful* und *picturesque* vor allem für niedrig gelegene Orte verwendet werden und insbesondere *majestic* eher für hoch gelegene Orte und Berge.

Da der Vergleich ohnehin ein häufiges Prinzip (nicht nur) textbasierter Untersuchungen ist, erfreuen sich auch Keywords in ganz unterschiedlichen Disziplinen großer Beliebtheit. Im Kontext politischer Analysen macht Trilcke (2019) die Wahlprogramme der zur Brandenburgischen Landtagswahl 2019 antretenden Parteien zum Gegenstand. Für jede Partei wird berechnet, welche Nomen, Verben und Adjektive in ihrem Wahlprogramm im Vergleich mit allen anderen jeweils besonders charakteristisch und welche besonders uncharakteristisch sind. Dass etwa bei den Adjektiven für die Linke *sozial*, für die FDP *privat* und für die Grünen *ökologisch* charakteristisch sind, leuchtet mit Blick auf die Profile der Parteien leicht ein, andere Befunde regen vielleicht zum Nachdenken oder Lesen der Wahlprogramme an: Verweist etwa die häufige Verwendung von *digital* bei der CDU tatsächlich auf eine besonders ausgearbeitete Digitalisierungsstrategie der Partei?

Monroe, Colaresi & Quinn (2008) vergleichen anhand mehrerer Maße zur Berechnung von Keywords, wie sich Demokrat:innen und Republikaner:innen im US-Senat zum Thema Abtreibung äußern. Sie stellen unter anderem fest, dass Demokrat:innen häufiger von Frauen (*woman, women*) sprechen, während bei den Republikaner:innen stärker von Kindern (*baby, child*) die Rede ist.

Peters & Dykes (2021) zeichnen die Geschichte der Palliativmedizin anhand von Keywords in palliativmedizinischen Fachzeitschriften nach, indem sie unterschiedliche Zeiträume miteinander und palliativmedizinische Texte mit Texten anderer medizinischer Disziplinen vergleichen. Dabei zeigt sich in der ersten Phase ein Legitimationsdruck der neuen Disziplin, der sich in Wörtern wie *notwendig* und *wichtig* niederschlägt. In späteren Zeiträumen spiegelt sich die zunehmende Institutionalisierung in Wörtern wie *Universität, Studium* und *Fortbildung* (Peters & Dykes 2021: 206–207).

Schöch (2018) vergleicht französische Dramen und Komödien miteinander und berechnet Keywords mit dem Maß Zeta. Die resultierenden Keywords korrespondieren unter anderem mit Unterschieden im Figureninventar, das in der Tragödie meist aus adeligen Kreisen stammt (*roi, prince, seigneur*), in der Komödie aus dem bürgerlichen Milieu (*monsieur, homme*).

In stärker linguistischen Anwendungsbereichen wurden anhand von Keywords die Wissenschaftssprachen von Literaturwissenschaft und Linguistik miteinander verglichen (Andresen 2022). In den Ergebnissen zeigt sich u. a. ein deutlich expliziterer und stärker standardisierter Umgang mit methodischen Fragen in der Linguistik, erkennbar an Keywords wie *Ergebnisse, Analyse* und *Untersuchung*, sowie eine größere Tendenz der Linguistik zur Verallgemeinerung, erkennbar u. a. an Verben im Plural (Andresen 2022: 168).

## 2.8 Übungen

1. Im digitalen Anhang stehen Skripte bereit, die Möglichkeiten zur Tokenisierung von Text in Token und Sätze zeigen. Probieren Sie unterschiedliche Beispielsätze aus. Wie gehen die Tools jeweils mit herausfordernden Stellen wie zum Beispiel unterschiedlichen Abkürzungen um?
2. Sie möchten vergleichen, inwiefern es sich bei *der Kuchen* und *Kuchen backen* um Kollokationen handelt. Sie ermitteln dazu in einem Korpus mit insgesamt 75.000 Token die folgenden absoluten Frequenzen:

| **Token** | **Frequenz** |
|---|---:|
| *Kuchen* | 50 |
| *der* | 1000 |
| *backen* | 120 |
| *der Kuchen* | 25 |
| *Kuchen backen* | 20 |

Tabelle 3: Beispielfrequenzen zur Berechnung von Kollokationen

Das gemeinsame Vorkommen wurde dabei nur gezählt, wenn die beiden Wörter jeweils in dieser Reihenfolge direkt aufeinander folgen, sodass $k = 1$. Berechnen Sie die Pointwise-Mutual-Information-Werte der beiden Wortpaare. Erklären Sie anhand des Ergebnisses, warum die absolute Frequenz eines Wortpaars nur geringe Aussagekraft für die Kollokationsstärke hat.
3. Probieren Sie die Keywordanalyse in der Software → *AntConc* aus. Sie müssen dazu ein Zielkorpus und ein Referenzkorpus definieren. Sie können etwa das → *Foodblogkorpus* mit dem → *Potsdam Commentary Corpus* (PCC) vergleichen – vielleicht liegen Ihnen auch eigenen Texte vor, für die Sie sich gerade interessieren. (Englischsprachige) Einführungen in die Verwendung der Software (und auch speziell zur Keywordanalyse) finden Sie beispielsweise auf dem *YouTube*-Kanal ihres Programmierers Laurence Anthony.[7]

Musterlösungen und Skripte stehen im Online-Shop des Narr Verlags unter https://files.narr.digital/9783823385790/Zusatzmaterial.zip zur Verfügung.

7 https://www.youtube.com/@AntLabJPN.

# 3 Wortarten

In diesem Kapitel widmen wir uns den Wortarten und der Frage, anhand welcher Kriterien die Linguistik sie unterscheidet. Außerdem geht es darum, wie wir Wortarten in der Computerlinguistik modellieren und automatisch annotieren können. Abschließend betrachten wir Beispiele dafür, wie Wortarten für Analysen in den Digital Humanities genutzt werden können.

## 3.1 Wortarten in der Linguistik

Als **Wortarten** bezeichnen wir Gruppen von Wörtern, die bestimmte formale und funktionale Eigenschaften gemeinsam haben. Anhand welcher Kriterien können Wortarten voneinander unterschieden werden? Manche erinnern sich vielleicht noch an die Klassifikation von Wortarten nach semantischen Kriterien, die sich auf die Bedeutung von Wörtern beziehen. In der Grundschule war womöglich von „Tu-Wörtern" (Verben) die Rede oder davon, dass Nomen etwas bezeichnen, das man anfassen kann. Während diese Kriterien für einen Teil der Wörter der entsprechenden Wortart zutreffen mögen, geraten sie doch schnell an ihre Grenzen, etwa bei Verben wie *können*, die keine Tätigkeit beschreiben, oder Abstrakta wie *Freundschaft* oder *Verantwortung*, die wir nicht anfassen können.

In der Linguistik werden deshalb morphologische und syntaktische Kriterien zur Definition von Wortarten herangezogen. Die Morphologie ist die Lehre von der Zusammensetzung von Wörtern und die morphologischen Kriterien beziehen sich auf die Art der **Flexion**: Handelt es sich um ein Wort, das eine Singular- und eine Pluralform hat? Hat es unterschiedliche Tempusformen? Die syntaktischen Kriterien beziehen sich auf das Vorkommen des Wortes im Satz und insbesondere darauf, ob das Wort selbstständig ein Satzglied bilden kann. Abbildung 2 zeigt eine Möglichkeit, die Wortarten des Deutschen zu unterscheiden, in Form eines Entscheidungsbaums.

Zunächst werden Wortarten danach unterschieden, ob sie flektierbar sind oder nicht. Während es zum Lemma *Haus* auch noch die Formen *Hauses*, *Häuser* und *Häusern* gibt, verfügt das Wort *gestern* nur über diese eine Form, hat also keine Möglichkeiten der Flexion. Betrachten wir zuerst die flektierbaren Wortarten. Wir unterscheiden zwei Möglichkeiten der Flexion. Zunächst gibt es die **Konjugation**, bei der Wörter nach den Kategorien Person (1./2./3. Person), Numerus (Singular/Plural), Tempus (Präsens/Präteritum) und Modus (Indikativ/Konjunktiv/Imperativ) flektieren.[8] Diese Art der Flexion betrifft nur die Wortart der Verben. Innerhalb der Verben sind weitere Unterscheidungen möglich, etwa zwischen finiten Verbformen, die Informationen zu

8 Weitere grammatische Formen wie das Passiv oder die Tempora Perfekt und Futur entstehen erst durch die Kombination finiter und infiniter Verbformen.

den oben genannten grammatischen Kategorien enthalten (in den folgenden Beispielen fett), und infiniten Verbformen, die keine solchen Informationen enthalten (Infinitive und Partizipien, in den folgenden Beispielen kursiv):

(1) Sie **spielt** gerne Basketball.

(2) Ich **habe** keine Lust *zu gehen.*

(3) Das **konnte** ich nicht *wissen.*

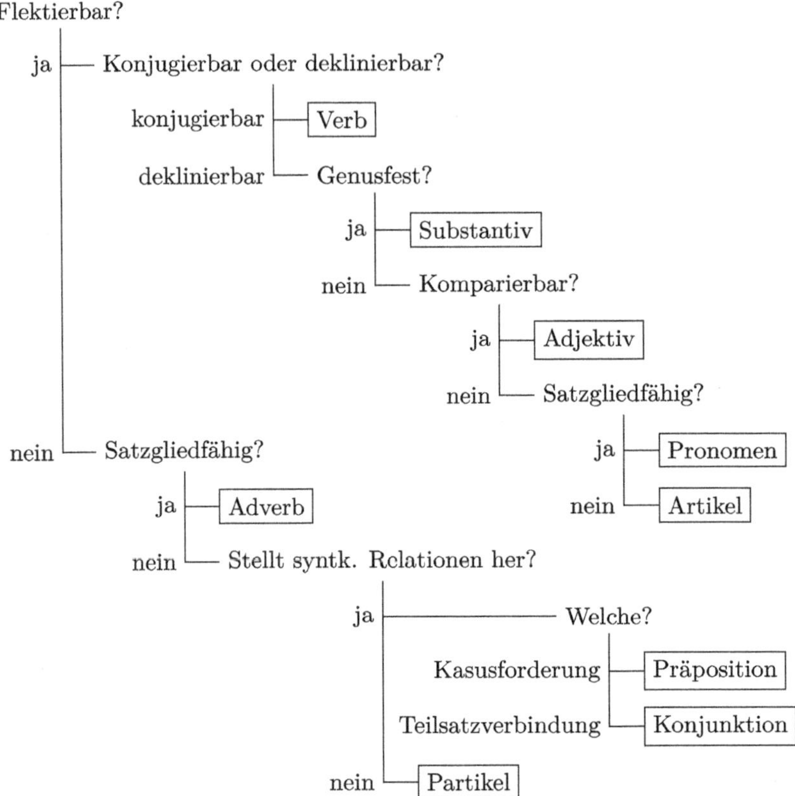


Abbildung 2: Wortarten und ihre Unterscheidungskriterien nach Busch & Stenschke (2018: 130)

Außerdem können wir noch Modal-, Auxiliar- und Vollverben unterscheiden: Modalverben drücken die Art und Weise des Geschehens aus und verhalten sich auch grammatisch anders als andere Verben (*können, müssen, sollen, dürfen, mögen, wollen*[9] + Infinitiv). Auxiliarverben (auch: Hilfsverben) sind an der Bildung bestimmter mehr-

9 Zusätzlich zu diesem Kernbestand gibt es noch weitere Verben, deren Zugehörigkeit zu den Modalverben weniger eindeutig bzw. im Wandel ist. Am prominentesten betrifft das das Verb *brauchen.*

teiliger Verbformen beteiligt (*sein, haben, werden* + Infinitiv oder Partizip). Vollverben sind selbstständige Verben und bilden die größte Gruppe (z. B. *gehen, wissen, schreiben*).

Die zweite Form der Flexion ist die **Deklination**. Bei der Deklination flektieren Wörter nach Numerus (Singular/Plural) und Kasus (Nominativ/Genitiv/Dativ/Akkusativ) sowie teilweise nach Genus (Maskulinum/Femininum/Neutrum) sowie Definitheit (definit/indefinit). Wie in Abbildung 2 zu erkennen ist, sind Substantive deklinierbar, aber genusfest. *Ente* ist stets ein Femininum, *Versuch* ein Maskulinum und *Käsebrot* ein Neutrum. Adjektive sind demgegenüber nicht genusfest, sondern passen sich dem Genus des Substantivs an, das sie modifizieren: *ein **weißes** Pferd, ein **weißer** Hund, eine **weiße** Katze*. Von anderen Wortarten unterscheiden sie sich außerdem dadurch, dass sie zusätzlich **komparierbar** sind: *das **größere** Käsebrot, das **größte** Käsebrot*. Bei den deklinierbaren, nicht genusfesten und nicht komparierbaren Wortarten ziehen wir als letztes Kriterium heran, ob das Wort satzgliedfähig ist, also ganz allein ein Satzglied bilden kann (siehe Kapitel 4.1 zu Satzgliedern). Pronomen (Plural auch: Pronomina) haben diese Fähigkeit (***Sie** hat es gewusst, **Das** ist aber schön*), Artikel sind hingegen darauf angewiesen, dass sie mit einem Substantiv zusammenstehen (***Die** Ente ist weg, **Deine** Zukunft ist vielversprechend*). Dabei ist zu beachten, dass viele Wörter mehrere Funktionen haben. So kann *das* je nach Kontext ein Artikel (*das Brot*) oder ein Pronomen (*Das ist toll*) sein.

Auch auf der Seite der nicht flektierbaren Wortarten ist die Unterscheidung nach Satzgliedfähigkeit zentral: Hier haben nur Adverbien diese Eigenschaft (***Gestern** war sie beim Klettern*). Adverbien können wir darüber hinaus nach ihrer Semantik differenzieren, etwa in Lokaladverbien (*hier, dort, irgendwo*), Temporaladverbien (*danach, bald, manchmal*) und Kausaladverbien (*also, darum, deswegen*).

Zuletzt werden nicht flektierende Wortarten danach bestimmt, ob sie syntaktische Relationen herstellen und, wenn ja, welche. Präpositionen tun dies, indem sie einen bestimmten Kasus vom folgenden Substantiv fordern (Genitiv: *wegen des Wetters*, Dativ: *mit dem Zug*, Akkusativ: *auf den Berg*). Konjunktionen hingegen verbinden Teilsätze, entweder nebenordnend (zwei Hauptsätze oder zwei Nebensätze verbindend, Beispiele 4–6) oder unterordnend (einen Hauptsatz und einen Nebensatz verbindend, Beispiele 7 und 8). Im letzten Fall sprechen wir auch genauer von Subjunktionen.[10]

(4) Sie wollte nach Hause **und** ist dann auch gegangen.

(5) Er hatte es versprochen, **aber** ist trotzdem nicht gekommen.

(6) Das ist der Hund, der mich erkannt hat **und** mir nachgelaufen ist.

(7) Das Kind schreit, **weil** es Hunger hat.

(8) Ich wusste nicht, **dass** heute dein Geburtstag ist.

---

10 Alternativ wird auch „Junktion" als Oberbegriff zu Konjunktionen und Subjunktionen verwendet, um die Mehrdeutigkeit des Wortes Konjunktion als Oberbegriff und Unterform für die nebenordnende Verwendung zu vermeiden (z. B. Duden 2009: 619).

Stellt ein Wort weder durch eine Kasusforderung noch durch die Verbindung von Teilsätzen eine syntaktische Relation her, sprechen wir von einer Partikel. Diese Wortart hat sehr unterschiedliche Mitglieder, wie die Modalpartikeln (*Das habe ich **ja** gleich gesagt*), Negationspartikeln (*Ich war das **nicht***), Gradpartikeln (*Das ist **sehr** gut*) und Interjektionen (***Oh**, das wusste ich nicht*).

Allgemeiner können wir zwischen offenen und geschlossenen Wortarten unterscheiden. Die offenen Wortarten zeichnen sich dadurch aus, dass sie sehr viele Mitglieder haben und auch leicht durch neue Wörter erweiterbar sind. Dazu gehören Substantive, Adjektive, Verben und Adverbien. So haben sich beispielsweise während der Coronapandemie zahlreiche neue Wörter entwickelt (*Coronanothilfe, AHA-Regel, Clustertagebuch, lockdowngeplagt, zoomen*).[11] Die Mitglieder der offenen Wortarten haben lexikalische Bedeutung. Dem gegenüber stehen die geschlossenen Wortklassen. Sie haben nur wenige Mitglieder und verändern sich nur durch langfristigen Sprachwandel. Hierzu gehören Pronomen, Artikel, Konjunktionen, Präpositionen und Partikeln, die alle grammatische Bedeutung tragen. Für die maschinelle Verarbeitung von Sprache ist das eine wichtige Unterscheidung: Geschlossene Wortarten können wir aufgrund ihrer Stabilität und überschaubaren Anzahl leicht durch eine Liste erfassen. Sie variieren auch kaum zwischen unterschiedlichen Textsorten. Offene Wortklassen hingegen sind sehr groß und unterliegen schnellem Wandel, sodass sie nicht auf diese Weise erfasst werden können. Ein robustes computerlinguistisches System muss mit diesem Umstand umgehen und auch für noch unbekannte Wörter sinnvolle grammatische Analysen anbieten können.

## 3.2 Wortarten annotieren

Um Wortarten mit dem Computer annotieren und analysieren zu können, müssen wir uns zunächst für eine Modellierung entscheiden, also dafür, welche Wortarten wir in der Annotation anhand welcher Kriterien unterscheiden wollen und welche Bezeichnungen wir für die Kategorien verwenden. Wenn vorhanden, ist es immer empfehlenswert, sich dabei an bereits bestehenden Standards zu orientieren. Für die Wortartenannotation des Deutschen wird besonders häufig das **STTS** (Schiller et al. 1999) verwendet. Auch viele Tools zur automatischen Wortartenannotation nutzen dieses Tagset. Der Name STTS steht für das **S**tuttgart-**T**übingen-**T**ag**s**et (sowie für die Initialen der Nachnamen der Autorinnen Schiller, Teufel, Thielen und Stöckert) und verweist auf die Orte seiner Entwicklung.

Das STTS ist ein hierarchisches Tagset. Das bedeutet, dass es den Phänomenbereich zunächst in eher allgemeine Kategorien aufteilt, die dann jeweils noch spezifischere

11 Aktuelle Wortneubildungen (sog. Neologismen) im deutschen Wortschatz werden beispielsweise beim Online-Wortschatz-Informationssystem Deutsch (OWID) vom Institut für Deutsche Sprache im Neologismenwörterbuch dokumentiert: https://www.owid.de/docs/neo/start.jsp. Hierher stammen auch die Beispiele.

Unterkategorien haben können. Auf der obersten Hierarchieebene unterscheidet das STTS folgende Hauptwortarten: Nomina, Verben, Artikel, Adjektive, Pronomina, Kardinalzahlen, Adverbien, Konjunktionen, Adpositionen, Interjektionen und Partikeln (Schiller et al. 1999: 4). Diese sind im Wesentlichen aus Kapitel 3.1 bekannt. Kardinalzahlen bekommen im STTS einen Sonderstatus. Adposition ist ein Oberbegriff zu Präposition, der der Tatsache Rechnung trägt, dass es im Deutschen auch Postpositionen gibt, die nach dem Substantiv stehen anstatt davor (z. B. *des Geldes wegen*).

Auf der Hierarchieebene darunter werden dann jeweils spezifische Untergruppen unterschieden. Innerhalb der Gruppe der Nomina mit dem Label N werden normale Nomen, also Appellativa oder Gattungsnamen, mit dem Label NN bezeichnet und Eigennamen mit dem Label NE. Andere Wortarten sind noch deutlich weiter verzweigt und teilweise werden über die eigentliche Wortart hinaus auch morphologische Informationen aufgenommen. Bei den Verben (V) werden zunächst Vollverben (VV), Auxiliarverben (VA) und Modalverben (VM) voneinander unterschieden, dann folgt die Endung für die Flexionsform: FIN für finite Verben, INF für Infinitive usw. (Schiller et al. 1999: 7). Diese hierarchische Struktur ermöglicht die Suche (und Annotation) auf unterschiedlichen Abstraktionsstufen, zum Beispiel mithilfe von regulären Ausdrücken (siehe Kapitel 9.1):

- alle Verben: V.*
- alle Vollverben: VV.*
- alle finiten Verben: V.FIN

Bei der Annotation mit dem STTS gibt uns die hierarchische Struktur außerdem die Möglichkeit, bei unklaren Fällen auf einem höheren Abstraktionsniveau zu bleiben. Wenn wir also sicher sind, dass das Wort ein Verb ist, aber nicht genau wissen, was für eines, können wir immerhin das Label V vergeben.

Ein Tagset stellt in den meisten Fällen einen Kompromiss dar. Es soll eine (hier: linguistische) Theorie möglichst adäquat abbilden. Dies setzt nicht zuletzt voraus, dass die Theorie auch alle empirisch vorkommenden Phänomene abdeckt und im Idealfall im Fach konsensfähig ist. Letzteres ist bei den Wortarten insbesondere im Bereich der Partikeln nicht unbedingt gegeben. Andererseits ist das Ziel der Annotation oft die Automatisierung der Annotationsaufgabe. Im Vergleich zu einem rein linguistisch motivierten Zugang zu Wortarten macht das STTS ein paar Zugeständnisse an die Automatisierbarkeit, denn das Tagset wurde mit der Perspektive entwickelt, dass diese Kategorien computergestützt vergeben werden sollen.

Die Wortart ADV beispielsweise umfasst außer den klassischen Adverbien (wie *hier* in Beispiel 9) viele Wörter, die aufgrund ihrer mangelnden Satzgliedfähigkeit auch als Partikeln analysiert werden könnten (wie *sehr* in Beispiel 10, das auch als Gradpartikel oder Intensivierer kategorisiert werden kann).

(9) **Hier** fühle ich mich wohl. → ADV

(10) Das ist **sehr** gut. → ADV

Zur korrekten Kategorisierung von Partikeln gibt es auch innerhalb der Linguistik viele unterschiedliche Meinungen. Die Abgrenzung ist dadurch nicht immer einfach und kann ganz unterschiedlichen Kriterien folgen. Diese kontroversen Kategorien dann auch noch automatisch annotieren zu wollen, wäre wahrscheinlich zum Scheitern verurteilt gewesen.

Einen Kompromiss macht das STTS auch bei den potenziellen Auxiliarverben *haben*, *sein* und *werden*. Diese können in auxiliarer Funktion vorkommen (11), aber auch als Vollverb (12):

(11) Ich **habe** die nächste Stufe erreicht.

(12) Ich **habe** ein Alpaka im Garten.

Im STTS werden beide Instanzen von *haben* als Auxiliarverb, in den Beispielen genauer als VAFIN, annotiert.

Das STTS wurde in Hinblick auf Zeitungssprache der Gegenwart entwickelt. Für viele andere Textsorten oder Varietäten existieren angepasste Varianten, die den sprachlichen Besonderheiten dieser Anwendungsfelder besser gerecht werden. Dazu gehören Versionen für historische Texte (Dipper et al. 2013), gesprochene Sprache (Westpfahl et al. 2017) und Social-Media-Daten (Beißwenger et al. 2015).

Eine populäre Alternative zum STTS ist das Tagset der → **Universal Dependencies** (Nivre et al. 2016; de Marneffe et al. 2021). Dieses wurde mit dem Anspruch entwickelt, sprachübergreifend anwendbar zu sein, und tatsächlich liegen mittlerweile mit dem Tagset annotierte Korpora in mehr als 100 Sprachen vor. Das Tagset hat dadurch den großen Vorteil, dass es auch sprachvergleichende Analysen erlaubt. Tabelle 4 gibt einen Überblick über die Wortarten, die in diesem Tagset unterschieden werden. Im Vergleich mit dem STTS sind es deutlich weniger Tags. Das hängt damit zusammen, dass es auf einem höheren Abstraktionsniveau leichter ist, Kategorien zu finden, die auf die meisten Sprachen anwendbar sind. Generell erfordert die sprachübergreifende Anwendbarkeit Kompromisse bei der möglichst adäquaten Abbildung der Einzelsprachen.

Bei der Konstruktion eines Tagsets oder bei der Entscheidung für ein Tagset müssen wir stets bedenken, dass die Gestaltung desselben immer Einfluss auf die späteren Analysen hat. Unterscheidungen, die im Tagset nicht abgebildet werden, können natürlich auch später in den annotierten Daten nicht abgefragt werden. Zum Beispiel können wir die Frage, wie oft *haben* als Vollverb verwendet wird, anhand von Daten, die mit dem STTS annotiert sind, nicht beantworten. Auch die Frage, wie schwierig die Automatisierung einer solchen Annotation ist, hängt von diesen Entscheidungen ab. Vergleiche zwischen Daten, in denen unterschiedliche Tagsets verwendet wurden, sind deshalb nur eingeschränkt möglich.

| **Offene Wortklassen** | **Geschlossene Wortklassen** | **Sonstige** |
|---|---|---|
| ADJ (Adjektiv) | ADP (Adposition) | PUNCT (Interpunktion) |
| ADV (Adverb) | AUX (Auxiliar) | SYM (Symbol) |
| INTJ (Interjektion) | CCONJ (koordinierende Konjunktion) | X (Sonstige) |
| NOUN (Nomen) | DET (Determinierer) | |
| PROPN (Eigenname) | NUM (Numeral) | |
| VERB (Verb) | PART (Partikel) | |
| | PRON (Pronomen) | |
| | SCONJ (subordinierende Konjunktion) | |

Tabelle 4: Wortarten des → Universal-Dependencies-Tagsets

## 3.3 Automatisches POS-Tagging

In der Praxis wollen wir Wortarten vorzugsweise nicht manuell zuweisen und in vielen Fällen ist das auch nicht nötig, da die Aufgabe mit hoher Qualität automatisierbar ist. In der Computerlinguistik wird anstatt von Wortarten oft das englische Wort ‚part of speech' (Plural: ‚parts of speech') oder die Abkürzung POS verwendet. Als **POS-Tagging** bezeichnen wir den Vorgang, bei dem jedem Wort in einem Satz, Text oder Korpus eine Wortart zugewiesen wird. In tabellarischer Form kann das Ergebnis des POS-Taggings so aussehen wie in Tabelle 5. Die obere Zeile entspricht dabei dem Input, den das System bekommt, also unserem Satz. In der zweiten Zeile steht der Output des Systems in Form von STTS-Tags.

| Die | Ente | bleibt | draußen | ! |
|---|---|---|---|---|
| ART | NN | VVFIN | ADV | $. |

Tabelle 5: POS-Annotation eines Beispielsatzes mit dem STTS

Allgemein kann man das POS-Tagging der Aufgabenklasse des **Sequence Labeling** zuordnen. Der Input für unsere (automatische) Analyse ist eine Sequenz, d. h. eine zusammenhängende Kette von Elementen, nämlich eine Folge von Wörtern. Auch der Output besteht aus einer solchen Sequenz zusammenhängender Elemente, wobei die Elemente des Outputs jeweils mit den Elementen des Inputs an der gleichen Position korrespondieren. Für eine solche Aufgabe ist es in der Regel notwendig, die Elemente bei der automatischen Analyse auch in ihrer Position in der Sequenz zu betrachten.

Dem isolierten Wort *die* zum Beispiel können wir ohne Berücksichtigung des Kontextes nicht sinnvoll eine Wortart zuweisen, da es gleichermaßen als Artikel, Demonstrativ- oder Relativpronomen verwendet werden könnte.

Um Wortarten mit computerbasierten Systemen automatisch zuzuweisen, sind regelbasierte Systeme möglich, in denen das Wissen von Expert:innen über das Phänomen in Regeln ausformuliert wird. Das könnten Regeln sein wie: Wenn ein Wort nicht am Satzanfang steht, aber trotzdem großgeschrieben wird, bekommt es das Label NN oder NE. Oder: Wenn vor dem Wort ein Artikel kommt und danach ein Substantiv, dann handelt es sich (wahrscheinlich) um ein attributives Adjektiv. Während uns manche Regeln recht leicht einfallen, ist die Aufgabe, ein vollständiges Regelsystem zur automatischen Bestimmung von Wortarten zu schreiben, sehr anspruchsvoll und nicht sehr robust gegenüber Veränderungen in der Sprache, etwa wenn wir eine andere Textsorte betrachten.

Deshalb dominieren beim POS-Tagging (wie im Grunde bei allen computerlinguistischen Aufgaben) statistische Verfahren des maschinellen Lernens (Kapitel 11). Diese Verfahren benötigen möglichst umfangreiche Trainingsdaten in Form von bereits annotierten Korpora. Wenn solche Daten vorliegen, stehen unterschiedliche Algorithmen zur Verfügung, die aus dem annotierten Korpus Wahrscheinlichkeiten ableiten, die sie im Anschluss auf neue Daten anwenden können. Statistische Verfahren sind leicht auf neue Textsorten oder sogar andere Sprachen übertragbar – wenn ausreichende Mengen annotierter Daten zur Verfügung stehen.

Die meisten Automatisierungsprozesse beginnen deshalb mit manueller Arbeit. Auch für die automatische Annotation von Wortarten benötigen wir zunächst ein sog. Trainingskorpus, in dem möglichst viele Textdaten bereits manuell mit ihren Wortarten annotiert wurden. Für das Deutsche wird zu diesem Zweck oft das ⟶ *TIGER*-Korpus (900.000 Token, Zeitungstexte aus der Frankfurter Rundschau) verwendet, das mit dem STTS annotiert ist.

Wie können wir ein annotiertes Trainingskorpus nutzen, um die Wortartenannotation auf ein anderes Korpus anzuwenden? Ein einfacher Ansatz besteht darin, aus einem annotierten Korpus ein Lexikon zu erstellen, das zu jedem Wort das passende POS-Tag verzeichnet. Dieses Lexikon kann aus einer einfachen Liste bestehen, die Einträge in der Form *Ente*: NN oder *bleibt*: VVFIN enthält. Dieses Verfahren lexikonbasierter Entscheidungen hat jedoch zwei grundlegende Probleme: Erstens besteht die Möglichkeit, dass ein Wort, das man annotieren möchte, nicht im Lexikon enthalten ist. In Kapitel 2.4 haben wir gesehen, dass ein Großteil aller Types in jedem Korpus sehr seltene Wörter sind, die vielleicht sogar nur ein einziges Mal vorkommen. Wir müssen dementsprechend davon ausgehen, dass in unserem neuen Korpus viele Wörter vorkommen, die im Trainingskorpus nicht vorhanden waren. Zweites ist damit zu rechnen, dass für viele Wörter mehrere Tags im Lexikon verzeichnet werden. Hier müssen wir durch eine zusätzliche Disambiguierung ermitteln, welches Tag für unser Wort das richtige ist.

Werfen wir zunächst einen Blick auf die unbekannten Wörter, die auch als ‚out-of-vocabulary words' (OOV) bezeichnet werden. Welche Möglichkeiten haben wir, einem solchen Wort trotzdem eine Wortart zuzuweisen? Eine sehr einfache Option bestünde darin, einfach das POS-Tag zu wählen, das im Trainingskorpus am häufigsten ist. Im Deutschen handelt es sich dabei in der Regel um das Tag NN (normales Nomen). Wenn wir keine anderen Informationen über das Wort haben, hat dieses Tag die höchste Trefferwahrscheinlichkeit. In Wirklichkeit stehen uns aber noch mindestens zweierlei Informationen zur Verfügung. Erstens können wir auf die Zeichenebene zurückgreifen und uns damit an die Morphologie des Wortes annähern. Insbesondere die Suffixe von Wörtern, also das Morphem ganz am Ende des Wortes, sind in Hinblick auf die Wortart oft informativ. Angenommen, uns liegt das unbekannte Wort *Giefenheit* vor. Es steht am Anfang eines Satzes, sodass wir aus der Großschreibung noch nicht ableiten können, dass es ein Substantiv oder Eigenname sein muss. Wenn wir im *Foodblogkorpus* nach anderen Wörtern suchen, die auf *-heit* enden, erhalten wir 24 Treffer, davon tragen 23 Wörter das Tag NN (z. B. *Kindheit, Schönheit, Vergangenheit*) und nur einmal kommt das Tag ADJD (*gscheit*) vor. Wir können auf dieser Grundlage sagen, dass die Wahrscheinlichkeit hoch ist, dass es sich auch bei *Giefenheit* um ein Substantiv handelt. Genauer beträgt diese Wahrscheinlichkeit auf Grundlage des *Foodblogkorpus* 23/24 = 0,958.

Zusätzlich zur Morphologie kann uns auch der syntaktische Kontext des Wortes dabei helfen, die richtige Wortart eines unbekannten Wortes zu bestimmen. Wir können uns beispielsweise die Wortarten der vorangehenden Wörter anschauen. Abbildung 3 zeigt das unbekannte Wort *Zape* und den vorangehenden Kontext. Die Wörter davor konnten recht klar den Wortarten Artikel und attributives Adjektiv zugeordnet werden. Welche Wortarten können in den Trainingsdaten auf diese Kombination folgen? Im *Foodblogkorpus* kommt die Abfolge ART ADJA insgesamt 1516-mal vor. In 1301 Fällen folgt darauf das Tag NN, in 65 Fällen das Tag ADJA usw. Demnach handelt es sich bei *Zape* mit einer Wahrscheinlichkeit von 1301/1516 = 0,858 um ein Substantiv (NN).

Die → seltene → Zape
↓ ↓ ↓
ART → ADJA → ?

Abbildung 3: Nutzung des Kontextes zur Bestimmung der Wortart eines unbekannten Wortes

Der zweite Problemfall für den lexikonbasierten Ansatz bestand darin, dass ein Wort zwar im Lexikon enthalten ist, aber mit mehreren unterschiedlichen POS-Tags vorkommt. Beispiele für mehrdeutige Wortformen aus dem *Foodblogkorpus* sind in Tabelle 6 aufgeführt. Auch hier ist ein einfacher Ansatz möglich: Wir vergeben einfach für jedes Wort immer das häufigste Tag. Die Beispiele in Tabelle 6 zeigen, dass oft eine Verwendungsweise dominiert, und tatsächlich kann mit dieser Strategie eine Genauigkeit von 90 Prozent erreicht werden (Hagenbruch 2010: 271). Für eine bessere Disambiguierung zwischen den möglichen Tags muss wiederum auf den Kontext des Wortes zurückgegriffen werden, wie oben bereits für die unbekannten Wörter beschrieben.

| Token | POS-Tag | Beispiel | Frequenz |
|---|---|---|---|
| *mit* | APPR | *mit Puderzucker* | 1195 |
| | PTKVZ | *schließlich genießen alle Sinne mit* | 16 |
| *den* | ART | *für den Belag* | 726 |
| | PRELS | *der Birnennektar, den ich verwende* | 12 |
| | PDS | *den nahm ich aus der Kühltheke* | 2 |
| *verwenden* | VVINF | *oder den Pürierstab verwenden* | 16 |
| | VVFIN | *die, die Brandweinessig verwenden* | 10 |
| *anderen* | PIS | *Aber eins nach dem anderen* | 27 |
| | PIAT | *die anderen Gewürze* | 10 |

Tabelle 6: Beispiele (teilweise gekürzt) für Token mit mehreren möglichen Tags aus dem *Foodblogkorpus*

Unterschiedliche Algorithmen zum Sequence Labeling, wie das Hidden Markov Model, Conditional Random Fields oder neuronale Modelle, können all diese Informationen auf systematische Weise zusammenführen. Ein einfaches **Hidden Markov Model** (HMM) berücksichtigt zwei Arten von Wahrscheinlichkeiten, die jeweils auf den relativen Frequenzen in einem Trainingskorpus basieren. Erstens gibt es die sog. Übergangswahrscheinlichkeiten, die ausdrücken, mit welcher Wahrscheinlichkeit ein bestimmtes POS-Label auf jedes der anderen POS-Label folgt. Dies entspricht dem oben beschriebenen Fall des unbekannten Wortes *Zape*: Wenn das letzte Tag ein attributives Adjektiv war, mit welcher Wahrscheinlichkeit folgt jetzt ein normales Nomen, ein weiteres attributives Adjektiv, eine Präposition usw.? Wir können uns die Übergangswahrscheinlichkeiten als große Tabelle vorstellen, deren Zeilen und Spalten jeweils mit allen Wortartentags des Tagsets überschrieben sind. Die Zellen drücken aus, mit welcher Wahrscheinlichkeit das in der Spalte genannte Tag auf das in der Zeile genannte folgt. Eine naheliegende Erweiterung besteht darin, nicht nur das direkt vorangehende, sondern zwei oder drei vorangehende Tags zu berücksichtigen. Wir sprechen dann von einem HMM zweiter bzw. dritter Ordnung.

Zweitens nutzt das HMM die sog. Emissionswahrscheinlichkeiten: Wie wahrscheinlich ist die vorliegende Wortform, wenn wir eine bestimmte Wortart als gegeben annehmen? Wie wahrscheinlich ist beispielsweise das Wort *mit*, wenn wir von einer Präposition ausgehen? Wie wahrscheinlich ist *mit* demgegenüber, wenn wir von einer Verbpartikel ausgehen? Hier können wir uns eine Tabelle vorstellen, die wieder alle Wortartentags als Spalten führt, jetzt aber alle möglichen Token als Zeilen. Basierend auf diesen beiden Arten von Wahrscheinlichkeiten sucht der Algorithmus nach derjenigen Sequenz von Tags, für die die Gesamtwahrscheinlichkeit am höchsten ist (Jurafsky & Martin 2023: Kapitel 8.4).

Bei allen Tools zur automatischen Annotation stellt sich die Frage nach dem Verhältnis von Trainingsdaten und Anwendungsdaten. POS-Tagger und die meisten anderen automatischen Tools liefern die besten Ergebnisse, wenn die Anwendungsdaten den Trainingsdaten möglichst ähnlich sind. Die meisten Tools sind auf Zeitungstexten trainiert, weil diese Textsorte besonders breit digital verfügbar ist. Wenn wir das Tool zum Beispiel auf eine andere Textsorte wie Interviewtranskripte anwenden, ist mit einer geringeren Annotationsqualität zu rechnen. Je unähnlicher die Trainingsdaten unseren Daten sind, desto mehr Probleme sind zu erwarten. Neben einer anderen Textsorte können auch ältere Texte mit früheren Sprachstufen des Deutschen und variabler Schreibung, Dialekte und viele andere Faktoren für die Leistung des Systems relevante Unterschiede erzeugen. Gegebenenfalls ist dann eine neue Evaluation empfehlenswert, indem wir eine Stichprobe der neuen Daten manuell annotieren und das Ergebnis mit den automatischen Annotationen vergleichen. Insgesamt ist die POS-Annotation aber eine Aufgabe, bei der die automatischen Annotationen mit ca. 98 Prozent[12] eine sehr gute Qualität erreicht haben.

In der Praxis stehen uns für das POS-Tagging viele unterschiedliche Tools zur Verfügung. In *Python* können wir die Bibliotheken ⟶ *Stanza*, ⟶ *spaCy* oder ⟶ *HanTa* (Wartena 2019) nutzen. Im digitalen Anhang stehen jeweils Beispielskripte für die Anwendung dieser Bibliotheken zur Verfügung (siehe auch Übungen am Ende dieses Kapitels). Außerhalb von *Python* gibt es beispielsweise ⟶ *MarMoT* (Müller, Schmid & Schütze 2013) und den ⟶ *TreeTagger* (Schmid 1994). Letzterer und viele andere Optionen stehen auch über die einstiegsfreundliche Plattform ⟶ *WebLicht* zur Verfügung.

## 3.4 Beispielstudien

Inwiefern können uns Wortartenannotationen bei der Analyse von Korpora helfen, wenn wir kein linguistisches Interesse an Wortarten als solchen mitbringen, sondern andere geisteswissenschaftliche Fragestellungen verfolgen wollen? Im Folgenden schauen wir uns ein paar Beispiele dafür an.

Eine Filterung unserer Daten nach Wortarten erleichtert oft die Interpretation, wie das folgende Beispiel zeigt. Die Liste der häufigsten Wörter im *Foodblogkorpus* (Tabelle 1) hat sich als wenig informativ bezüglich des Inhalts des Korpus erwiesen. Wenn wir das Korpus nach lexikalischen Wortarten filtern, umgehen wir direkt die vielen Funktionswörter, die im Ranking ganz oben stehen. Generell lassen sich Frequenzen von Wörtern der gleichen Wortart besser miteinander vergleichen. Beispielweise enthalten einfache Sätze nur ein finites Verb, können aber mehrere Substantive enthalten. Der Vergleich der Frequenzen von Verben und Substantiven ist deshalb schwer zu interpretieren. Tabelle 7 zeigt die häufigsten Adjektive und finiten Vollverben im *Foodblogkorpus*.

12 Siehe z. B. die Genauigkeit des spacy-Modells: https://spacy.io/models/de.

| Rang | Adjektive (ADJA) | | Finite Vollverben (VVFIN) | |
|---|---|---|---|---|
| | **Lemma** | **Frequenz** | **Lemma** | **Frequenz** |
| 1 | <unknown> | 637 | *lassen* | 302 |
| 2 | *klein* | 185 | <unknown> | 301 |
| 3 | *groß* | 148 | *geben* | 235 |
| 4 | *gut* | 120 | *schneiden* | 82 |
| 5 | *frisch* | 85 | *gehen* | 76 |
| 6 | *erst* | 67 | *kommen* | 76 |
| 7 | *heiß* | 55 | *backen* | 75 |
| 8 | *weit* | 53 | *machen* | 70 |
| 9 | *fein* | 53 | *schmecken* | 66 |
| 10 | *schwarz* | 47 | *stellen* | 61 |

Tabelle 7: Die zehn häufigsten Adjektive und finiten Vollverben im *Foodblogkorpus* (Lemmaform, annotiert mit → *MarMoT* )

Zunächst fällt auf, dass das Lemma in beiden Listen sehr häufig unbekannt ist (<unknown>). Das liegt vor allem daran, dass viele Wörter nicht in den Trainingsdaten waren, was mit dem spezialisierten Wortschatz der Textsorte zusammenhängt (*glutenfrei, karamellisierten, bemehlte*). Darüber hinaus sehen wir, dass die Größe von Gegenständen eine große Rolle spielt, Frischegrade und Temperaturen, außerdem die Reihenfolge von Elementen (*erst, weit* hier meist als fehlerhafte Lemmatisierung zu Verwendungen wie *für weitere vier Minuten backen*). Die Verben weisen uns auf sehr spezifische Tätigkeiten wie *schneiden, backen* und *schmecken* hin, es sind aber auch viele sehr generische Verben frequent, die erst zusammen mit ihren häufigsten Kontexten eine textsortenspezifische Verwendung anzeigen (*abkühlen lassen, gehen lassen, in einen großen Topf geben*).

Eine weitere Studie, die Wortarten für die Analyse von Formulierungsmustern nutzt, ist die Arbeit von Bubenhofer & Schröter (2012). Die Autor:innen nutzen das → *Text+Berg-Korpus*, das aus allen Ausgaben des Jahrbuchs des Schweizer Alpenclubs (später unter dem Namen „Die Alpen“ veröffentlicht) besteht. In den Texten wird von Touren durch die Alpen und anderen Aktivitäten der Mitglieder berichtet. Das Korpus umfasst den Zeitraum von 1864 bis 2009 und enthält 35 Millionen Wörter. Es ermöglicht so eine umfangreiche diachrone Studie, bei der die Entwicklung eines Phänomens über die Zeit hinweg betrachtet wird.

Bubenhofer & Schröter interessieren sich für die mentalitätsgeschichtliche Entwicklung im Korpus, also die Frage, wie sich der Blick auf und das Schreiben über die Alpen im Laufe der Zeit verändert hat. Dafür vergleichen sie im Beitrag für die

Zeiträume 1880–1899 und 1930–1949 die Frequenzen von Einzelwörtern und sog. komplexen n-Grammen. Wortarteninformationen nutzen sie auf mehrere Weisen: Bei der Betrachtung von Einzelwörtern filtern sie nach Wortart und fokussieren die Analyse auf Substantive. Dabei zeigt sich, dass im frühen Zeitraum zum Beispiel *Studie/Studien*, *Erkundigung*, *Annahme* und *Beobachtung* häufiger vorkommen, was auf einen forschenden Zugang zur Natur hinweist. Im späteren Zeitraum spielen dafür Wörter wie *Seele*, *Erlebnis*, *Herz* und *Freude* eine größere Rolle und zeigen eine stärker emotional-subjektive Darstellung an (Bubenhofer & Schröter 2012: 272).

Bei den komplexen n-Grammen werden schon beim Frequenzvergleich Wörter durch ihre Wortart ersetzt, um Muster zu entdecken, die zwar immer andere Wörter verwenden, aber der gleichen grammatischen Struktur folgen. Im späteren Teilkorpus findet sich etwa folgendes Muster häufiger als im frühen: ADV *erreichten* PPER ART NN, also die Abfolge von einem Adverb, dem Wort *erreichten*, einem Personalpronomen, einem Artikel und einem Substantiv. Beispiele für die konkrete Realisierung des Musters sind:

- *endlich erreichten wir den Aaresattel*
- *nachher erreichten wir den Guggistafel*
- *Nun erreichten wir das Gebiet* (Bubenhofer & Schröter 2012: 274).

Bubenhofer & Schröter (2012: 274) schließen aus diesem und anderen Mustern, dass im späteren Zeitraum ein erzählender Stil dominiert, wodurch die Wanderung vor allem als persönliches Erlebnis dargestellt wird.

Pinna & Brett (2018) untersuchen Reiseberichte in Zeitungen und identifizieren auf methodisch sehr ähnliche Art Muster, die hier deutlich häufiger verwendet werden als in anderen Teilen der Zeitung. Sie suchen zunächst nur nach Mustern auf der Ebene von Wortarten und füllen diese anschließend für die Interpretation mit zahlreichen Beispielen für die Realisierung des Musters. Abbildung 4 zeigt ein Beispiel für ein solches Muster, das aus einem Artikel, einem Adjektiv, einem Substantiv, einer Präposition und einer Nominalphase (mit variablen Wortarten) besteht. Die Funktion des Musters benennen Pinna & Brett (2018: 119) als „positive evaluation of a site in terms of activities that may be carried out there".

| | | | | |
|---|---|---|---|---|
| the<br>a(n) | great<br>unsurpassable<br>interesting<br>perfect<br>prime | site<br>place<br>position<br>destination<br>base<br>spot | for | a picnic<br>wildlife spotting<br>a special occasion<br>family skiing<br>watching whales |
| | | | to | break your journey<br>get away from it all<br>recharge your batteries<br>write a book |

Abbildung 4: Auf Wortarten basierendes Muster aus den Analysen von Pinna & Brett (2018: 119)

## 3.5 Übungen

1. Wählen Sie einen beliebigen Beispieltext aus und annotieren Sie jedes Wort manuell mit dem dazugehörigen Tag aus dem STTS. Greifen Sie dafür auf die umfangreiche Annotationsrichtlinie von Schiller et al. (1999) zurück.
2. Bei welchen Wörtern sind Sie sich unsicher, zwischen welchen Tags schwanken Sie jeweils? Gibt es in der Richtlinie einen Abschnitt, der einen mit Ihrem Problem vergleichbaren Zweifelsfall diskutiert?
3. Eine weitere Möglichkeit, Zweifelsfälle zu klären, besteht darin, in öffentlichen Korpora vergleichbare Verwendungen des Wortes zu suchen und die dortigen Analysen heranzuziehen. Manuell mit dem STTS annotiert ist zum Beispiel das Korpus *TüBa D/Z*, das über die Plattform ⟶ *TüNDRA* durchsucht werden kann. Voraussetzung ist die Zugehörigkeit zu einer Universität oder einer vergleichbaren Institution.
4. In *Python* können wir Wortarten für deutsche Daten zum Beispiel mit den Bibliotheken ⟶ *spaCy*, ⟶ *Stanza* und ⟶ *HanTa* annotieren. Probieren Sie es anhand von Beispielen Ihrer Wahl aus. Dazu stehen im digitalen Anhang Musterskripte zur Verfügung.
5. Wählen Sie einen Text aus dem *Foodblogkorpus* aus und annotieren Sie ihn mit mindestens zwei unterschiedlichen Bibliotheken. Vergleichen Sie die Annotationen miteinander. Wie unterscheiden sich die Analysen? Haben Sie eine Idee, wie die Tools zu den jeweiligen Analysen kommen, welcher „falschen Fährte“ sie möglicherweise aufgesessen sind?

Musterlösungen und Skripte stehen im Online-Shop des Narr Verlags unter https://files.narr.digital/9783823385790/Zusatzmaterial.zip zur Verfügung.

# 4 Syntax

In diesem Kapitel sind syntaktische Strukturen der Ausgangspunkt, es geht also um die Frage danach, wie Wörter zu Sätzen kombiniert werden. Dazu werfen wir einen Blick auf zwei syntaktische Theorien – die Konstituentengrammatik und die Dependenzgrammatik – und die Möglichkeiten ihrer Umsetzung in der Computerlinguistik. Zuletzt zeigen wiederum Beispielstudien, wie wir syntaktische Strukturen für Analysen in den Digital Humanities nutzen können.

## 4.1 Konstituentengrammatik

Im letzten Kapitel haben wir uns mit Wörtern und ihren grammatischen Eigenschaften befasst. Nun widmen wir uns der Frage, wie wir Wörter zu Phrasen und Sätzen kombinieren. Die Analyse dieser grammatischen Strukturen ermöglicht uns oftmals eine Annäherung an semantische Zusammenhänge, die für viele nicht linguistische Fragestellungen interessanter sind als die Grammatik an sich. Beispielsweise ist die grammatische Funktion des Subjekts oft mit der semantischen Rolle eines Agens, also einer handelnden Entität, verbunden, während im Objekt vielfach das Patiens steht, also die Entität, mit der etwas gemacht wird oder der etwas passiert.[13] Es kann deshalb interessant sein, zu prüfen, welche Akteure in einem Diskurs eher als Subjekt und welche als Objekt versprachlicht werden, mit welchen Prädikaten eine bestimmte Entität vorkommt, welche Attribute für sie verwendet werden und vieles mehr.

Es gibt zahlreiche syntaktische Theorien, die entwickelt wurden, um zu beschreiben und zu erklären, welche Kombinationen von Wörtern innerhalb von Sätzen in der Grammatik einer Sprache möglich sind und welche nicht (siehe z. B. Dürscheid 2012). Wir betrachten zunächst die sog. **Konstituenten**. Konstituenten sind syntaktische Einheiten, die die Bestandteile eines Satzes darstellen. Für die syntaktische Analyse eines Satzes wollen wir zunächst herausfinden, aus welchen Konstituenten ein Satz besteht. Hierzu gibt es unterschiedliche Methoden, wie die Ersetzungs- und die Umstellprobe. Bei der Ersetzungsprobe (auch: Substitutionstest) probieren wir aus, ob wir eine Wortfolge im Satz durch ein einziges Wort, zum Beispiel ein Pronomen, ersetzen können, ohne dass sich die Bedeutung stark verändert oder der Satz ungrammatisch wird. Für den Beispielsatz *Das Kind beobachtet den Vogel beim Schwimmen* ergeben sich folgende Möglichkeiten:

13 Es gibt auch die computerlinguistische Aufgabe des sog. ‚Semantic Role Labeling', das sich direkt mit der Annotation semantischer Rollen wie Agens und Patiens befasst (siehe z. B. Jurafsky & Martin 2023: Kapitel 24). Da für diese Aufgabe aber weniger Tools zur Verfügung stehen, beschränken wir uns hier auf die Approximation durch die Syntax.

| (1) | [Es] | beobachtet | den Vogel | beim Schwimmen. |
|---|---|---|---|---|
| | Das Kind | beobachtet | [ihn] | beim Schwimmen. |
| | Das Kind | beobachtet | den Vogel | [dabei]. |
| | *Das Kind | beobachtet | den | [ihn] |

Die ersten drei Ersetzungen erweisen sich hier als möglich. Nur die letzte Variante erzeugt keinen grammatischen Satz des Deutschen, was durch das vorangestellte Sternchen angezeigt wird. Grundsätzlich gilt: Wenn eine Wortfolge durch ein Wort ersetzt werden kann, handelt es sich um eine Konstituente.

Als zweites können wir noch die Umstellungsprobe (auch: Permutationstest) hinzuziehen: Wenn eine Wortfolge im Satz nur gemeinsam verschoben werden kann, handelt es sich um eine Konstituente. Besonders hilfreich ist zumindest im Deutschen die Anfangsstellungsprobe, da vor dem finiten Verb im Hauptsatz immer nur genau eine Konstituente stehen kann. Für den Beispielsatz heißt das:

| (2) | [Das Kind] | beobachtet | den Vogel | beim Schwimmen. |
|---|---|---|---|---|
| | [Den Vogel] | beobachtet | das Kind | beim Schwimmen. |
| | [Beim Schwimmen] | beobachtet | das Kind | den Vogel. |
| | *[Vogel beim] | beobachtet | das Kind | Schwimmen. |

Auf dieser Grundlage können wir sagen, dass es sich im Beispielsatz bei *das Kind*, *den Vogel* und *beim Schwimmen* um Konstituenten handelt. Auch das Verb *beobachtet* ist eine Konstituente, die allerdings in ihrer Position fest ist und auf die die Tests nicht anwendbar sind.

Eine Konstituentenanalyse kann dabei helfen, syntaktische Mehrdeutigkeiten aufzulösen:

(3) Dieser Platz wird zur Verhütung von Verbrechen durch die Polizei videoüberwacht.

Hier kann die Wortfolge *zur Verhütung von Verbrechen durch die Polizei* entweder als eine Konstituente analysiert werden, sodass die Verbrechen der Polizei zugeschrieben werden, oder (wie sicherlich beabsichtigt) als zwei Konstituenten *zur Verhütung von Verbrechen* und *durch die Polizei*, sodass die Überwachung durch die Polizei erfolgt. Mehrdeutigkeiten wie diese sind für die automatische Analyse syntaktischer Strukturen herausfordernd, da ihre Auflösung häufig auf komplexem Weltwissen beruht (hier: der Annahme, dass die Polizei Verbrechen eher verhindert, als sie zu begehen).

Wenn wir die Konstituenten eines Satzes identifiziert haben, können wir sie in formaler und in funktionaler Hinsicht bestimmen. Die formale Beschreibung des **Phrasentyps** baut auf die Wortartenbestimmung auf. Jede Konstituente hat einen sog.

Kopf, dessen Wortart den Phrasentyp bestimmt. Der Kopf einer Phrase zeichnet sich dadurch aus, dass er nicht wegfallen kann und die grammatischen und semantischen Eigenschaften der Phrase bestimmt. In den folgenden Beispielen ist jeweils der Kopf fett markiert:

- Nominalphrase (NP): *der graue **Hund**, **er***
- Verbalphrase (VP): *sich **verlaufen**, **habe** gegessen*
- Präpositionalphrase (PP): ***mit** dem Hund*
- Adjektivphrase (AdjP): *sehr **groß***
- Adverbphrase (AdvP): *genau **dort***

Die Bestimmung von *mit dem Hund* als Präpositionalphrase mag zunächst kontraintuitiv erscheinen, da für die Bedeutung oftmals das Substantiv besonders relevant ist. Ausschlaggebend ist aber, dass die Präposition grammatisch dominant ist, indem sie den Kasus des Substantivs und ggf. vorhandener Artikel und Adjektive bestimmt (Kasusrektion).

Als Zweites können wir eine funktionale Beschreibung von Konstituenten vornehmen. Dabei geht es darum, welche Funktion die Konstituente in einem Satz erfüllt. Oft ist hier von der Bestimmung der **Satzglieder** die Rede. Während die formale Bestimmung noch ganz ohne Kontext möglich war, brauchen wir für die funktionale Bestimmung einen konkreten Verwendungssatz:

(4) **Die Ente** mag den großen Teich.

(5) Ich mag **die Ente**.

Die Phrase *die Ente* ist in formaler Hinsicht immer eine Nominalphrase, hat in den beiden Beispielsätzen aber zwei unterschiedliche Funktionen: In Beispiel (4) ist *die Ente* das Subjekt des Satzes, in Beispiel (5) ist sie das Akkusativobjekt.

Die zentrale Funktion im Satz übernimmt das Prädikat. Alle finiten und infiniten Verben im Satz gehören zum Prädikat. Das Prädikat bestimmt maßgeblich, welche anderen Satzglieder noch vorliegen können oder müssen. In deutschen Hauptsätzen steht das finite Verb stets an zweiter Stelle (6) und ggf. vorhandene infinite Verbteile am Ende (7). In deutschen Nebensätzen steht das finite Verb am Ende und infinite Verbteile direkt davor (8).

(6) Das **weiß** ich nicht.

(7) Das **habe** ich nicht **gewusst**.

(8) Ich glaube, dass ich das **vergessen habe**.

Zu einem minimalen grammatischen Satz gehört im Deutschen (von wenigen Ausnahmen abgesehen) neben dem Prädikat auch ein Subjekt. Subjekte stimmen in Numerus und Person mit dem finiten Verb des Satzes überein. Diese Übereinstimmung bezeichnen wir als Kongruenz. Das Subjekt steht im Nominativ.

(9) **Ich** bleibe zu Hause.

(10) **Meine Kollegin** bleibt zu Hause.

(11) Heute bleiben **wir** zu Hause.

Viele Sätze enthalten außerdem ein oder mehrere Objekte. Objekte werden vom Verb gefordert. In einem Satz mit dem Verb *verlassen* beispielsweise benötigen wir ein Akkusativobjekt, damit der Satz grammatisch ist. Objekte können nach ihrer Form genauer bestimmt werden:

(12) Laura isst **gebrannte Mandeln**. (Akkusativobjekt)

(13) Ich vertraue **meinem Hund**. (Dativobjekt)

(14) Diese Hausarbeit bedarf **einer Überarbeitung**. (Genitivobjekt)

(15) Alle wundern sich **über das warme Wetter**. (Präpositionalobjekt)

Ein weiterer häufiger Bestandteil von Sätzen sind Adverbiale. Sie geben zusätzliche Informationen zu den Umständen des Geschehens und können nach ihrer Bedeutung genauer bestimmt werden, zum Beispiel:

(16) Dazu habe ich **heute** keine Lust. (Temporaladverbial)

(17) Wir treffen uns **vor dem Supermarkt**. (Lokaladverbial)

(18) Er ist dann **schnell** weitergefahren. (Modaladverbial)

Zuletzt sind noch die sog. Prädikative wichtig. Sie treten zusammen mit Kopulaverben auf, also insbesondere mit *sein*, *werden* und *bleiben*. Das Prädikativ bezieht sich (meist) auf das Subjekt und schreibt ihm bestimmte Eigenschaften zu:

(19) Wenn ich groß bin, werde ich **Saugbaggerbesitzerin**!

(20) Caro ist **sehr zufrieden**.

Oftmals werden bei der funktionalen Analyse von Satzstrukturen auch Attribute erfasst. Attribute gehören nicht im engeren Sinne zu den Satzgliedern, sondern sind Teile von Satzgliedern und liefern zusätzliche Informationen. Sie können unterschiedliche Formen annehmen, zum Beispiel:

(21) das **rote** Haus (adjektivisches Attribut)

(22) das Pferd **meiner Tante** (Genitivattribut)

Die Attribute weisen uns bereits auf den Umstand hin, dass Konstituenten ineinander verschachtelt werden können. Bei den Konstituenten mit Satzgliedstatus sprechen wir auch von unmittelbaren Konstituenten des Satzes. Attribute sind keine unmittelbaren Konstituenten, sondern den Satzgliedern hierarchisch untergeordnet. Im Sinne der Konstituentengrammatik werden Wörter zu Phrasen, diese ggf. zu größeren Phrasen und letztendlich zu Sätzen zusammengeführt, sodass sich die syntaktische Struktur eines Satzes als hierarchische Baumstruktur darstellen lässt.

Abbildung 5 zeigt eine solche Analyse an einem Beispielsatz. Ein Satz S besteht in der Regel aus einer Nominalphrase (NP) und einer Verbalphrase (VP). Erstere besteht im Beispiel wiederum aus einem Artikel und einem Nomen, nämlich *Die* und *Ente*. Die Verbalphrase umfasst ein finites Verb (*mag*) und eine weitere Nominalphrase, die selbst aus Artikel, Adjektiv und Nomen zusammengesetzt ist (*den großen Teich*).

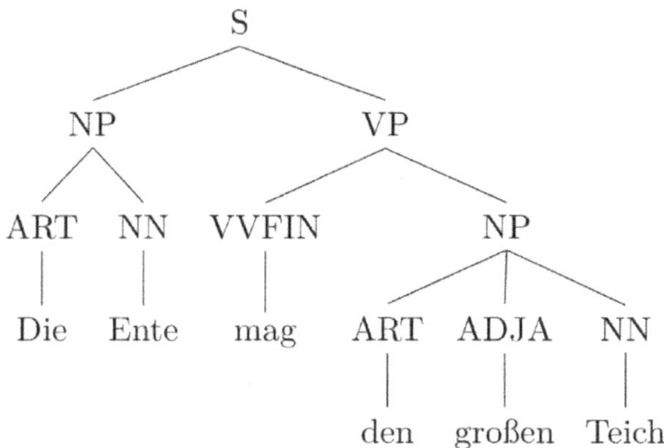


Abbildung 5: Beispiel für eine Konstituentenanalyse (mit Wortartentags des STTS)

Die Abbildung verdeutlicht auch, warum syntaktische Analysen häufig als Bäume oder Baumstrukturen bezeichnet werden – zumindest wenn man die Abbildung gedanklich auf den Kopf stellt. Im graphentheoretischen Sinne ist mit einem Baum gemeint, dass alle Elemente der Struktur zusammenhängen und es keine Kreisstrukturen gibt. Jedes Element hat genau einen Kopf, kann aber mehrere von ihm abhängige Elemente haben.

## 4.2 Dependenzgrammatik

Die andere syntaktische Theorie, die neben der Konstituentengrammatik in der Computerlinguistik implementiert wurde und sich heute großer Popularität erfreut, ist die **Dependenzgrammatik**. Die Dependenzgrammatik geht auf Tesnière (1959) zurück und beschreibt die grammatischen Strukturen im Satz als Relationen zwischen einzelnen Wörtern (anstatt sie zu Konstituenten zu gruppieren). Tesnière führt unter anderem das Konzept der **Verbvalenz** ein: Genau wie ein Atom eine bestimmte Anzahl von anderen Atomen einer bestimmten Art an sich binden kann, so fordert auch das Verb im Satz bestimmte Ergänzungen. Das Verb *geben* zum Beispiel braucht drei Ergänzungen, damit sich ein grammatischer Satz ergibt: ein Subjekt (die gebende Person), ein Akkusativobjekt (das, was gegeben wird) und ein Dativobjekt (die Person, die etwas bekommt), wie in *Der Vater gibt dem Kind den Stoffelefanten.* Das Verb *schlafen* hingegen erfordert nur eine Ergänzung, nämlich ein Subjekt. In diesem Sinne hängen die Subjekte und Objekte und ihre grammatischen Eigenschaften vom Verb ab, das wir deshalb als Kopf des gesamten Satzes betrachten.

In der dependenzgrammatischen Perspektive hat jedes Wort im Satz einen solchen Kopf, also ein anderes Wort im Satz, von dem es abhängt und das ggf. seine grammatischen Eigenschaften bestimmt. Der Kopf wird auch als **Regens** bezeichnet, das abhängige Element als **Dependens** (Plural: Dependentien). Abbildung 6 zeigt eine Dependenzanalyse für unseren Beispielsatz. Auch wenn es in dieser Darstellungsform weniger offensichtlich ist, handelt es sich auch bei der dependenzbasierten Analyse um eine Baumstruktur.

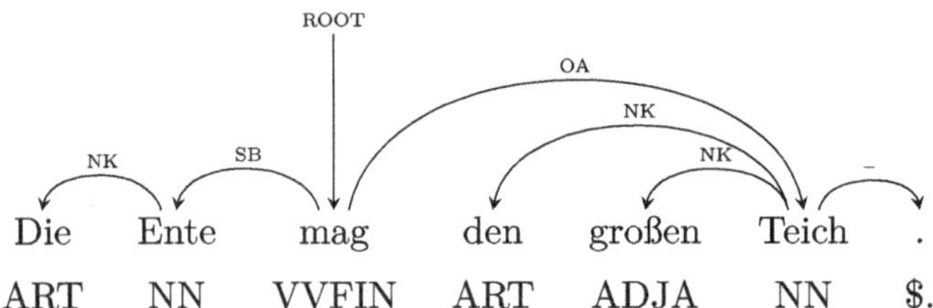


Abbildung 6: Beispiel für eine Dependenzanalyse (STTS und TIGER-Annotationsschema)

Passend zur Metapher des Syntaxbaums wird der Ausgangspunkt des Baums als Wurzel (engl. ‚root') bezeichnet. Die Wurzel wird ganz oben dargestellt und verweist auf den Kopf des Satzes, was im Normalfall das finite Verb ist, in diesem Falle also *mag*. Vom Verb hängen das Subjekt und die Objekte und ggf. Adverbiale ab. Die Dependenzrelation zeigt dabei jeweils auf den Kopf des Subjektes bzw. Objektes, im Beispiel also von *mag* auf *Ente* und *Teich*. Die Kanten werden ihrer syntaktischen Funktion entsprechend mit SB (Subjekt) bzw. OA (Objekt im Akkusativ) beschriftet. Vom Kopf der Nominalphrasen verlaufen wiederum Dominanzrelationen zu den restlichen Bestandteilen, die im Falle von Artikeln und Adjektivattributen als NK (engl. ‚noun kernel') benannt werden. Wie oben beschrieben ist bei Präpositionalphrasen die Präposition der Kopf.

Diese Analyse und die verwendeten Label basieren auf dem *TIGER*-Annotationsschema (Albert et al. 2003). Das Schema folgt eigentlich dem anderen, oben erwähnten syntaktischen Formalismus, nämlich der Konstituentenstruktursyntax. Sie kann aber gut auf Dependenzannotationen übertragen werden. Ein anderes Annotationsschema, das von vornherein für die Dependenzannotation vorgesehen war, ist das Schema der *Hamburg Dependency Treebank* (HDT, Foth 2006). Außerdem gab es in den letzten Jahren die Bemühung, ein Annotationsschema für (unter anderem) syntaktische Dependenzen zu entwickeln, das sprachübergreifend anwendbar ist. Aus diesem ehrgeizigen Vorhaben ist das Schema der → **Universal Dependencies** (Nivre et al. 2016; de Marneffe et al. 2021) entstanden, das bereits in Kapitel 3 erwähnt wurde. Das Schema weist etwas größere Unterschiede zu den beiden anderen, nur für das Deutsche entwickelten Annotationsrichtlinien auf, die sich aus der Abstimmung mit den syntaktischen Strukturen anderer Sprachen ergeben. Beispielsweise sind Präpositionen im UD-Schema nicht der Kopf einer Phrase, sondern hängen vom Substantiv ab. Dies ist darauf zurückzuführen, dass die Funktion von deutschen Präpositionen in anderen Sprachen durch einen Kasus am Substantiv markiert wird, sodass hier gar nicht die Möglichkeit besteht, eine Präposition als Kopf anzusetzen.

Wenn wir eine Analyse mit syntaktischen Dependenzannotationen planen, lohnt es sich, frühzeitig zu prüfen, welches Annotationsschema in den vorliegenden Daten verwendet wurde bzw. welches Schema ein automatisches Annotationstool anwendet. Je nachdem, für welche syntaktischen Strukturen wir uns interessieren, kann das eine oder das andere Schema geeigneter sein.

Abschließend werfen wir noch einen kurzen Blick auf Datenformate, die zur Speicherung und Weiterverarbeitung von syntaktischen Dependenzannotationen genutzt werden. In der Computerlinguistik ist vor allem das sog. **CoNLL-Format** populär. Es ist benannt nach der *Conference on Computational Natural Language Learning*, die jährliche Shared Tasks[14] veranstaltet. Das dort verwendete Format ist dadurch in der Community bekannt. Da die Veranstaltung regelmäßig mit unterschiedlichen Aufgaben stattfindet, gibt es allerdings auch verschiedene CoNLL-Formate, was zu Verwirrung führen kann. Im Folgenden dient das CoNLL2009-Format als Beispiel.

Alle CoNLL-Formate folgen dem Prinzip eines csv-Formats[15], in dem die Grenzen zwischen den Spalten mit Tabstopps markiert werden. Jedes Wort des Satzes wird in einer Zeile dargestellt. Der Inhalt der Spalten ist klar definiert: Die erste Spalte enthält einen bei 1 beginnenden fortlaufenden Index, wie in Abbildung 7 zu sehen. In der zweiten Spalte folgen die ursprünglichen Textdaten, in Token segmentiert (siehe Kapitel 2.2). Die weiteren Spalten enthalten das Lemma, die Wortart sowie morphologische Informationen. Am Ende in Spalte 10 und 12 (den beiden letzten gefüllten Spalten) finden sich schließlich die Informationen zur syntaktischen Dependenzstruktur. Spalte 10 enthält jeweils den Index desjenigen Tokens, das den Kopf zum

14 Bei einem Shared Task wird von den Veranstalter:innen eine bestimmte Aufgabe gestellt und es werden dazu passende Daten veröffentlicht. Alle interessierten Wissenschaftler:innen können dann ein System entwickeln, das diese Aufgabe löst, und ihr Ergebnis einreichen. Am Ende wird ein Ranking dazu erstellt, welches System die besten Ergebnisse erzielt hat.

15 Die Abkürzung csv steht für „comma-separated values", also kommagetrennte Werte. Als Trennzeichen zwischen den Spalten werden aber auch andere Zeichen verwendet, etwa das Semikolon oder der Tabstopp. Letzteres wird seltener auch als tsv-Datei bezeichnet („tab-separated values").

aktuellen Token darstellt. In der ersten Zeile beim Token *Ich* steht hier eine 2, also ein Verweis auf das Token mit dem Index 2, nämlich *mag*, das als finites Verb des Satzes der Kopf zum Subjekt *Ich* ist. In Spalte 12 ist diese syntaktische Funktion als SUBJ festgehalten. In der zweiten Zeile ist für *mag* der Kopfindex 0 und als Funktion S eingetragen. Beides bedeutet, dass es sich um die Wurzel des Satzes handelt. In Zeile 4 wird *Bananen* als vom finiten Verb abhängiges Akkusativobjekt (OBJA) charakterisiert, in Zeile 3 *grüne* als Attribut (ATTR) zu *Bananen*.

```
1 Ich _ ich _ PPER _ case=nom|number=sg|gender=*|person=1 -1 2 _ SUBJ _ _
2 mag _ mögen _ VMFIN _ number=sg|person=1|tense=pres|mood=ind -1 0 _ S _ _
3 grüne _ grün _ ADJA _ case=acc|number=pl|gender=fem|degree=pos -1 4 _ ATTR _ _
4 Bananen _ Banane _ NN _ case=acc|number=pl|gender=fem -1 2 _ OBJA _ _
5 . _ -- _ $. _ _ -1 0 _ ROOT _ _
```

Abbildung 7: Beispiel für einen dependenzannotierten Satz im CoNLL2009-Format (Annotationsschema der HDT, Foth 2006)

Neben dem CoNLL-Format sind auch unterschiedliche XML-Formate verbreitet. Ein konkretes Beispiel ist das **tcf-Format**, das etwa von der Annotationsplattform ⟶ *WebLicht* produziert wird. Abbildung 8 zeigt unseren Beispielsatz in diesem Format (gekürzt). Der Inputtext ist hier in Zeile 2 in unveränderter Form erhalten. Die Zeilen 3 bis 9 definieren die Token des Satzes und vergeben für jedes Token eine ID (t1 bis t5). Der Abschnitt von Zeile 10 bis 12 definiert die im Text enthaltenen Sätze. Im Beispiel ist dies nur ein einziger Satz mit der ID s1, der aus den Token t1 bis t5 besteht. Die folgenden Blöcke enthalten Informationen zu den Wortarten (Z. 13–19) und zur Dependenzsyntax (Z. 20–28). Jede Information wird über die Token-ID einem oder mehreren der oben definierten Token zugewiesen. So definiert Zeile 14, dass das Token mit der ID t1 (*Ich*) ein Personalpronomen (PPER) ist, und Zeile 24 informiert uns, dass das Token mit der ID t1 (*Ich*) das Subjekt (SUBJ) zum Token mit der ID t2 (*mag*) ist.

```
1  <TextCorpus xmlns="http://www.dspin.de/data/textcorpus" lang="de">
2   <text>Ich mag grüne Bananen.</text>
3   <tc:tokens xmlns:tc="http://www.dspin.de/data/textcorpus">
4    <tc:token ID="t1">Ich</tc:token>
5    <tc:token ID="t2">mag</tc:token>
6    <tc:token ID="t3">grüne</tc:token>
7    <tc:token ID="t4">Bananen</tc:token>
8    <tc:token ID="t5">.</tc:token>
9   </tc:tokens>
10   <tc:sentences xmlns:tc="http://www.dspin.de/data/textcorpus">
11    <tc:sentence tokenIDs="t1 t2 t3 t4 t5" ID="s1"/>
12   </tc:sentences>
13   <tc:POStags xmlns:tc="http://www.dspin.de/data/textcorpus" tagset="stts">
14    <tc:tag tokenIDs="t1">PPER</tc:tag>
15    <tc:tag tokenIDs="t2">VMFIN</tc:tag>
16    <tc:tag tokenIDs="t3">ADJA</tc:tag>
17    <tc:tag tokenIDs="t4">NN</tc:tag>
```

```
    <tc:tag tokenIDs="t5">$.</tc:tag>
  </tc:POStags>
  <tc:depparsing xmlns:tc="http://www.dspin.de/data/textcorpus" tagset="tuebadz">
    <tc:parse>
      <tc:dependency func="-PUNCT-" depIDs="t5" govIDs="t4"/>
      <tc:dependency func="ROOT" depIDs="t2"/>
      <tc:dependency func="SUBJ" depIDs="t1" govIDs="t2"/>
      <tc:dependency func="ATTR" depIDs="t3" govIDs="t4"/>
      <tc:dependency func="OBJA" depIDs="t4" govIDs="t2"/>
    </tc:parse>
  </tc:depparsing>
</TextCorpus>
```

Abbildung 8: Annotation eines Beispielsatzes im tcf-Format durch → *WebLicht* (gekürzter Auszug)

## 4.3 Computerbasierte Syntaxanalyse

Die computerbasierte Analyse syntaktischer Strukturen und die Annotation von Textdaten mit den Ergebnissen dieser Analyse werden als **Parsing** bezeichnet. Ein Korpus, das mit syntaktischen Annotationen versehen ist, wird **Baumbank** genannt. Die Bezeichnung geht darauf zurück, dass die syntaktischen Strukturen eine Baumstruktur haben (s. o.). In diesem Abschnitt schauen wir uns an, wie eine syntaktische Analyse durch den Computer aussehen kann.

Ein sehr einfaches Prinzip, Sätze mit dem Computer zu erzeugen oder zu bewerten, ist eine sog. **kontextfreie Grammatik**. In einer kontextfreien Grammatik können wir das Regelwerk einer Sprache (oder einen Teil davon) formalisiert erfassen. Auf dieser Grundlage können vorhandene Sätze analysiert oder neue Sätze generiert werden. Eine kontextfreie Grammatik folgt den Ideen der Konstituentengrammatik und besteht aus folgenden Komponenten:

- einem Lexikon aus Wörtern, die in dieser Sprache vorkommen,
- grammatischen Kategorien auf Satzebene wie S (Satz), NP (Nominalphrase) und auf Wortebene wie V (Verb) und N (Nomen),
- Regeln, die definieren, wie sich die Elemente der beiden vorgenannten Gruppen kombinieren lassen, außerdem
- einem Startsymbol S, das unser Ausgangspunkt ist, wenn wir einen von der Grammatik beschriebenen Satz generieren wollen.

Abbildung 9 zeigt ein Beispiel für eine kontextfreie Grammatik aus Langer (2010). In der ersten Zeile wird das Inventar grammatischer Kategorien definiert. Da es sich nur um eine kleine Grammatik zu Demonstrationszwecken handelt, ist das Inventar sehr eingeschränkt, Adjektive und Adverbien sind beispielsweise nicht vorgesehen. In der zweiten Zeile wird das Lexikon definiert. Auch hier steht uns nur eine kleine Gruppe möglicher Wörter zur Verfügung. Der größte Teil der Grammatik definiert in Form von Regeln, wie wir die Wörter und die grammatischen Kategorien kombinieren können. Ein Satz S besteht demzufolge immer aus einer Nominalphrase (NP) und einer

Verbalphrase (VP). Die NP wiederum ist aus einem Artikel (DET) und einem Nomen (N) zusammengesetzt. Für die VP gibt es zwei Möglichkeiten: Sie besteht entweder nur aus einem Verb (V) oder aus einem Verb und einer weiteren Nominalphrase (z. B. einem Objekt). In den letzten Zeilen wird definiert, welcher grammatischen Kategorie die Elemente des Lexikons jeweils angehören (z. B. gehört *Katze* zu den Nomen, *bellt* zu den Verben).

| | | | |
|---|---|---|---|
| G =⟨ | { | S, NP, VP, DET, N, V }, | |
| | { | *der, Hund, bellt, sieht, die, Katze* }, | |
| | { | S | ⟶ NP VP, |
| | | NP | ⟶ DET N, |
| | | VP | ⟶ V, |
| | | VP | ⟶ V NP, |
| | | DET | ⟶ *der,* |
| | | DET | ⟶ *die,* |
| | | N | ⟶ *Hund,* |
| | | N | ⟶ *Katze,* |
| | | V | ⟶ *bellt,* |
| | | V | ⟶ *sieht* }, |
| | S ⟩ | | |

Abbildung 9: Beispiel für eine kontextfreie Grammatik aus Langer (2010: 284)

Wenn wir die Regeln dieser Grammatik bei S beginnend anwenden, können wir zum Beispiel folgende Sätze generieren:

(23) der Hund bellt

(24) die Katze bellt

(25) der Hund sieht die Katze

(26) *die Katze bellt die Hund

Die Grammatik ermöglicht also mehrere grammatisch korrekte (wiewohl inhaltlich unterschiedlich plausible) Sätze, aber auch ungrammatische Sätze. Durch eine Differenzierung der Grammatik könnte dies korrigiert werden. Insbesondere wäre es notwendig, eine Kongruenz innerhalb von Nominalphrasen sicherzustellen. Hierzu könnten eigene grammatische Kategorien für Feminina, Maskulina und Neutra sinnvoll sein. Außerdem muss die Verbvalenz berücksichtigt werden, sodass etwa intransitive

Verben kein Objekt bekommen, transitive hingegen schon, und die notwendigen Objekte im richtigen Kasus stehen.

Es sollte deutlich geworden sein, dass die manuelle Erstellung einer solchen Grammatik eine komplexe Aufgabe ist, die außerdem an ihre Grenzen stößt, wenn Sprache nicht rein regelhaft funktioniert, wie es etwa bei idiomatischen Ausdrücken der Fall ist. Heute ist man sich in der Sprachwissenschaft weitgehend einig darüber, dass Sprache nicht nur als Sammlung von Wörtern und Regeln zu ihrer Kombination funktioniert, sondern größere Einheiten als „Bausteine" in unserem mentalen Lexikon abgelegt sind und als Ganzes abgerufen und verwendet werden (Ziem & Lasch 2013).

Aufgrund der beschriebenen Schwierigkeiten setzen auch aktuelle Ansätze der syntaktischen Analyse auf statistische Methoden. Dies kann auch als Erweiterung der kontextfreien Grammatik implementiert werden, nämlich in Form einer **probabilistischen kontextfreien Grammatik** (Biemann, Heyer & Quasthoff 2022: 51–52). Dabei werden die Regeln einer kontextfreien Grammatik zusätzlich mit Wahrscheinlichkeiten versehen. Die Grundlage dafür bildet ein Trainingskorpus, das manuell mit syntaktischen Annotationen angereichert wurde. Dort können wir beispielsweise prüfen, wie sich Nominalphrasen im Korpus üblicherweise zusammensetzen. Ein Ergebnis könnte wie in Tabelle 8 aussehen, die für drei unterschiedliche Formen von Nominalphrasen (fiktive) Wahrscheinlichkeiten angibt, die der relativen Frequenz dieser Formen im Trainingskorpus entsprechen. Wenn uns für alle Regeln der Grammatik Wahrscheinlichkeiten vorliegen, können wir durch Multiplikation der Teilwahrscheinlichkeiten die Gesamtwahrscheinlichkeit einer syntaktischen Analyse eines Satzes berechnen. Anhand der Ergebnisse können wir unterschiedliche syntaktische Analysen desselben Satzes vergleichen und uns (etwa im Rahmen einer automatischen Analyse) für die wahrscheinlichste entscheiden.

| **Form** | **Beispiel** | **Wahrscheinlichkeit** |
|---|---|---:|
| NP → N | *Enten* | 0,2 |
| NP → DET N | *die Ente* | 0,4 |
| NP → NP NP | *die Ente des Jahres* | 0,4 |

Tabelle 8: Beispiel für einen Auszug aus einer probabilistischen kontextfreien Grammatik

Auch für die poetische Textproduktion sind probabilistische kontextfreie Grammatiken eingesetzt worden, unter anderem bereits in den 1950er-Jahren bei der computerbasierten Generierung der „Stochastischen Texte" von Theo Lutz[16] (Bernhart 2020).

Als „kontextfrei" wird diese Form der Grammatik bezeichnet, weil die formulierten Regeln unabhängig vom weiteren sprachlichen Kontext sind. Beispielsweise gelten für die mögliche Zusammensetzung einer Nominalphrase die gleichen Regeln und ggf.

16 https://www.netzliteratur.net/lutz_schule.htm.

Wahrscheinlichkeiten, wenn sie als Subjekt, Objekt, in einer Präpositionalphrase oder als Genitivattribut vorkommt. Diese Annahme ist stark vereinfachend und kann zu Fehlern in der Analyse führen (Langer 2010: 301).

Auch wenn kontextfreie Grammatiken weiterhin eine gute Intuition dafür vermitteln, wie syntaktische Konstituentenstrukturen formal dargestellt und durch den Computer erfasst werden können, basieren moderne Ansätze zum Parsing von Konstituentenstrukturen mittlerweile nicht mehr auf kontextfreien Grammatiken. Stattdessen werden auf künstlichen neuronalen Netzen basierende Modelle (Kapitel 12) verwendet, die auf großen Korpora und unter Berücksichtigung des ganzen Satzkontextes (oder sogar darüber hinaus) lernen, welche Spannen von Wörtern mit der höchsten Wahrscheinlichkeit eine Konstituente bilden und wie diese hierarchisch zusammenhängen (Jurafsky & Martin 2023: Kapitel 17.7).

Wenden wir uns nun den Ansätzen zu, die den Strukturen der Dependenzgrammatik folgen. Bei den Algorithmen zum Dependenzparsing werden zwei Gruppen unterschieden, nämlich die übergangsbasierten (engl. ‚transition-based') und die graphbasierten (engl. ‚graph-based') Ansätze. Im Folgenden schauen wir uns die Grundideen des graphbasierten Parsings etwas genauer an.

Dazu brauchen wir zunächst ein paar Grundbegriffe aus der Graphentheorie. Ein **Graph** ist eine Struktur, die aus Elementen und den Verbindungen zwischen ihnen besteht. Die Elemente werden als **Knoten**, die Verbindungen als **Kanten** bezeichnet. Die Kanten können **ungerichtet** sein, wenn die Verbindungen keine bestimmte Richtung haben, wie es vielleicht bei einem Plan mit Bahnlinien der Fall ist, die in beiden Richtungen verkehren. Die Kanten können auch **gerichtet** sein, wenn die Verbindung in eine bestimmte Richtung weist, wie etwa in einem Stammbaum. Der **Baum** ist ein spezifischer Graphentyp, dessen Struktur mit der natürlicher Bäume vergleichbar ist: Alle Knoten hängen direkt oder indirekt zusammen und es gibt keine Kreisstrukturen.

Beim graphbasierten Parsing betrachten wir alle Wörter des Satzes als Knoten in einem Graphen. Als Ausgangspunkt gehen wir von einem vollständig verbundenen Graphen aus, jedes Wort ist also zunächst mit jedem anderen verbunden. Da es sich bei Dependenzrelationen um gerichtete Relationen handelt (ein Wort ist der Kopf eines anderen), gibt es zwischen jedem Knotenpaar zwei Verbindungen (Abbildung 10, links). Damit haben wir erst mal alle theoretisch möglichen Dependenzrelationen im Satz erfasst.

Natürlich sind diese Relationen unterschiedlich plausibel. Deshalb wird für jede dieser Verbindungen ein Score ermittelt, der für wahrscheinliche Relationen möglichst hoch, für unwahrscheinliche Relationen möglichst niedrig ausfallen soll. Diese Scores werden auf der Grundlage von Trainingsdaten ermittelt, also einem bereits mit Dependenzrelationen annotierten Korpus. Um eine gegebene Relation zu bewerten, können zahlreiche Merkmale herangezogen werden: die beiden beteiligten Wörter selbst, ihre Wortarten, die Entfernung der beiden Wörter im Satz, weitere Kontextwörter und ihre Eigenschaften usw. Basierend auf diesen Informationen kann ein maschinelles

Lernverfahren (siehe Kapitel 11 und 12) jeder Relation einen Score zuweisen, wie in Abbildung 10 (links) beispielhaft zu sehen.

Der Parsing-Algorithmus hat die Aufgabe zu entscheiden, welche Verbindungen aus dem vollständig verbundenen Graphen bestehen bleiben und welche gestrichen werden. Dabei müssen zwei Ziele erreicht werden: Das Ergebnis muss eine Baumstruktur sein, und wir wollen aus allen möglichen Baumstrukturen diejenige auswählen, aus deren Verbindungen sich die höchste Bewertung für den Gesamtbaum ergibt (siehe Abbildung 10, rechts). Dieser zu erreichende Baum wird als ‚Maximum Spanning Tree' bezeichnet und es gibt unterschiedliche Algorithmen zu seiner Berechnung, auf die wir hier nicht genauer eingehen (siehe Jurafsky & Martin 2023: Kapitel 18). Wie in den meisten Bereichen der Computerlinguistik arbeiten die erfolgreichsten Modelle heute mit künstlichen neuronalen Netzen (siehe Kapitel 12). Beim graphbasierten Parsing kann das neuronale Netz beispielsweise eingesetzt werden, um die Scores der Kanten zu bestimmen.

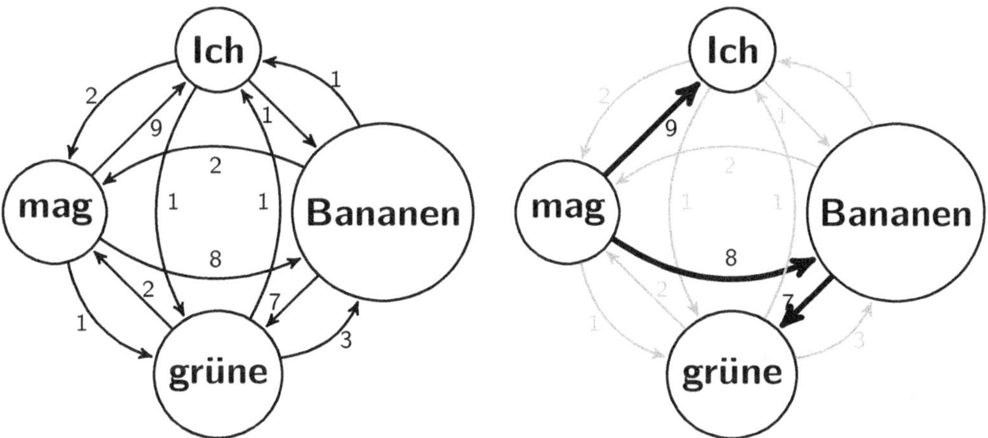


Abbildung 10: Vollständig verbundener Graph zum Beispielsatz *Ich mag grüne Bananen* (ohne Wurzelknoten) mit fiktiven Kantenbewertungen (links), Auswahl der wahrscheinlichsten Baumstruktur (rechts)

Wenn wir mit syntaktischen Annotationen arbeiten wollen, steht eine Vielzahl an Tools zur Verfügung. Zu den einfachsten Optionen gehören die Verwendung der Plattform → *WebLicht*, die Implementierungen in *Python* über die Bibliotheken → *Stanza* oder → *spaCy* (siehe Übungen am Ende des Kapitels) oder das javabasierte → *CoreNLP*. In der *Python*-Bibliothek → *NLTK* gibt es die Möglichkeit, eine eigene kontextfreie Grammatik zu schreiben und Sätze damit zu analysieren oder zu generieren.

Bei der Anwendung syntaktischer Annotationen muss bedacht werden, dass automatische Tools auch Fehler machen. Für das deutsche Modell von *spaCy* wird beispielsweise eine Genauigkeit von 90 Prozent angegeben.[17] Das ist zwar nicht

17 https://spacy.io/models/de.

schlecht, bedeutet aber doch, dass bei rund jedem zehnten Wort ein Fehler passiert. Dazu kommt noch die Frage, ob das Modell auf unseren Daten die gleiche Genauigkeit erreicht. Es empfiehlt sich deshalb immer zu prüfen, ob das verwendete Tool für die Zieldaten geeignet ist. Auch hier gilt, dass die meisten Tools für Zeitungstexte der Gegenwart optimiert sind, sodass wir bei stark abweichenden Textsorten mit mehr Fehlern rechnen und die Qualität ggf. in einer Stichprobe manuell überprüfen sollten.

## 4.4 Beispielstudien

Mit syntaktischen Annotationen können wir uns einem Text jenseits seiner Oberfläche nähern. Während wir etwa bei regulären Kollokationen nur die Information bekommen, dass zwei Wörter unerwartet häufig zusammen auftreten, kann die Syntax uns sagen, dass das eine zum Beispiel ein Attribut zu dem anderen ist. Auf diese Weise erhalten wir eine bessere Grundlage für die Interpretation. Mittlerweile haben sich zahlreiche Studien diese Möglichkeit zunutze gemacht.

Einen sehr einfachen Zugang zu syntaxbasierten Analysen bietet das → *DWDS-Wortprofil*. Hier können Nutzer:innen nach einem Wort suchen, für dessen Verwendung sie sich interessieren, und bekommen Kollokationen (siehe Kapitel 2.5) zu diesem Zielwort zurück, die nach ihrer syntaktischen Relation zum Zielwort gruppiert sind. Für das Suchwort *Ente* erhalten wir beispielsweise die am stärksten assoziierten Adjektivattribute (*lahm*, *gebraten*, *knusprig*, *ölverschmiert*, *schnatternd*) sowie Verben, dessen Objekt es ist (*füttern*, *braten*, *aufsitzen*, *schlachten*, *angeln*). Wir erfahren außerdem, dass es häufig das Genitivattribut *Welt* hat (*Ente der Welt*) und mit einem Klick auf passende Belege zeigt sich, dass dabei überwiegend die Rede von der *berühmtesten Ente der Welt* (Donald Duck) oder der *reichsten Ente der Welt* (Dagobert Duck) ist. Diese auf syntaktischen Strukturen basierende Analyse zeigt bereits auf, wie facettenreich die Rolle der Ente in unserer Kultur ist. Sie wird als lebendes Tier, von Umweltverschmutzung bedrohtes Tier, als Nahrungsmittel und in ihrer Comic-Repräsentation dargestellt. Das Verb *angeln* verweist auf eine beliebte Aktivität auf Jahrmärkten, *aufsitzen* außerdem auf die alternative Bedeutung im Sinne der Zeitungsente.

Googasian & Heuser (2019) analysieren literarische Texte daraufhin, wie Tiere im Vergleich zu Menschen dargestellt werden und inwiefern in den Texten eine Anthropomorphisierung der Tiere, d. h. eine Vermenschlichung, stattfindet. Dafür schauen sie sich an, welche Verben stärker mit Menschen und welche stärker mit Tieren in Subjektposition assoziiert sind. Die Analyse zeigt, dass beispielsweise Kommunikationsverben (*said*, *cried*, *called*) häufiger mit menschlichen Subjekten verwendet werden, Tieren hingegen eher körperliche Handlungen zugeordnet werden (*ran*, *leaped*, *licked*).

Andresen et al. (2020) widmen sich einem Datensatz aus Interviews, die im Rahmen einer pflegewissenschaftlichen Studie mit sterbenskranken Menschen geführt wurden. Ihr Fokus liegt auf der Rolle, die Entscheidungsprozesse in dieser Lebensphase spielen. Auf syntaktischen Relationen basierende Kollokationen zeigen, dass die Bewertung von Entscheidungen (*richtige Entscheidung*) und die Frage danach, wer etwas entscheidet (*selbst entscheiden*, *Entscheidung überlassen*), die Patient:innen beschäftigt.

Anwendungsmöglichkeiten syntaktischer Analysen in den Sozialwissenschaften finden sich bei Kleinnijenhuis & van Atteveldt (2014). Sie analysieren Zeitungstexte über den Nahostkonflikt, indem sie in den syntaktischen Dependenzannotationen der Texte nach spezifischen Mustern suchen. Beispielsweise identifizieren sie Sprechhandlungsverben wie *state* oder *say* und extrahieren die dazugehörigen Subjekte bzw. Komplemente, die den Akteuren und ihren Aussagen über den Konflikt entsprechen. Durch die Hinzunahme einer Sentimentanalyse (Kapitel 6) können sie so die unterschiedlichen Positionen der Akteure untersuchen (siehe auch Wüest et al. 2011).

Hulden (2016) nutzt die Syntax, um Machtverhältnisse im Diskurs um die amerikanischen Gewerkschaften zu untersuchen. Sie nimmt dazu vereinfachend an, dass die Subjektposition in der Regel mit mehr Handlungsmacht verbunden ist als die Objektposition. Ihr Korpus besteht aus knapp 4.000 wissenschaftlichen Texten, die bei JSTOR mit dem Suchstring „american federation of labor" gefunden werden. Sie berechnet für alle Akteure, in welchem Verhältnis ihre Nennungen als Subjekt zu denen als Objekt stehen. Es zeigt sich, dass die Regierung (*federal government*, *congress*), die Arbeitgeber (*employers*) und die Manager (*manager*) einen höheren Anteil von Subjektnennungen aufweisen als die Arbeiter (*workers*) und die Streikenden (*strikers*).

## 4.5 Übungen

1. Bestimmen Sie die Satzglieder der folgenden Beispielsätze aus dem *Foodblogkorpus* nach ihrer Form und ihrer Funktion im Satz:
   a. *An einem eiskalten und sehr verschneiten Wintertag vor zwei Jahren bin ich im Nymphenburger Park in München spazieren gegangen.* (bakingwithmarianne_01)
   b. *Buchweizenmehl bekommt man mittlerweile in allen guten Bio-Supermärkten und Drogerien.* (cathaskueche_02)
   c. *Letztes Jahr im Winter habe ich mich das erste Mal an Linseneintopf gewagt.* (gluten-frei_02)
   d. *Wir haben unserer Experimentierlust freien Lauf gelassen.* (man_kanns_essen_01)
   e. *Das heutige Rezept war absoluter Zufall.* (mangoseele_02)
2. Probieren Sie die automatische Annotation mit dem Tool → *WebLicht* aus. Nach dem Start muss man sich anmelden. Das geht mit den Kennungen der meisten Universitäten oder über eine Registrierung bei *CLARIN*. Nach dem Start kann man einen Text als Input hochladen oder einen der Demotexte auswählen. In *Easy Mode* kann man dann entscheiden, welcher Typ Annotation gewünscht ist. Nach dem Klick auf „Run Tools" und einer gewissen Wartezeit können die Ergebnisse

betrachtet, durchsucht und in unterschiedlichen Formaten heruntergeladen werden.

3. Auch die *Python*-Bibliotheken → *Stanza* und → *spaCy* bieten eine syntaktische Dependenzannotation. Im digitalen Anhang stehen Musterskripte zur Verfügung, die Sie an den Sätzen aus Aufgabe 1 oder selbstgewählten Beispielsätzen und -texten ausprobieren können.
4. Zwei weitere Demoskripte zu diesem Kapitel implementieren in zwei Varianten eine einfache kontextfreie Grammatik in der Form eines Satzgenerators. Lassen Sie sich eine Reihe von zufälligen Sätzen ausgeben. Erweitern Sie eines der Skripte dann so, dass es mehr unterschiedliche und vielleicht auch komplexere Sätze ausgeben kann.

Musterlösungen und Skripte stehen im Online-Shop des Narr Verlags unter https://files.narr.digital/9783823385790/Zusatzmaterial.zip zur Verfügung.

# 5 Semantik: Wortfelder

In diesem Kapitel befassen wir uns mit der linguistischen Teildisziplin der Semantik, die die Bedeutung von Wörtern und ihre semantischen Relationen behandelt. Insbesondere geht es um das Konzept der Wortfelder, die uns Rückschlüsse auf den Inhalt von Texten erlauben. Nach Einblicken in konkrete Wortfeld-Ressourcen folgen Beispielstudien, die Wortfelder für die geisteswissenschaftliche Analyse nutzen.

## 5.1 Semantik: Linguistische Grundlagen

Die Semantik ist die Teildisziplin der Linguistik, die sich mit der Bedeutung sprachlicher Ausdrücke beschäftigt. Der Fokus dieses Kapitels liegt auf der lexikalischen Semantik, in der es um die Bedeutung von Wörtern geht (und nicht z. B. um die Satzsemantik). Letztlich ist die Bedeutung von Wörtern für uns eine Möglichkeit, (näherungsweise) Aussagen über den Inhalt von Texten zu treffen, die unser Analysegegenstand sind.

Wenn wir in der Linguistik von Bedeutung sprechen, werden in der Regel zwei Komponenten der Bedeutung voneinander unterschieden, nämlich Denotation und Konnotation (z. B. Busch & Stenschke 2018: 198). Bei der **Denotation** handelt es sich um den festen Bedeutungskern eines Wortes, der kontextunabhängig gilt und das Referenzobjekt beschreibt. Oft entspricht das der Wörterbuchdefinition eines Wortes. Für das Wort *Strand* finden wir etwa im Duden die Bedeutung: „flacher, sandiger oder kiesiger Rand eines Gewässers, besonders des Meeres (der je nach Wasserstand von Wasser bedeckt sein kann)“.[18] Neben dieser Kernbedeutung haben die meisten Wörter aber auch noch eine Reihe von **Konnotationen**. Das sind Nebenbedeutungen, die vom Kontext abhängen können und oft emotional und wertend sind. Eine Möglichkeit, sich diesen Konnotationen korpuslinguistisch zu nähern, sind Kollokationen (siehe Kapitel 2.5), also Wörter, die auffällig oft im Kontext des Zielwortes vorkommen. Unter den Kollokationen im *DWDS-Wortprofil* zu *Strand*[19] finden sich unter anderem Wörter wie *menschenleer*, *traumhaft*, *einsam*, *Badeort*, *überfüllt* und *Ferieninsel*, die auf eine enge Assoziation mit Urlaub und Erholung hinweisen – und mit *menschenleer* und *überfüllt* nebenbei auf einen häufigen Kontrast zwischen Traum und Realität. Ähnlich wird die Kernbedeutung von *Kapitalismus* im Duden geführt als „Wirtschaftsform, die durch Privateigentum an Produktionsmitteln und Steuerung des Wirtschaftsgeschehens über den Markt gekennzeichnet ist“.[20] Kollokationen wie *entfesselt*, *ungezügelt*, *Überwindung*

18 https://www.duden.de/node/174860/revision/1386693.
19 https://www.dwds.de/wp/?q=Strand.
20 https://www.duden.de/node/75935/revision/1263816.

und *abschaffen*[21] zeigen uns, dass die Verwendung des Wortes *Kapitalismus* in vielen Texten mit einer sehr negativen Bewertung verbunden ist. Für die automatische Analyse zeigt uns diese Gegenüberstellung von Denotation und Konnotation, dass die Bedeutung eines Wortes in Isolation und die Bedeutung in der tatsächlichen Verwendung im Kontext überaus unterschiedlich sein können.

Wenn wir Wörter nicht einzeln, sondern in ihrem Verhältnis zueinander betrachten, gelangen wir zu den sog. semantischen Relationen: Wie verhalten sich die Bedeutungen von Wörtern zueinander und wie können wir diese Relationen beschreiben? Eine auch alltagssprachlich bekannte semantische Relation ist die der **Synonymie**. Sie liegt vor, wenn zwei Wörter die gleiche Bedeutung haben. Genauer können wir totale von partieller Synonymie unterscheiden. Bei der totalen Synonymie muss eine „uneingeschränkte Austauschbarkeit [...] in allen Kontexten“ (Bußmann 2008: 708) gegeben sein. Die Bedeutung der zwei Wörter muss also in Denotation und Konnotation identisch sein. Im allerengsten Sinne kommt die totale Synonymie aus Gründen der Sprachökonomie praktisch nicht vor. Vereinfacht gesagt: Kommunikation funktioniert, weil wir uns auf eine Bezeichnung für eine Sache geeinigt haben. Für ein zweites Wort mit gleicher Bedeutung besteht einfach keine Notwendigkeit. Viele gute Kandidaten für Synonymie unterscheiden sich beispielsweise in der Gruppe von Menschen, die dieses Wort verwenden (etwa bei regionaler Variation: *Semmel* vs. *Brötchen*), oder im Grad der Formalität (*kriegen* vs. *erhalten*). Deswegen meinen wir mit Synonymie in der Regel eine partielle Synonymie. Zwei Wörter sind in diesem Fall zumindest in einigen Kontexten austauschbar und stimmen in der Denotation überein, haben aber ggf. abweichende Konnotationen oder werden von unterschiedlichen Personengruppen verwendet. Abbildung 11 führt eine Reihe weiterer Wortpaare oder -gruppen an, die einen relativ hohen Grad an semantischer Übereinstimmung aufweisen. Vielleicht fallen Ihnen aber auch Kontexte ein, in denen die Wörter nicht austauschbar sind?

Gehweg – Bürgersteig
Zündholz – Streichholz
Orange – Apfelsine
beginnen – anfangen – starten
erhalten – bekommen
wieso – weshalb – warum
-lich – -bar (z. B. in *unveränderlich* vs. *unveränderbar*)
Samstag – Sonnabend
Aufzug – Lift – Fahrstuhl

Abbildung 11: Gute Kandidaten für Synonymie im Deutschen

Eine andere mögliche Relation zwischen Wörtern ist die des Gegensatzes. Etwas genauer können wir Komplementarität und Antonymie unterscheiden: Bei der **Komplementarität** liegen zwei sich gegenseitig ausschließende Begriffe vor, zwischen

21 https://www.dwds.de/wp/?q=Kapitalismus.

denen es keine Zwischenstufen gibt. Beispiele sind *tot – lebendig*, *an – aus* oder *bestanden – durchgefallen*. Bei **Antonymen** handelt es sich demgegenüber um Extreme auf einer Skala, wie im Fall von *heiß – kalt*. Hier sind zusätzlich noch *warm*, *lauwarm*, *kühl* und manch weitere Zwischenstufen denkbar.

Jenseits von Synonymen und Gegensätzen gibt es auch weiter gefasste semantische Relationen wie die **semantische Ähnlichkeit**. In der Wortreihe *Hund – Ente – Pullover – Gans – Katze – T-Shirt* lässt sich leicht eine Struktur von Ähnlichkeiten wie in Abbildung 12 erkennen. Dies lässt auch bereits erahnen, dass zur formalen Darstellung von Bedeutungsverwandtschaft eine hierarchische Struktur geeignet sein kann, die im Beispiel die Wörter *Hund* und *Katze* unter den Oberbegriff *Säugetiere* stellen könnte, *Gans* und *Ente* unter den Oberbegriff *Vögel* und beide Gruppen wiederum unter den Oberbegriff *Tiere*. In der Linguistik werden Oberbegriffe auch als Hyperonyme, Unterbegriffe als Hyponyme bezeichnet. Noch etwas weiter gefasst als die semantische Ähnlichkeit ist das Konzept des Wortfeldes, das in den folgenden Abschnitten im Zentrum stehen wird und Gruppen von Wörtern beschreibt, deren Bedeutungen auf ganz unterschiedliche Weise miteinander assoziiert sind (siehe Kapitel 5.2).

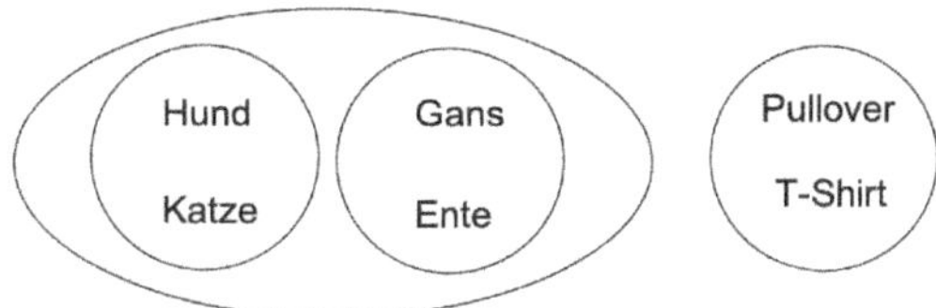


Abbildung 12: Ähnlichkeitsbeziehungen zwischen Wörtern

Weitere für die Computerlinguistik relevante Eigenschaften vieler Wörter sind Ambiguität und Vagheit. Bei der **Ambiguität** oder **Mehrdeutigkeit** haben wir es mit zwei (oder mehr) Wörtern zu tun, die auf der Formseite identisch sind, aber unterschiedliche Bedeutung tragen. Das kann darin begründet sein, dass die beiden Wörter auf einen gemeinsamen Ursprung zurückgehen, wie im Beispiel *Bank* als ‚Sitzmöbel' vs. *Bank* als ‚Geldinstitut'. Letztere Bedeutung hat sich aus dem mittelhochdeutschen *wehselbanc* als Bezeichnung für den Tisch der Geldwechsler entwickelt.[22] In diesem Fall sprechen wir von Polysemie. Es kann aber auch sein, dass die beiden Wörter keinen gemeinsamen Ursprung haben und sich nur zufällig zur gleichen Form hin entwickelt haben, wie im Beispiel *Kiefer* im Sinne von ‚Baum' und *Kiefer* im Sinne von ‚Gesichtsknochen'. Dann liegt die sog. Homonymie vor. Für die computerlinguistische Analyse spielt die Ursache der Mehrdeutigkeit allerdings keine Rolle, da beide Fälle im Ergebnis das gleiche Problem produzieren: Dieselbe Zeichenkette kann für eine von mehreren Bedeutungen stehen und die müssen in der Analyse sinnvollerweise unterschieden werden. Mit dieser Aufgabe befasst sich zum Beispiel der Bereich der sog. ‚Word Sense

22 https://www.dwds.de/wb/Bank#2.

Disambiguation‘ oder (selten) Wortbedeutungsdisambiguierung (zur Einführung siehe etwa Biemann, Heyer & Quasthoff 2022: 109; Jurafsky & Martin 2023: Kapitel 23.4).

Die zweite genannte Eigenschaft, die **Vagheit**, liegt vor, wenn die Grenzen eines Konzeptes unscharf definiert sind. In der Alltagssprache ist das der Regelfall. Besonders anschaulich zeigt dies das sog. Tassenexperiment, das auf Labov (1974) zurückgeht. Hierbei werden Menschen mit einer ganzen Reihe von Abbildungen von Trinkgefäßen konfrontiert und müssen angeben, welche der abgebildeten Objekte sie als *Tasse* bezeichnen würden. Dabei zeigt sich, dass unterschiedliche Personen ganz unterschiedliche Urteile treffen und ihre Wahl auch an zahlreichen unterschiedlichen Kriterien festmachen (z. B.: Wird eine Tasse nach unten schmaler? Wie hoch oder breit darf eine Tasse sein? Kommen auch Gefäße mit Stiel als Tasse infrage?). Hier zeigt sich, dass der Wortschatz natürlicher Sprachen prototypisch organisiert ist, d. h., es gibt typische Vertreter einer Kategorie, die alle für die Kategorie wichtigen Merkmale in sich vereinen, und weniger typische Vertreter einer Kategorie, die nicht alle Merkmale aufweisen. So ist ein Pinguin durchaus ein Vogel, durch die fehlende Flugfähigkeit aber kein sehr prototypischer Vertreter dieser Klasse. Für Menschen stellt Vagheit in der Sprache in der Mehrzahl der Fälle kein Problem dar. Eine Klärung der Vagheit kann durch den Kontext einer Äußerung erfolgen oder ist vielleicht in der Situation gar nicht relevant. Bei der computergestützten Modellierung von Sprache können Vagheit und Mehrdeutigkeit aber zu Problemen führen. Wollen wir beispielsweise zählen, wie oft in einem Text Vögel erwähnt werden, müssen wir bezüglich des Pinguins eine Entscheidung dazu treffen, ob wir ihn mitzählen oder nicht.

## 5.2 Wortfelder

Wenn wir uns dem Inhalt eines Textes oder eines ganzen Korpus im Distant Reading nähern wollen, sind **Wortfelder** (auch: semantische Felder oder Diktionäre) eine gute Möglichkeit. Nehmen wir an, uns liegt ein Korpus aus mehreren tausend deutschsprachigen Romanen vor und wir interessieren uns für die literarische Darstellung von Obst. Wie finden wir in diesem großen Korpus Texte oder sogar bestimmte Textstellen, die für unsere Fragestellung relevant sind? Naheliegend ist es, zunächst nach solchen Textstellen zu suchen, die viele thematisch relevante Wörter enthalten. Für diesen Zweck sind lexikalische Ressourcen wie Wortfelder geeignet.

Der Begriff des Wortfeldes geht auf Trier (1931) zurück, der beobachtet, dass jedes Wort in unserem Bewusstsein gleichzeitig eine ganze Reihe von „Begriffsverwandten“ (Trier 1931: 1) auftauchen lässt. Etwas formaler gefasst verstehen wir unter einem Wortfeld eine Gruppe von Wörtern, „die sich inhaltlich ähnlich sind, d. h. gemeinsame semantische Merkmale besitzen und die einen gemeinsamen Referenzbereich haben“ (Schwarz-Friesel & Chur 2014: 66). Im engeren Sinne als Wortfelder bezeichnen Schwarz-Friesel & Chur (2014) Gruppen von Wörtern, die außerdem der gleichen Wortart angehören, wie etwa Farbadjektive (*rot, blau, pink, schwarz* usw.). Dem stellen sie das weiter gefasste Konzept der semantischen Felder zur Seite, die auch wortartenübergreifend miteinander assoziierte Wörter umfassen. So könnte ein semantisches Feld zum Thema „Bewerbung" Wörter umfassen wie *Lebenslauf*, *Anschreiben*, *Vorstellungsgespräch*, *einreichen*, *absenden* und *schriftlich*. In der textanalytischen Praxis werden in der Regel auch die semantischen Felder als Wortfelder bezeichnet.

Im einfachsten Fall hat ein Wortfeld die Form einer Liste thematisch verwandter Wörter wie im Beispiel in Abbildung 13. Neben spezifischen Wörtern kann eine solche Liste auch reguläre Ausdrücke (Kapitel 9.1) enthalten, um zum Beispiel alle Wörter zu finden, die auf *-beere* enden. Eine komplexere Möglichkeit besteht in hierarchisch strukturierten Wortnetzen, wie in Abbildung 14 angedeutet. Im Folgenden betrachten wir eine Reihe von Ressourcen, die bei der Erstellung von Wortfeldern hilfreich sein können.

*Ananas Apfel Aprikose Banane Birne Brombeere Dattel Erdbeere Feige Grapefruit Heidelbeere Himbeere Johannisbeere Kirsche Kiwi Limette Mango Melone Mirabelle Orange Pfirsich Pflaume Quitte Rhabarber Stachelbeere Weintraube Zitrone Zwetschge*

Abbildung 13: Eine Wortliste zum Thema Obst

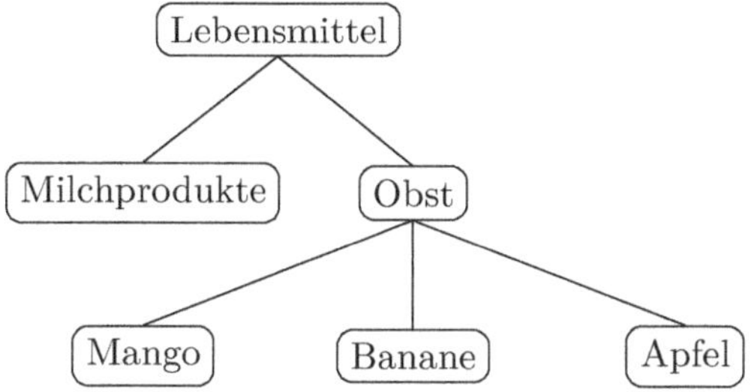


Abbildung 14: Hierarchisch strukturiertes Netz zum Thema Lebensmittel

Eine wichtige lexikalische Ressource für das Englische ist → *WordNet* (Princeton University 2010). Bei *WordNet* handelt es sich um ein Wortnetz für englische Nomen, Verben, Adjektive und Adverbien. (Weitestgehend) Synonyme Begriffe sind dort in sog. Synsets zusammengefasst, die Bedeutungen repräsentieren. Mehrdeutige Wörter sind Teil von mehreren unterschiedlichen Synsets. In *WordNet* sind zahlreiche, insbesondere hierarchische Relationen zwischen den Synsets definiert. Dadurch können wir beispielsweise zu einem Konzept, das für unsere Fragestellung relevant ist, alle dazugehörigen Unterbegriffe abrufen.

Suchen wir zum Beispiel nach dem Wort *pasta*, wird uns angezeigt, dass das Wort in zwei unterschiedlichen Synsets enthalten ist: erstens als Teigware aus Mehl, Wasser und ggf. Eiern, zweitens als Gericht, das auf dieser Teigware basiert. Wenn wir uns für die erste Bedeutung Unterbegriffe (Hyponyme) anzeigen lassen, erhalten wir *farfalle*, *noodle*, *spaghetti*, *tortellini* usw. Auf der Grundlage dieser Wortliste könnten wir zum Beispiel eine korpusbasierte Untersuchung dazu anstellen, wie sich die Erwähnung von Nudelsorten in US-amerikanischen Zeitungen historisch entwickelt hat. *WordNet* kann direkt im Browser abgefragt werden, was für die manuelle Exploration sehr gut geeignet ist. Für die computerbasierte Weiterverarbeitung steht *WordNet* als Download zur Verfügung oder kann bequem über die *Python*-Bibliothek → *wn* verwendet werden.

Das deutsche Äquivalent zu *WordNet* ist → *GermaNet* (Hamp & Feldweg 1997; Henrich & Hinrichs 2010), das dem gleichen Aufbau folgt und Nomen, Verben und Adjektive einbezieht. Die aktuelle Version (18.0) umfasst 215.000 lexikalische Einheiten. *GermaNet* kann zu wissenschaftlichen Zwecken kostenlos genutzt werden, allerdings ist dazu eine Lizenzvereinbarung notwendig, die nicht durch Einzelpersonen, sondern wissenschaftliche Institutionen geschlossen wird. Dann kann *GermaNet* ebenfalls heruntergeladen und durch die *Python*-Bibliothek *germanetpy* sowie eine Java-API in eine computerbasierte Analyse integriert werden. Eine Alternative für das Deutsche ist → *OdeNet* (Siegel & Bond 2021), auf das kostenfrei und ohne Lizensierung in *Python* über die oben genannte *Python*-Bibliothek → *wn* zugegriffen werden kann. In Umfang und Qualität bleibt *OdeNet* in der aktuellen Fassung jedoch hinter *GermaNet* zurück.

Zudem gibt es umfangreiche Ressourcen, die sich nicht primär als Quellen sprachlicher Information verstehen, sondern entitätenbasiert arbeiten, also gewissermaßen eine sprachunabhängige Systematik der „Dinge in der Welt“ anbieten. Die Idee dahinter wird als **Linked Open Data** bezeichnet, also frei verfügbare, untereinander vernetzte Daten. Zu diesen Ressourcen gehören beispielsweise → *Wikidata* und die → *Gemeinsame Normdatei* (*GND*) der *Deutschen Nationalbibliothek*. Beide Ressourcen bieten eindeutige persistente Identifier für spezifische Entitäten an, etwa Personen des öffentlichen Lebens, Institutionen und Orte, aber auch für Sachbegriffe wie „Obst“ oder „Zwergplanet“. Über solche Identifier (z. B. in Form einer URL) können Entitäten eindeutig und stabiler identifiziert werden als über ihre Namen.

→ *Wikidata* ist eine Wissensdatenbank, die zunächst vor allem zur Unterstützung der *Wikipedia* eingerichtet wurde, um insbesondere sprachunabhängige Fakten wie Geburtsdaten von Personen oder aktuelle Bevölkerungszahlen von Städten zur Verfügung zu stellen, auf die *Wikipedia*-Artikel aller Sprachen dann zugreifen können. Laut Webseite umfasst die Datenbank heute mehr als 100 Millionen Einträge. Wie *Wikipedia* ist auch *Wikidata* ein communitybasiertes Projekt, an dem jede:r mitarbeiten kann, und die Daten stehen unter einer Creative-Commons-Lizenz (CC0 1.0) zur freien Nutzung zur Verfügung. *Wikidata* kann manuell auf der Webseite oder anhand unterschiedlicher Bibliotheken in *Python*, *R* und vielen anderen Programmiersprachen[23] durchsucht werden.

Die → *GND* ist zunächst im Kontext von Bibliotheken zur normierten Erfassung von Literatur entwickelt worden. Zunehmend wird sie aber auch von Archiven, Museen und wissenschaftlichen Einrichtungen zur normierten Erfassung und Vernetzung der Bestände verwendet. Laut Jahresbericht 2021 umfasst die *GND* gut neun Millionen Einträge (Deutsche Nationalbibliothek 2022). Die Daten stehen ebenfalls unter einer

---

23 https://www.wikidata.org/wiki/Wikidata:Tools/For_programmers.

CC0-1.0-Lizenz zur Verfügung und es gibt zahlreiche Zugriffsoptionen[24], zum Beispiel über die → *lobin-gnd API*.

Adelmann et al. (2019) vergleichen drei Strategien zur Erstellung eines Wortfeldes zum Thema „medizinisches Personal“: Erstens nutzen sie mit → *GermaNet* und der → *GND* bereits vorhandene Ressourcen. Diese haben den Vorteil, dass sie leicht verfügbar sind. Allerdings passen sie unter Umständen nicht zur Textsorte, für die wir uns interessieren. Zweitens erstellen sie Wortfelder manuell, indem sie in einem Close Reading der Zieltexte passende Wörter extrahieren und historische Lexika konsultieren. Dadurch erhalten sie ein Wortfeld, das genau zur Anwendungsdomäne passt. Das Verfahren ist aber aufwendig und eventuell durch unsere Erwartungen als Forscher:innen beeinflusst. Drittens trainieren sie auf den Zieldaten Word Embeddings (Kapitel 7.3) und ermitteln darüber Wörter, die in ihrer Verteilung im Korpus manuell ausgewählten Startwörtern wie *Arzt* ähnlich sind. Auch hier passt das Ergebnis gut zu den Daten, die Berechnung von Word Embeddings ist aber nur bei einer ausreichend großen Datenmenge möglich und erfordert eine manuelle Filterung der Ergebnisse. Adelmann et al. (2019) vergleichen die Ergebnisse dieser Verfahren mit einer manuellen Annotation von Texten. Sie weisen darauf hin, dass wortfeldbasierte Ansätze die Auswahl, die Menschen treffen würden, immer nur annähernd reproduzieren. Sie identifizieren einerseits Textstellen als dem Thema zugehörig, die es nicht sind, und erfassen andererseits nicht alle Textstellen, die wir gerne als Ergebnis gehabt hätten. Gleichzeitig stimmen aber auch zwei Menschen in ihrer Auswahl selten vollständig überein.

Eine weitere geeignete Methode, um Texte zu einem bestimmten Thema zu finden oder zu klassifizieren, ist das maschinelle Lernen, das Gegenstand von Kapitel 11 ist. Voraussetzung für das maschinelle Lernen ist, dass möglichst viele Texte vorliegen, die bereits danach klassifiziert wurden, ob sie dem Zielthema angehören oder nicht. Wenn das der Fall ist, werden maschinelle Lernverfahren den wortfeldbasierten Ansätzen oft vorgezogen, da sie nicht nur auf Einzelwörter achten, sondern in unterschiedlichem Maße auch den Kontext einbeziehen können. Allerdings haben wortfeldbasierte Analysen den Vorteil, dass wir als Forscher:innen den Grund für die Zuordnung eines Textes leicht nachvollziehen können und die Analyse bei Bedarf nach den Wörtern des Wortfeldes differenzieren können.

## 5.3 Beispielstudien

Wortfelder wurden unter anderem im Forschungsprojekt *QuaDramA*[25] genutzt. Das Ziel dieses Projektes war die quantitative Analyse von deutschsprachigen Dramen aus dem Zeitraum 1730–1930. Grundlage dafür war das Dramenkorpus → *GerDraCor* (Fischer et al. 2019), das mehr als 600 deutsche Dramen in TEI-XML-Kodierung zur

24 https://gnd.network/Webs/gnd/DE/Entdecken/entdecken_node.html.
25 https://quadrama.github.io/.

Verfügung stellt. Eine im Projekt verfolgte Teilfrage war die, worüber die Figuren jeweils sprechen und wie sie sich darin möglicherweise unterscheiden. Zu diesem Zweck wurden im Projekt manuell Wortfelder zu den Themen Familie, Krieg, Liebe, Politik, Ratio, Religion und Wirtschaft angelegt.[26] Auf dieser Grundlage können wir zählen, wie oft Wörter aus den Wortfeldern jeweils in der Rede der unterschiedlichen Figuren vorkommen.

Willand & Reiter (2017: 185) wenden diese Wortfelder auf eine deutsche Übersetzung von Shakespeares *Romeo und Julia* sowie Kleists *Die Familie Schroffenstein* an. Dazu ermitteln sie für jede Figur, wie hoch der Anteil der Wortfelder in ihren Äußerungen im Drama ist, und können so für jede Figur eine Art thematisches Profil erstellen. In *Romeo und Julia* zeigt sich auf diese Weise, dass die beiden Hauptfiguren erwartungsgemäß viele Wörter zum Thema Liebe benutzen und die Eltern von Julia einen starken Fokus auf die Familie legen. Bei Kleist hingegen ist vor allem das Figurengeschlecht für das thematische Profil ausschlaggebend, indem insbesondere die Themen Liebe und Familie bei den weiblichen Figuren präsenter sind.

Krautter et al. (2020) nutzen die gleichen Wortfelder, um in mehreren Dramen die Rede von Tochter- und Vaterfiguren miteinander zu vergleichen. Dabei zeigt sich, dass auch in Gellerts Drama *Die zärtlichen Schwestern* die Tochter Lottchen viel Vokabular aus dem Wortfeld Liebe verwendet, während ihr Vater stärker auf das Wortfeld Familie zurückgreift. Dies findet seine Entsprechung darin, dass der Konflikt des Dramas zwischen Lottchens Interesse an einer Liebesbeziehung und dem Interesse des Vaters an der „Wahrung der familiären Ordnung“ verläuft (Krautter et al. 2020: § 77).

Heuser & Le-Khac (2011) erstellen ein englisches Wortfeld zu abstrakten Werten (z. B. *moderation*, *excess* und *virtue*) und ein diverseres, komplementär konzipiertes Feld konkreter Ausdrücke (Körperteile, Farben, Adjektive wie *hard*, *rough*), um damit britische Romane des 19. Jahrhunderts zu untersuchen. Sie stellen einen Trend zu weniger abstrakten Werten und dafür mehr Konkretem fest, den sie mit der Veränderung des sozialen Raums im Roman im Zuge der Urbanisierung in Verbindung bringen.

Wörterbuchbasierte Ansätze sind auch in der computergestützten Inhaltsanalyse in den Sozialwissenschaften schon seit den 1960er-Jahren verbreitet (Scharkow 2013). Dun, Soroka & Wlezien (2021) untersuchen, wie sich die Veränderungen im Verteidigungsetat der USA in der medialen Berichterstattung widerspiegeln. Um die dafür relevante Datengrundlage zu erhalten und zu analysieren, setzen sie mehrere Wortfelder ein. Zunächst filtern sie ihr Korpus aus Nachrichtentexten nach Sätzen, in denen es um Ausgaben geht (anhand von Mustern wie *budget**, *cost**, *expend**). Sie schränken die Domäne dieser Ausgaben weiter auf die Verteidigung ein, indem sie nach Sätzen mit *army*, *navy*, *air force* usw. suchen. Zuletzt nutzen sie zwei Wörterbücher, die jeweils auf Veränderungen nach oben (*rising*, *grow**) oder unten (*descend**, *reduc**) hinweisen. Basierend auf diesen Daten können sie dann prüfen, wie viel in jedem Jahr der Analyse von steigenden oder sinkenden Kosten die Rede ist, und das Ergebnis

26 Verfügbar unter https://github.com/quadrama/metadata/tree/master/fields.

mit der tatsächlichen Entwicklung des Verteidigungsetats vergleichen. Hier zeigt sich eine starke Korrelation, es wird also meistens der tatsächlichen Budgetentwicklung entsprechend berichtet. Außerdem zeigen Dun, Soroka & Wlezien (2021) beispielhaft, wie sich ein wortfeldbasierter Analyseansatz mit maschinellem Lernen verbinden lässt.

Deutschsprachigen Verschwörungsdiskursen widmen sich Puschmann et al. (2022). Sie erstellen ein Wörterbuch zur Analyse solcher Diskurse, das knapp 11.000 Einträge umfasst und in 13 Subkategorien eingeteilt ist (Skandalisierung, Nationalismus, Antisemitismus, Esoterik usw.). Beispielhaft wenden sie es auf ein Korpus mit Artikeln aus einschlägigen Publikationsorganen an, die sie anhand der Subgruppen in Bezug auf ihre Ausrichtung vergleichen. Außerdem zeigen sie für ein Korpus aus Beiträgen in rechtsgerichteten Facebookgruppen, wie sich die durch die Subkategorien repräsentierten Themen im Laufe der Jahre entwickelt haben. Letzteres können sie mit möglicherweise als Auslöser wirkenden Ereignissen in Verbindung bringen, etwa einen Anstieg der Kategorie „Anti-Gender/Anti-Feminism", als in Deutschland die gleichgeschlechtliche Ehe legalisiert wurde. Ihr Wörterbuch steht online zur Nachnutzung bereit.[27]

## 5.4 Übungen

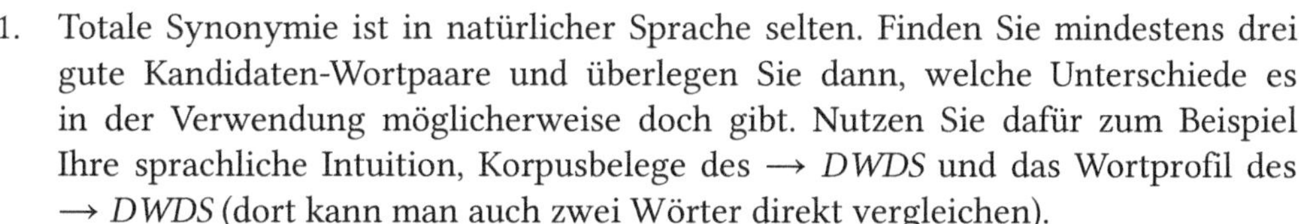

1. Totale Synonymie ist in natürlicher Sprache selten. Finden Sie mindestens drei gute Kandidaten-Wortpaare und überlegen Sie dann, welche Unterschiede es in der Verwendung möglicherweise doch gibt. Nutzen Sie dafür zum Beispiel Ihre sprachliche Intuition, Korpusbelege des → *DWDS* und das Wortprofil des → *DWDS* (dort kann man auch zwei Wörter direkt vergleichen).
2. Suchen Sie nach einem Wort Ihrer Wahl in der Webseitenversion des englischen → *WordNet*. Bewegen Sie sich durch die hierarchische Struktur, indem Sie sich zum Beispiel die Oberbegriffe (hypernyms) und die Unterbegriffe (hyponyms) anzeigen lassen. Zu welchen Kategorien gehört etwa das Wort *duck*, wenn Sie der Hierarchie nach oben folgen? Auf welchen Oberbegriff laufen alle Synsets am Ende hinaus? Welche Relationen stehen für Adjektive und Verben zur Verfügung?
3. Wir können → *WordNet* natürlich nicht nur über die Webseite, sondern auch in *Python* nutzen. Schauen Sie sich dazu die Dokumentation der *Python*-Bibliothek → *wn* an. Können Sie Aufgabe 2 in *Python* reproduzieren? Im digitalen Anhang steht ein passendes Beispielskript zur Verfügung.

Musterlösungen und Skripte stehen im Online-Shop des Narr Verlags unter https://files.narr.digital/9783823385790/Zusatzmaterial.zip zur Verfügung.

27 https://osf.io/s48cj/.

# 6 Semantik: Sentimentanalyse

In diesem Kapitel geht es um die Methoden der Sentimentanalyse, mit denen wir herausfinden können, welche Wertungen oder Stimmungen in einem Text transportiert werden. Wir schauen uns einerseits lexikonbasierte Ansätze an und fragen uns, wie solche Lexika generiert werden können, andererseits betrachten wir Ansätze mit maschinellem Lernen. Wir werfen außerdem einen Blick auf die etwas weiter gefasste Emotionsanalyse. Abschließend zeigen eine Reihe von Beispielstudien das Potenzial dieser Analyseformen für die Digital Humanities.

## 6.1 Bewertungen in Texten

Bei der **Sentimentanalyse** (Liu 2015) klassifizieren wir Texte nach den darin ausgedrückten Stimmungen und Wertungen. Typische Anwendungsfälle sind etwa Produkt- und Filmbewertungen oder die Analyse von Social-Media-Posts zu einem bestimmten Thema. Die Frage danach, wie Menschen etwas bewerten, ist in vielen Zusammenhängen relevant, etwa wenn es darum geht, ein Produkt zu verkaufen oder politische Meinungsforschung zu betreiben. Je nach Anwendungsfall muss in der Sentimentanalyse aber nicht unbedingt eine explizite Bewertung Gegenstand sein: Wir können zum Beispiel auch literarische Texte in Hinblick auf ihr Sentiment untersuchen und daraus Rückschlüsse auf ein positives oder negatives Weltbild bzw. eine positive oder negative Stimmung in den Texten ziehen.

Die Kategorien der Sentimentanalyse sind häufig relativ einfach: Wir können binär zwischen den Klassen „positiv" und „negativ" unterscheiden. Häufig wird noch die Kategorie „neutral" angesetzt, da natürlich nicht in jedem Text eine Bewertung vorliegen muss, und/oder „gemischt" für Texte mit positiven und negativen Bewertungen. Sentiment kann außerdem numerisch ausgedrückt werden, wie wir es von Online-Bewertungen mit einer Skala von 0 (negativ) bis 5 (positiv) kennen. Alternativ wird Sentiment oft als Wert zwischen −1 (negativ) und +1 (positiv) kodiert.

Abbildung 15 zeigt zwei Bewertungen eines Rezeptes für „Wintergemüse" von der Webseite www.chefkoch.de. Hervorgehoben sind jeweils diejenigen Wörter, die uns Hinweise auf die im Text vertretene Meinung geben. Die positive Bewertung enthält etwa die Wörter *super*, *lecker*, *toll* und *liebe* sowie das Emotikon *:-)*, das das Sentiment besonders explizit macht. Im rechten Beispiel verraten uns *leider*, *schade* und *nicht geschmeckt*, dass die Bewertung negativ ausfällt. Im letzten Beispiel fällt bereits auf, dass wir für eine korrekte Analyse oft über das Einzelwort hinausgehen müssen: Nur zusammen mit der Negation ergibt sich die negative Bewertung. Außerdem ist zu vermerken, dass das rechte, negative Beispiel auch die Wörter *lecker* und *gut* enthält, die erst durch den Kontext relativiert werden: Eines beschreibt die Erwartung vor dem Ausprobieren des Rezeptes, das andere den Kontrast zwischen guten Zutaten und schlechtem Gesamtergebnis. Diese Herausforderung können wir beim folgenden Blick auf die lexikonbasierte Analyse bereits im Hinterkopf behalten.

| **Super lecker!** Vielen Dank für das **tolle** Rezept. **Toll**, dass die beiden Must-Haves Rotkraut und Rosenkohl zusammen verarbeitet werden und ich **liebe** die Kombination Rotkraut und Orange. Ich habe das Gemüse schon mehrmals zubereitet, wenn es Beilage ist, schon am Tag vorher und dann in der Pfanne schnell heiß gemacht, weil dann die Gans den ganzen Backofen besetzt. :-) | hallo,<br>das Rezept klang so lecker, sodass ich es heute ausprobiert habe. **Leider** muss ich sagen, dass es uns **nicht geschmeckt** hat. **Schade** um die guten Zutaten und die Arbeit. Der Orangenabrieb mag zum Rotkohl und den Möhren passen, aber nicht zum Rosenkohl. **Schade** um den Rosenkohl. |
|---|---|

Abbildung 15: Positive und negative Bewertungen eines Rezepts bei www.chefkoch.de[28]

## 6.2 Lexikonbasierte Sentimentanalyse

Sentimentanalysen können auf unterschiedliche Weisen umgesetzt werden. Während die besten Klassifikationsergebnisse heute mit Verfahren des Deep Learnings erreicht werden (siehe Kapitel 12), sind in der Anwendung auch die traditionelleren lexikonbasierten Ansätze weit verbreitet. Diese bieten etwa den Vorteil, dass sie relativ leicht implementierbar und ihre Ergebnisse gut interpretierbar sind.

Für die lexikonbasierte Sentimentanalyse benötigen wir ein Lexikon aus positiven und negativen Wörtern, deren Sentiment eventuell zusätzlich durch eine Zahl, zum Beispiel zwischen −1 und 1, ausgedrückt wird. Für die Analyse eines Textes schlagen wir alle Wörter, die in unserem Text vorkommen, im Sentimentlexikon nach und bilden die Summe oder den Mittelwert aller gefundenen Werte. Bei der Bildung der Summe muss ggf. zusätzlich eine Normalisierung stattfinden, da hier die Textlänge einen Einfluss hat: Je länger ein insgesamt positiver Text ist, desto mehr positive Wörter gibt es und desto höher ist der Gesamtwert. Wenn die Wortlisten für die Sentiments unterschiedlich umfangreich sind, kann auch eine Normalisierung nach Listenlänge sinnvoll sein. Tabelle 9 zeigt beispielhaft, wie diese Form der Analyse auf unseren Beispieltexten aussehen kann. Dazu nutzen wir das **Sentimentwörterbuch** ⟶ *SentiWS*, das wir uns weiter unten in diesem Kapitel genauer ansehen. Im Vergleich zu unserer manuellen Analyse zeigen sich ein paar Abweichungen: Das Wort *lecker* in der positiven Bewertung wurde nicht als sentimenthaltig erkannt. Dies hat mit der Textsorte Rezeptbewertung zu tun, die bei der Erstellung des Lexikons vermutlich nicht einbezogen wurde. Dafür werden *schnell* und *heiß* als positive Wörter gewertet, was kontextabhängig anders ausfallen kann und im gegebenen Beispiel wohl eher neutral

28 https://www.chefkoch.de/rezepte/2518371394999413/Wintergemuese-aus-dem-Ofen-mit-Gewuerzoel.html.

zu werten ist. Wie bereits erahnt, werden in der negativen Bewertung auch *guten* und *mag* als positiv in die Analyse einbezogen, *nicht geschmeckt* geht hingegen nicht in die Bewertung ein, da die Analyse nur Einzelwörter betrachtet.

| | | | |
|---|---|---|---|
| *Super* | +0,5012 | *Leider* | −0,4787 |
| *tolle* | +0,5066 | *Schade* | −0,0048 |
| *Toll* | +0,5066 | *guten* | +0,3716 |
| *liebe* | +0,1131 | *mag* | +0,3450 |
| *schnell* | +0,1169 | *Schade* | −0,0048 |
| *heiß* | +0,3557 | | |
| Summe | +2,100 | Summe | +0,228 |
| Durchschnitt | +0,350 | Durchschnitt | +0,046 |

Tabelle 9: Sentimentwerte zu den Beispieltexten in Abbildung 15, basierend auf → *SentiWS*

Am Ende kommt die Analyse aber zu einem ähnlichen Ergebnis wie die manuelle Betrachtung: Sowohl die Summe als auch der Durchschnitt der Sentimentwerte ist im linken Text deutlich höher, er wird also auch automatisch als positivere Bewertung erkannt. Der rechte Text kommt zwar durch die beiden für sich genommen positiven Wörter ebenfalls auf positive Gesamtwerte, im Vergleich mit dem linken Text wird er aber trotzdem als eher negativ eingeordnet.

Diese Form der Analyse setzt voraus, dass man bereits über ein Sentimentwörterbuch verfügt. Für das Deutsche gibt es unter anderem → *SentiWS* (Remus, Quasthoff & Heyer 2010), das frei zum Download zur Verfügung steht. *SentiWS* umfasst zwei Listen von Wörtern, je eine mit Wörtern positiver und negativer Polarität. Jedem Wort wird ein Wert zwischen −1 (sehr negativ) und +1 (sehr positiv) zugewiesen. Abbildung 16 zeigt einen Auszug aus der Liste negativer Wörter. Neben dem Sentiment enthält die Datei noch grammatische Informationen über das Wort. An die Grundform (das Lemma) am Anfang der Zeile wird mithilfe eines Trennzeichens noch die Wortart angehängt: Alle Wörter in der Abbildung sind normale Nomen (NN). Dies kann bei mehrdeutigen Wörtern dabei helfen, den richtigen Eintrag im Wörterbuch zu finden. Nach dem Sentimentwert werden außerdem noch alle Flexionsformen des Wortes aufgelistet. Dies ist für die Analyse wichtig, da wir das Sentiment ja allen möglichen Formen eines Wortes gleichermaßen zuordnen wollen. Hierzu ist entweder eine Lemmatisierung (Kapitel 2.3) des Analysetextes notwendig oder ein Sentimentwörterbuch, das auch alle Flexionsformen enthält.

| | | |
|---|---|---|
| Abbau\|NN | -0.058 | Abbaus,Abbaues,Abbauen,Abbaue,Abbauten |
| Abbruch\|NN | -0.0048 | Abbruches,Abbrüche,Abbruchs,Abbrüchen,Abbruche |
| Abdankung\|NN | -0.0048 | Abdankungen |
| Abdämpfung\|NN | -0.0048 | Abdämpfungen |
| Abfall\|NN | -0.0048 | Abfalles,Abfälle,Abfalls,Abfällen,Abfalle |
| Abfuhr\|NN | -0.3367 | Abfuhren |

Abbildung 16: Auszug aus der SentiWS-Liste von Wörtern mit negativem Sentiment

Doch wie erstellt man ein solches Sentimentwörterbuch und woher stammen die Sentimentwerte? Eine naheliegende Möglichkeit besteht darin, ausgewählte Wörter Menschen zur Bewertung vorzulegen. Hier ist zu beachten, wie wir die Wörter auswählen – vermutlich ist es nicht realistisch, den gesamten Wortschatz einer Sprache annotieren zu lassen. Zudem ist die Einschätzung des Sentiments vermutlich oft subjektiv, sodass das Urteil einer einzigen Person nicht ausreicht und wir möglichst viele Personen befragen müssen. Dies wird teilweise in Form von Crowdsourcing-Experimenten umgesetzt, die aber recht aufwendig und teuer sind.

Es gibt jedoch auch Möglichkeiten, Sentimentwörterbücher ohne menschliche Annotator:innen zu erstellen. Dies schauen wir uns ebenfalls am Beispiel von ⟶ *SentiWS* an. Bei der Erstellung des Sentimentwörterbuchs sind zwei Schritte zu unterscheiden: Die Auswahl der Wörter und die Zuweisung der Werte. Für *SentiWS* wurden drei Quellen für Sentimentwörter herangezogen: eine automatische Übersetzung eines englischen Sentimentlexikons, der Vergleich der Wortfrequenzen in positiven und negativen Produktbewertungen (Welche Wörter kommen häufiger in positiven, welche häufiger in negativen Bewertungen vor?) und Erweiterungen durch ein Kollokationswörterbuch (Remus, Quasthoff & Heyer 2010: 1169).

Die Gewichtung der Sentimentwörter umfasste dann folgende Schritte: Zunächst werden manuell eine Reihe sog. Startwörter (engl. ‚seed words') ausgewählt, die sehr klar einem positiven oder negativen Sentiment zugeordnet werden können. Folgende Wörter wurden zu diesem Zweck ausgewählt (Remus, Quasthoff & Heyer 2010: 1169):

(+) gut, schön, richtig, glücklich, erstklassig, positiv, großartig, ausgezeichnet, lieb, exzellent, phantastisch

(–) schlecht, unschön, falsch, unglücklich, zweitklassig, negativ, scheiße, minderwertig, böse, armselig, mies

Im nächsten Schritt kommt das Maß Pointwise Mutual Information (PMI) zum Einsatz, das die Kollokationsstärke zwischen zwei Wörtern misst (siehe Kapitel 2.5). Die Annahme dahinter ist, dass Wörter, die häufig im Kontext der positiven Startwörter vorkommen, vermutlich auch selbst positives Sentiment tragen und andersherum. Wir berechnen auf diese Weise die Kollokationsstärke zwischen allen ausgewählten Sentimentwörtern und allen Startwörtern. Für jedes Sentimentwort addieren wir die Werte aller positiven Startwörter einerseits und aller negativen Startwörter andererseits und bilden dann die Differenz:

| Score von W | = | Summe aller PMI-Werte von W mit den positiven Startwörtern | – | Summe aller PMI-Werte von W mit den negativen Startwörtern |
|---|---|---|---|---|

Stellen wir uns ein sehr positives Wort vor, das häufig im Kontext der positiven Startwörter vorkommt und gar nicht im Kontext der negativen Startwörter. Dieses Wort würde auf der linken Seite einen hohen positiven Wert erreichen, auf der rechten Seite einen hohen negativen, sodass sich insgesamt ein hoher positiver Wert ergibt. Ein sehr negatives Wort mit genau umgekehrten Eigenschaften erreicht auf der linken Seite einen negativen Wert und rechts einen hohen positiven Wert, was zu einem hohen negativen Gesamtwert führt. Realistisch liegen natürlich die meisten Wörter zwischen diesen beiden Extremen. Zuletzt werden alle Werte auf den Wertebereich zwischen −1 und 1 abgebildet.

Über das für die Berechnung verwendete Korpus berichten Remus, Quasthoff & Heyer (2010) nur, dass es sich um ein internes Korpus von rund einer Million Sätzen handelt. Da die Textsorte einen großen Einfluss auf die Analyse hat, ist bedauerlich, dass diese nicht mitgeteilt wird, jedoch ist die Annahme naheliegend, dass es sich um Zeitungstexte handelt. Die Autoren problematisieren bereits, dass das Sentiment eines Wortes stark vom Kontext abhängt, und bezeichnen ihre Werte deshalb als „prior polarity“ (Remus, Quasthoff & Heyer 2010: 1168), also als Werte, von denen wir als eine Art Default ausgehen können, bevor wir zusätzliche Informationen wie den Verwendungskontext erhalten, die unser Urteil über das Wort und sein Sentiment präzisieren können.

Ein verwandter Ansatz zur Erstellung eines Sentimentwörterbuchs besteht in der Nutzung von Word Embeddings (Kapitel 7.3). Word Embeddings repräsentieren die Bedeutung von Wörtern numerisch in Form von Vektoren. Wir können uns vorstellen, dass jedes Wort an einem bestimmten Punkt in einem Raum verortet wird. Dieser sog. Vektorraum hat allerdings nicht nur drei Dimensionen wie die für uns sinnlich erfassbare Welt, sondern oft mehrere hundert. In ihren Verwendungskontexten ähnliche Wörter befinden sich in diesem Raum an nah beieinanderliegenden Orten. Wiederum von eindeutig positiven bzw. negativen Startwörtern ausgehend können wir für alle anderen Wörter prüfen, wie sich ihre Position im Raum zu der der Startwörter verhält, und auf dieser Grundlage Scores vergeben (Schöch 2022). Allerdings werden Gegenteile wie positive und negative Wörter oft in ähnlichen sprachlichen Kontexten verwendet, was ihre Unterscheidung auf diesem Wege erschwert (Nguyen, Schulte im Walde & Vu 2016).

Ein Versuch, den syntaktischen Kontext eines Wortes in die Analyse einzubeziehen, ist das Tool → *Polcla* (Wiegand, Wolf & Ruppenhofer 2018). Zugrunde liegt die

Beobachtung, dass zahlreiche Ausdrücke die Polarität einer Aussage verändern können (Beispiele von Wiegand, Wolf & Ruppenhofer 2018: 96):

(1) Negationspartikel: Ich [[mag]+ den Kuchen **nicht**]–.

(2) Verben: [[Dieses Bemühen]+ **scheiterte**]–.

(3) Substantive: [Das **Scheitern** [dieser Bemühungen]+]– war vorhersehbar.

(4) Adjektive: Angesichts [dieser **gescheiterten** [Bemühungen]+]– ist nun ein Umdenken erforderlich.

Während *mag* in (1) isoliert betrachtet ein positives Sentiment trägt, wird dies durch die Negation mit *nicht* ins Gegenteil verkehrt. Auf ähnliche Weise ist das *Bemühen* in (2) zunächst positiv, durch das Verb *scheitern* wird das Gesamtereignis jedoch negativ. Um diese Effekte in die Analyse einzubeziehen, benötigen wir zwei Arten von Informationen: Wir müssen erstens wissen, welche Wörter eine solche Polaritätsumkehr auslösen, und zweitens, welcher Teil des Satzes davon betroffen ist. So verursacht zum Beispiel das Adjektiv *gescheiterten* im Beispiel (4) eine Polaritätsumkehr in der Nominalphrase, in der es steht, aber nicht darüber hinaus, während die Negation durch *nicht* den ganzen Satz betrifft. *Polcla* verfügt über ein Lexikon solcher Polaritätsumkehrer (engl. ‚polarity shifter') und ermittelt durch Regeln, auf welche Wörter im Satz sie sich auswirken. Diese Regeln greifen unter anderem auf eine syntaktische Annotation des Satzes zurück (siehe Kapitel 4). Insgesamt erfordert das Tool dadurch eine relativ komplexe Vorverarbeitung und kann für Einsteiger:innen herausfordernd sein.

Genau auf die Bedarfe dieser Gruppe ist hingegen das Tool ⟶ *SentText* ausgerichtet (Schmidt, Dangel & Wolff 2021). Die Webseite ermöglicht den Upload von einem oder mehreren Texten durch die Nutzer:innen. Neben dem voreingestellten Lexikon ⟶ *SentiWS* können auch eigene Sentimentwörterbücher hochgeladen werden. Das Tool bietet Kennzahlen und Visualisierungen zum Text sowie unterschiedliche Download-Optionen. Negation wird durch einfache Heuristiken berücksichtigt, eine manuelle Korrektur der Annotationen ist möglich. Sehr einfach kann die Sentimentanalyse basierend auf *SentiWS* außerdem mit einer Erweiterung der *Python*-Bibliothek ⟶ *spaCy* durchgeführt werden.

Abschließend lassen sich die folgenden Probleme einer wortbasierten Sentimentanalyse festhalten: Bei der einfachsten (und häufigsten), nur auf Einzelwörtern basierenden Analyse werden Negationen und andere Formen der Polaritätsumkehr nicht berücksichtigt (*gar nicht lecker, keine Gefahr*). Wie in Kapitel 5.1 beschrieben, sind viele Wörter mehrdeutig. So kann das Wort *besonders* ein sentimenthaltiges Adjektiv sein (*ein besonderer Abend*), aber auch ein von sich aus neutraler Intensivierer (*besonders lange*). Generell ist es extrem kontextabhängig, ob insbesondere abstrakte Wörter einen positiven oder negativen Sachverhalt beschreiben. In der Regel wird *sich vom Partner trennen* mit stärkerem Sentiment verbunden sein als *ein Ei trennen*. Eine *Absenkung des Kindergelds* wird womöglich anders bewertet als eine *Absenkung der Studiengebühren*

– mal ganz davon abgesehen, dass unterschiedliche Bevölkerungsgruppen diese Maßnahmen ganz unterschiedlich bewerten. Zur Qualitätskontrolle ist es sinnvoll, eine Stichprobe der Daten manuell zu überprüfen.

## 6.3 Sentimentanalyse mit maschinellem Lernen

Eine alternative Möglichkeit der Sentimentanalyse besteht in Verfahren des maschinellen Lernens (Kapitel 11) und insbesondere des Deep Learnings (Kapitel 12). Für diese Ansätze brauchen wir möglichst umfangreiche Trainingsdaten, also Sätze oder Texte, für die uns bereits Informationen zu ihrem Sentiment vorliegen. Mit Glück gibt es solche Daten bereits, zum Beispiel wenn in einem Bewertungsportal Bewertungen mit Sternen und Freitexte kombiniert werden. Für andere Anwendungsdomänen müssen ggf. zunächst Texte manuell annotiert werden.

Aus diesen Trainingsdaten können maschinelle Lernverfahren ableiten, welche Wörter oder Wortkombinationen gute Indikatoren für ein positives oder negatives Sentiment sind, und neue Texte anhand dieser Merkmale klassifizieren. Beim klassischen maschinellen Lernen müssen wir festlegen, welche Merkmale des Textes das System berücksichtigen soll. Hier können unter anderem die Lexika aus dem letzten Abschnitt wiederverwendet werden, um das System darüber zu informieren, auf welche Wörter es sich besonders zu achten lohnt. Deep-Learning-Ansätze zeichnen sich dadurch aus, dass im Verfahren selbst ermittelt wird, welche Art Merkmale hilfreich ist.

Solche Lernverfahren haben den Vorteil, dass sie komplexere Zusammenhänge in den Daten identifizieren, als in einer Wortliste repräsentiert werden können. Mit großen Mengen an Trainingsdaten und den passenden Algorithmen kann das System aus den Daten ableiten, dass *gut* als solches positiv ist, in Kombination mit *nicht* aber negativ. Auch komplexere Zusammenhänge, die uns als Menschen gar nicht immer bewusst sind und die wir nicht alle in Regeln gießen können, können so erfasst werden, etwa dass das Adjektiv *heiß* in Bezug auf eine gelieferte Pizza positiv ist, ein *heiß gelaufener Motor* aber negativ.

Im Vergleich mit der lexikonbasierten Analyse ist ein möglicher Nachteil, dass wir bereits annotierte Trainingsdaten benötigen. Zumindest eine kleine manuell annotierte Stichprobe sollte allerdings auch bei der lexikonbasierten Sentimentanalyse vorliegen, damit die Ergebnisse des Verfahrens evaluiert werden können. Ein zweiter Nachteil besteht darin, dass wir bei manchen Verfahren des maschinellen Lernens keine Möglichkeit haben, den Grund für eine Klassifikation zu erfahren. Das System weist einen Text also beispielsweise der Klasse „negativ“ zu, gibt uns aber keine Informationen dazu, welche Merkmale des Textes zu dieser Einordnung geführt haben. Wir müssen sehr genau prüfen, ob das für unsere Analyse und unser Anliegen akzeptabel ist. In den Geisteswissenschaften interessieren wir uns oft für genau diese Merkmale. Auch bei Systemen, deren Klassifikation Auswirkungen auf das Leben von Menschen haben kann, ist es wichtig, dass wir die Gründe für eine bestimmte Entscheidung hinterfragen und ggf. korrigieren können (siehe Kapitel 13).

Grundsätzlich bereiten auch den neuronalen Modellen zur Sentimentanalyse Phänomene wie Ironie und Sarkasmus Probleme. Außerdem hat sich gezeigt, dass die Übertragung von Modellen von einer Domäne auf eine andere oft schwierig ist – wenn das Modell auf Daten aus den sozialen Medien trainiert ist, wird die Leistung auf Reiseblogs deutlich schlechter sein (Biemann, Heyer & Quasthoff 2022: 325–326).

Ein neuronales Modell für die Sentimentanalyse enthält die *Python*-Bibliothek → *Stanza*. Die Analyse ist hier als Satzklassifikation implementiert und jedem Satz wird einer der drei Werte 0 (negativ), 1 (neutral) und 2 (positiv) zugewiesen. Neuronale Modelle zur Sentimentanalyse für das Deutsche stehen auch auf der Plattform → *Hugging Face* zur Verfügung (siehe Kapitel 12.7). Ihre Anwendung erfordert gewisse Programmierkenntnisse, auf der Plattform gibt es aber ausführliche Tutorials, die den Einstieg erleichtern.

## 6.4 Emotionsanalyse

Eine Einschränkung der Sentimentanalyse besteht darin, dass es eine dramatische Vereinfachung menschlicher Emotionen und Meinungen darstellt, sie auf einer einzigen Dimension zwischen positiv und negativ abzubilden. Ein Versuch, menschliches Empfinden auf komplexere Weise zu erfassen, ist die **Emotionsanalyse** (siehe Überblick in Kim & Klinger 2019).

Zunächst stellt sich die Frage nach der Modellierung von Emotionen: Welche Kategorien nehmen wir an und wie stehen sie zueinander in Relation? Hier kann und sollte auf Emotionstheorien aus der Psychologie zurückgegriffen werden. Für die Computerlinguistik einflussreich waren erstens Modelle, die Emotionen als diskrete Kategorien verstehen. Plutchik (2001) beispielsweise unterscheidet die Grundemotionen Ekel, Traurigkeit, Überraschung, Angst, Vertrauen, Freude, Erwartung und Wut, die in seinem Modell kreisförmig angeordnet werden. Alle acht Grundemotionen können in unterschiedlicher Intensität vorliegen und benachbarte Emotionen können sich in den Schnittbereichen vermischen, aber im Kern werden die acht Kategorien als getrennt betrachtet.

Zweitens wird auf dimensionale Modelle gesetzt, die Emotionen in einem Koordinatensystem aus meist zwei oder drei Dimensionen verorten. Am einflussreichsten war hier das Modell von Russell (1980), das nur zwei Dimensionen vorsieht: In der ersten Dimension wird die Valenz der Emotion erfasst, also ob es sich um eine angenehme oder unangenehme Emotion handelt („pleasure – displeasure"). Die zweite Dimension bildet den Aktivierungsgrad ab („arousal – sleep"). Entlang dieser zwei Skalen können wir beispielsweise Langeweile als negativ und inaktiv verorten, Entspannung als positiv und inaktiv, Wut als negativ und aktiv, Begeisterung als positiv und aktiv. Vielfach wird das Modell um eine dritte Dimension der Dominanz ergänzt, die den Grad der empfundenen Kontrolle ausdrückt (Russell & Mehrabian 1977). In der dreidimensionalen Form wird kurz vom VAD-Modell gesprochen.

Drittens werden sog. Appraisal-Modelle verwendet, die ebenfalls mehrdimensional aufgebaut sind. Sie berücksichtigen, dass Emotionen durch Ereignisse und die kognitive Bewertung dieser Ereignisse durch den Menschen ausgelöst werden. Diese Bewertung erfolgt entlang von Fragen wie den folgenden: Habe ich das Ereignis erwartet? Ist es angenehm/unangenehm? Fühle ich mich für das Ereignis verantwortlich? Denke ich, dass ich das Ereignis unter Kontrolle habe? All diese Dimensionen können textbasiert untersucht und computerbasiert modelliert werden (z. B. Troiano, Oberländer & Klinger 2023).

Wie die Sentimentanalyse kann die Emotionsanalyse auf der Basis von Lexika oder mithilfe von unterschiedlichen Formen maschinellen Lernens erfolgen. Für das Deutsche stehen mehrere lexikalische Ressourcen zur Verfügung. Die vielleicht umfangreichste davon ist eine Liste von über 350.000 Lemmata von Köper & Schulte im Walde (2016). Die Lemmata sind in vier Dimensionen mit Scores zwischen 0 und 10 bewertet: Neben den oben genannten emotionalen Dimensionen von Valenz und Aktivierungsgrad liegen Werte für zwei weitere psycholinguistisch relevante Dimensionen vor, nämlich Abstraktheit und Vorstellbarkeit (engl. ‚imageability'). Die Zuweisung der jeweiligen Werte zu den Lemmata erfolgt mit überwachtem maschinellem Lernen (siehe Kapitel 11.2). Als Ausgangspunkt dienen sehr viel kürzere Listen von Wörtern, die bereits auf andere, oft manuelle Weise erstellt wurden, sowie übersetzte Listen für englische Wörter. In einem Verfahren, das der oben beschriebenen Erstellung von → *SentiWS* ähnlich ist, aber zusätzlich mit Word Embeddings (Kapitel 7.3) arbeitet, werden dann Werte für alle bisher unbewerteten Wörter abgeleitet. Die so ermittelten Werte korrelieren auf einem Testdatensatz zu rund 80 Prozent mit den manuellen Wertungen. Die Daten stehen frei zum Download zur Verfügung.[29]

Citron et al. (2016) stellen eine verwandte Ressource bereit, die sich aber speziell auf idiomatische Ausdrücke wie Redensarten bezieht. Diese bleiben in lexikonbasierten Ansätzen oft unberücksichtigt, weil die einzelnen Wörter unter Umständen keine oder eine andere emotionale Bedeutung haben als der Gesamtausdruck (z. B. *auf die Beine kommen*). Die Bewertungen der Idiome wurden durch die Befragung von Menschen erhoben und stehen im Anhang der Publikation zum Download bereit.

Für die Analyse von Emotionen als diskrete Kategorien stehen für das Deutsche Wortlisten von Klinger, Suliya & Reiter (2016) zur Verfügung,[30] die sich auf die Emotionen Ekel, Freude, Furcht, Trauer, Überraschung, Verachtung und Wut beziehen. Diese wurden für die Analyse von Texten von Franz Kafka erstellt, haben also ein relativ spezielles Anwendungsszenario, das wir im Blick behalten sollten, wenn wir diese Ressource auf andere Daten anwenden wollen. Tabelle 10 zeigt einen Ausschnitt aus der Wortliste zu „Freude".

---

29 http://www.ims.uni-stuttgart.de/data/affective_norms/.

30 https://bitbucket.org/rklinger/german-emotion-dictionary/src/master/fundamental/.

| | | |
|---|---|---|
| Abschluss | Aspiration | Bankett |
| Adventsfreude | Ausgelassenheit | Beachtung |
| Akklamation | Auszeichnung | Befreiung |
| Amüsement | Babe | Befriedigung |
| Anerkennung | Ballermann | Begeisterung |
| Ansehen | Balsam | Begeisterungsfähigkeit |
| Applaus | Balz | Begeisterungssturm |

Tabelle 10: Beispiele aus der Liste zu „Freude" (Klinger, Suliya & Reiter 2016)

Für die Analyse anhand eines Emotionslexikons kann beispielweise berechnet werden, welchen Anteil die Emotionen an allen Emotionswörtern im Text oder Korpus haben. Wie bei der Sentimentanalyse bietet sich für längere Texte eine Analyse des Emotionsverlaufs an, indem der Text beispielsweise in Kapitel oder jeweils gleich lange Segmente geteilt wird, für die die Berechnung einzeln durchgeführt wird (siehe z. B. Mohammad 2011).

Ein Beispiel für einen Deep-Learning-Ansatz zur Emotionsanalyse in den Digital Humanities ist Schmidt, Dennerlein & Wolff (2021). Die Autor:innen klassifizieren historische deutsche Dramen in Hinblick auf die dargestellten Emotionen. Sie verwenden ein hierarchisches Emotionsmodell, das speziell für die Anwendungsdaten entwickelt wurde. Das Schema unterscheidet auf der höchsten Abstraktionsebene nur positive von negativen Emotionen, auf der mittleren Ebene sechs Gruppen von Emotionen (Zuneigung, Freude, Angst, Ablehnung, Leid und Bewegtheit) und auf der detailliertesten Ebene 13 Einzelemotionen. Das Annotationsschema wurde von zwei Annotator:innen auf elf Dramen angewendet. Die Annotation von Emotionen ist oft sehr subjektiv, sodass die Annotator:innen eine Übereinstimmung von nur 0,4 bis 0,5 erreichen (siehe Kapitel 10.3 zur Messung des Inter-Annotator-Agreements). Auf der Grundlage dieser manuellen Annotationen wurde ein automatischer Klassifikator trainiert, mit dem im Anschluss viele weitere Dramen annotiert werden können. Die Genauigkeit auf den allgemeinsten Klassen positiv – negativ liegt bei 0,9. Je mehr Unterklassen unterschieden werden, desto geringer wird dieser Wert. Bei der Nutzung von automatisch annotierten Daten müssen wir stets berücksichtigen, dass die Qualität der automatischen Annotationen nicht immer optimal ist. Dafür stehen uns durch die Automatisierung sehr viele annotierte Daten zur Verfügung, die man manuell gar nicht hätte bearbeiten können. Hier müssen wir für jeden Anwendungsfall abwägen, mit welcher Fehlerquote wir als Preis für eine größere Datenmenge leben können.

## 6.5 Beispielstudien

Für die Sentiment- und Emotionsanalyse gibt es in vielen Disziplinen vielfältige Anwendungsszenarien, da Bewertungen und Emotionen für Menschen sehr zentrale Kategorien sind. Wir schauen uns im Folgenden ein paar Beispiele aus unterschiedlichen Fächern an.

Zehe et al. (2016) wenden die Sentimentanalyse auf literarische Texte an und fragen sich: Können wir anhand von Sentimentanalysen automatisch erkennen, ob ein Roman ein Happy End hat? Um das herauszufinden, haben sie 212 deutsche Romane manuell klassifiziert. Je die Hälfte der Texte hat ein gutes bzw. schlechtes Ende. Für die Sentimentanalyse haben sie die Texte in 75 Abschnitte gleicher Länge segmentiert und basierend auf einem Lexikon Sentiment- und Emotionswerte für jedes Segment berechnet. Diese Informationen bzw. Ableitungen davon nutzen sie als Input für ein maschinelles Lernverfahren. Ein Beispiel für solche abgeleiteten Merkmale ist die Differenz im Sentiment zwischen dem Mittelteil und dem Ende – hier würden wir erwarten, dass die Werte zum Ende hin steigen, wenn ein Happy End vorliegt. Für viele Texte im Korpus funktioniert die automatische Erkennung, für einige aber auch nicht (F1-Score von 0,73, siehe Kapitel 11.3.4).

Wie oben beschrieben, untersuchen Dennerlein, Schmidt & Wolff (2022) Emotionen in deutschsprachigen Dramen. Sie wollen herausfinden, welche Emotionen in den Texten eine wie große Rolle spielen und wie sich ihre Bedeutung historisch entwickelt hat. Außerdem vergleichen sie den Emotionsverlauf in Komödien mit dem von Tragödien. Dabei zeigt sich in Übereinstimmung mit unserer Erwartung an diese Dramengattungen, dass die Kategorie „Leid“ in den Tragödien insgesamt frequenter ist. Es gibt außerdem einen leichten Trend über den Textverlauf, der darin besteht, dass die Werte für „Leid“ in den Tragödien am Anfang und Ende besonders hoch sind, in den Komödien aber in der Mitte ihren Höhepunkt erreichen. Für die Emotion „Freude“ zeigt sich hingegen ein Anstieg am Ende der Komödien und ein Rückgang am Ende der Tragödien.

Heuser, Moretti & Steiner (2016) kombinieren die Emotionsanalyse mit geografischen Informationen, indem sie in einem Korpus aus Romanen des 18. und 19. Jahrhunderts mithilfe einer Named Entity Recognition (Kapitel 8) nach Ortsnamen suchen und sie manuell nach solchen mit Bezug zu London filtern. Anschließend extrahieren sie die textuellen Kontexte, in denen diese Orte vorkommen, und lassen sie automatisch und manuell auf die Emotionen Freude und Angst hin annotieren. Das Ergebnis ist eine Karte von London, die verzeichnet, welche Orte in der Stadt in den Romanen mit welchen Emotionen assoziiert sind.

Einer ganz anderen Textsorte widmen sich Dennis-Henderson et al. (2020), wenn sie ein Korpus australischer Kriegstagebücher aus dem Ersten Weltkrieg analysieren. In einer lexikonbasierten Sentimentanalyse berechnen sie für die nach Monat gruppierten Daten einen mittleren Sentimentwert und können so den Sentimentverlauf zwischen 1914 und ca. 1919 verfolgen. Zur Interpretation verbinden sie die Analyse mit einem Topic Modeling (Blei 2012; Althage 2022), das datenbasiert modelliert, welche Themen zu welcher Zeit in den Texten dominant waren. Auf diese Weise können sie die Entwicklung des Sentiments mit Ereignissen wie bestimmten Schlachten, Schlecht-Wetter-Perioden oder dem Waffenstillstand in Verbindung bringen.

Widmann & Wich (2022) wenden eine Emotionsanalyse auf Pressemitteilungen politischer Parteien aus dem Zeitraum 2016 bis 2018 an und können zeigen, dass radikale

Parteien (hier: AfD und Die Linke) am stärksten auf negative Emotionen wie Wut und Angst setzen, während die Regierungsparteien (im untersuchten Zeitraum SPD und CDU/CSU) bei den positiven Emotionen vorn liegen. Die Opposition (bestehend aus den Grünen und der FDP) rangiert in der Mitte.

## 6.6 Übungen

1. Wenden Sie die Sentimentanalyse mit dem Tool → *SentText* auf einen oder mehrere Texte aus dem *Foodblogkorpus* an. Welche Möglichkeiten bietet das Tool? Wo stimmen die automatischen Analysen mit Ihrer eigenen Einschätzung des Sentiments überein, wo gibt es Abweichungen?
2. Probieren Sie die Optionen zur Sentimentanalyse in der *Python*-Bibliothek → *spaCy* aus. Im digitalen Anhang finden Sie ein entsprechendes Beispielskript. Um es ausführen zu können, müssen Sie die → *SentiWS*-Wortlisten manuell herunterladen und im Skript den Pfad zu dieser Ressource anpassen.
3. Laden Sie sich die affektiven Normen von Köper & Schulte im Walde (2016)[31] herunter und machen Sie sich mit den Daten vertraut. Sie können sie beispielsweise in ein Programm zur Tabellenkalkulation importieren und nach den Spalten Valenz bzw. Aktivierungsgrad (engl. ‚arousal') sortieren. Entsprechen die Werte Ihrer persönlichen Intuition? Wenn Sie über Programmierkenntnisse verfügen, können Sie die Werte auf einen Text (zum Beispiel aus dem *Foodblogkorpus*) anwenden, indem Sie alle Wörter im Text (in ihrer Lemmaform) nachschlagen und Mittelwerte bilden oder sich besonders positive und besonders negative Wörter ausgeben lassen. Passen diese Bewertungen zur tatsächlichen Verwendung des Wortes im Kontext?

Musterlösungen und Skripte stehen im Online-Shop des Narr Verlags unter https://files.narr.digital/9783823385790/Zusatzmaterial.zip zur Verfügung.

31 http://www.ims.uni-stuttgart.de/data/affective_norms/.

# 7 Semantik: Distributionelle Semantik

In diesem Kapitel befassen wir uns mit den Grundlagen der distributionellen Semantik, die die Bedeutung von Wörtern anhand ihrer Verteilung im Text mathematisch beschreibt. Wir schauen uns an, wie wir Bedeutung numerisch darstellen können und wie wir auf dieser Grundlage Ähnlichkeiten zwischen Wörtern oder Texten berechnen können. Wichtig ist dabei die Repräsentationsform der Word Embeddings, die aus der gegenwärtigen Computerlinguistik nicht mehr wegzudenken sind. Beispielstudien zeigen, wie wir in den Digital Humanities mit Word Embeddings arbeiten können.

## 7.1 Grundlagen

Die **distributionelle Semantik** ist eine computerlinguistische Forschungsrichtung, die die Bedeutung von Wörtern aus ihrer Distribution ableitet, also aus ihrer Verteilung in Texten und Korpora. Diese Verteilung wird bemessen an den Kontextwörtern, mit denen ein Wort gemeinsam verwendet wird. Die Grundidee dahinter ist uns bereits im Kapitel zu den Kollokationen (Kapitel 2.5) begegnet („You shall know a word by the company it keeps“, Firth 1957) und wird in der sog. **distributionellen Hypothese** nach Harris (1954) formuliert. Sie besagt, dass Wörter mit ähnlicher Bedeutung in ähnlichen sprachlichen Kontexten verwendet werden. Wir können auch andersherum schließen, dass Wörter, die in ähnlichen sprachlichen Kontexten verwendet werden, eine ähnliche Bedeutung haben.

Dieser Zusammenhang leuchtet vielen Menschen intuitiv ein. Tabelle 11 zeigt eine Keyword-in-Context-Ansicht zu einem Wort im *Foodblogkorpus*. Das Wort selbst ist in der Mitte jeweils ausgelassen. Trotzdem fällt es uns relativ leicht, anhand der Kontexte zu rekonstruieren, um welches Wort es sich handelt. Auch wenn uns ein Wort begegnet, das wir noch nicht kennen, können wir oftmals aus dem sprachlichen Kontext, in dem es verwendet wird, zumindest eine ungefähre Bedeutung ableiten.

In der **distributionellen Semantik** oder **Vektorsemantik** (Turney & Pantel 2010; Lenci 2018) sucht man Wege, um die distributionelle Hypothese in mathematischen Modellen abzubilden. Dabei kann beispielsweise die Bedeutung eines Wortes durch einen Vektor repräsentiert werden. Ein **Vektor** verweist vom Ursprung eines Koordinatensystems auf einen bestimmten Punkt im Vektorraum. Dies wird mit einem Beispiel klarer: Nehmen wir vereinfacht an, dass wir Wörter dadurch beschreiben wollen, wie häufig in ihrem Kontext die Wörter *süß* und *schwimmen* vorkommen. Das können wir in einem Korpus durch einfaches Zählen ermitteln. Dazu müssen wir festlegen, was wir unter Kontext verstehen. Unterschiedliche Möglichkeiten hierzu wurden in Kapitel 2.5 in Bezug auf die Kollokationsanalyse vorgestellt. Am häufigsten wird ein Fenster von zum Beispiel zwei oder drei Wörtern rechts und links um das

Zielwort herum als Kontext definiert. Nachdem wir gezählt haben, wie oft *süß* und *schwimmen* in diesem Kontextfenster vorkommen, können wir jedes Wort in diesen zwei Dimensionen verorten. Das Ergebnis können wir einerseits als Tabelle erfassen (Tabelle 12), andererseits grafisch darstellen (Abbildung 17). Im (konstruierten) Beispiel kommt im Kontext des Wortes *Schokolade* viermal das Wort *süß* vor, *schwimmen* nur einmal. Das Wort *Ente* hingegen wird zweimal im Zusammenhang mit *süß* erwähnt und fünfmal mit *schwimmen.* Das Wort *Schokolade* wird demnach durch den Vektor (4, 1), *Ente* durch den Vektor (2, 5) beschrieben. In Abbildung 17 können wir sehen, dass Wörter mit ähnlicher Bedeutung im Vektorraum näher beieinanderstehen als Wörter mit weniger ähnlicher Bedeutung. Das ist das entscheidende Merkmal der Vektorsemantik: Die Bedeutung von Wörtern wird durch die Abbildung im Raum geometrisch berechenbar.

| | |
|---:|:---|
| hinzugeben und alle Zutaten gut vermengen. Den | zwsichen zwei Stück Backpapier geben und |
| vermengen. Dann unter das Eiweiß heben. Den | auf das Backblech geben und auf eine Fläche |
| im Voraus zubereitet werden. Den sablés Bretons | bereite ich einen Tag m Voraus zu. Am Tag |
| verrühren bis alle Zutaten gut vermengt sind. Den | zwischen zwei Backpapieren geben und den |
| Teig zwischen zwei Backpapieren geben und den | ausrollen, bis er 7 mm bis 10 mm dick ist. |
| ausrollen, bis er 7 mm bis 10 mm dick ist. Den | im Kühlschrank für mindestens vier Stunden |
| und aus diesem Grund ist es wichtig, dass der | lange genug, am besten für sechs Stunden |
| des Teiges schnell gearbeitet wird, da der | relativ schnell wieder weich wird, im |
| bis alle Zutaten gerade so vermischt sind. Den | auf eine Plastikfolie geben, flach drücken |
| in die Tartletförmchen drücken und überstehenden | mit einem scharfem Messer wegschneiden. |

Tabelle 11: Keyword-in-Context-Ansicht (KWIC) zu einem zu erratenden Wort im *Foodblogkorpus* (Rechtschreib- und Grammatikfehler sind aus den Originaltexten übernommen)

| | *süß* | *schwimmen* |
|---|---:|---:|
| *Schokolade* | 4 | 1 |
| *Ente* | 2 | 5 |
| *Gans* | 1 | 4 |
| *Weingummi* | 5 | 2 |

Tabelle 12: Frequenz der Wörter *süß* und *schwimmen* im Kontext von vier beispielhaften Zielwörtern

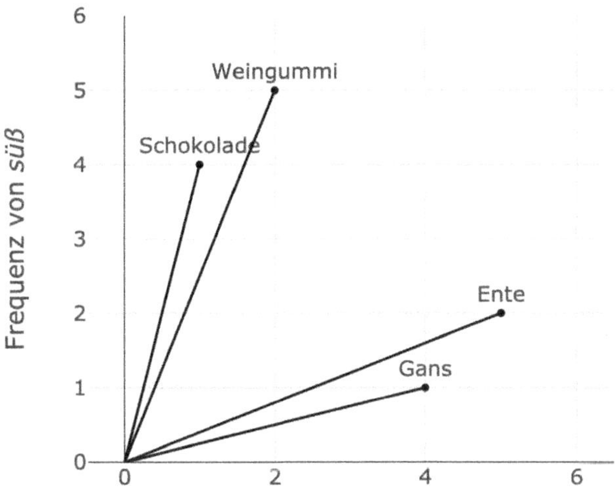


Abbildung 17: Beispielwörter in einem zweidimensionalen Vektorraum

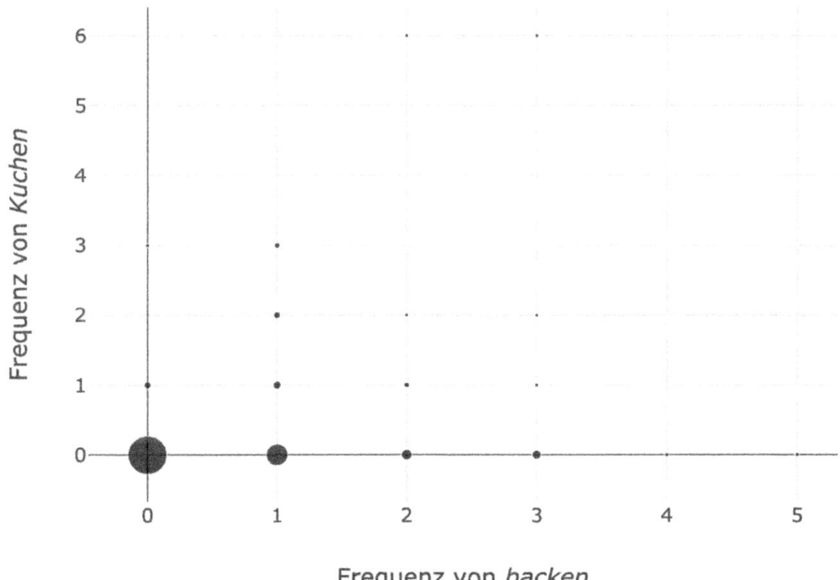


Abbildung 18: Texte des *Foodblogkorpus* nach ihrer Verwendungsfrequenz von *Kuchen* und *backen* (n=150)

Außer Wörtern können wir auch ganze Texte auf diese Weise als Vektoren darstellen. Abbildung 18 zeigt die Frequenz der Wörter *Kuchen* und *backen* in den 150 Texten des

*Foodblogkorpus*. Anhand der Fragen „Wie oft kommt *Kuchen* im Text vor?“ und „Wie oft kommt *backen* im Text vor?“ kann jeder Text im Vektorraum verortet werden. Je größer der Kreis ist, desto mehr Texte haben die entsprechende Frequenz-Kombination für *Kuchen* und *backen*. Wir können von dem großen Kreis in der unteren linken Ecke ableiten, dass in den meisten Texten keines der beiden Wörter vorkommt. Die untere „Reihe“ von Punkten zeigt Texte, in denen *backen* vorkommt, aber nicht *Kuchen*. Dies sind relativ viele Texte, was damit zusammenhängt, dass man auch andere Sachen als Kuchen backen kann. In der „Spalte“ ganz links finden sich Texte mit *Kuchen*, aber ohne *backen*. Dies kommt nur in sehr wenigen Texten vor: Wenn von *Kuchen* die Rede ist, wird der Textsorte gemäß auch seine Herstellung besprochen, bei der *backen* oft eine Rolle spielt.

In den besprochenen Beispielen haben wir jeweils nur zwei Dimensionen berücksichtigt, weil nur bei zwei (eingeschränkt: drei) eine Visualisierung möglich ist. In der praktischen Anwendung arbeiten wir normalerweise mit sehr viel mehr Dimensionen. Naheliegend wäre etwa, eine Dimension für jedes Wort (i. S. v. Type) im Korpus anzulegen. Für das *Foodblogkorpus* ergibt sich so ein 13.042-dimensionales Modell der Texte. Jedes Wort wird dadurch beschrieben, mit welcher Häufigkeit die insgesamt 13.042 Worttypes in seinem Kontext vorkommen. Wird diese Information in tabellarischer Form zusammengestellt, sprechen wir von einer **Term-Kontext-Matrix**. Tabelle 13 zeigt einen Auszug aus einer solchen Matrix für das *Foodblogkorpus* bei Verwendung einer Fenstergröße von drei Token nach links und rechts. Im Kontext des Tokens *g* (für *Gramm*) kommt demzufolge 93-mal *Zucker* und 27-mal *Mehl* vor, *kochen* und *backen* hingegen gar nicht. Die vollständige Term-Kontext-Matrix für das *Foodblogkorpus* umfasst jeweils 13.042 Zeilen und Spalten.

| | *kochen* | *backen* | *Zucker* | *Mehl* |
|---|---|---|---|---|
| *Butter* | 0 | 0 | 31 | 6 |
| *g* | 0 | 0 | 93 | 27 |
| *Minuten* | 8 | 50 | 0 | 0 |
| *mit* | 4 | 7 | 28 | 14 |
| *Salz* | 1 | 1 | 44 | 7 |
| *und* | 9 | 13 | 82 | 31 |

Tabelle 13: Manuell ausgewählter Auszug aus der Term-Kontext-Matrix zum *Foodblogkorpus* bei einer Fenstergröße von ±3

Wie oben erwähnt können wir diese Art der Beschreibung und Darstellung nicht nur für Wörter, sondern auch für Texte verwenden. In diesem Fall wird jeder Text durch die Frequenzen der Wörter charakterisiert, die darin vorkommen. Diese Informationen können wir in einer sog. **Term-Dokument-Matrix** zusammenstellen, die dem gleichen Prinzip folgt wie die Term-Kontext-Matrix. Die Zeilen repräsentieren nun die Texte (im *Foodblogkorpus* 150 Stück), die Spalten weiterhin die 13.042 Worttypes. Auf der Grundlage einer Term-Dokument-Matrix können wir uns der Frage widmen, welche Texte einander ähnlich sind.

## 7.2 Ähnlichkeiten berechnen

In der distributionellen Semantik nehmen wir an, dass Wörter, die im Vektorraum näher beieinanderliegen, sich in ihrer Bedeutung ähnlicher sind. In einer zweidimensionalen Visualisierung können wir die Ähnlichkeit zweier Wörter daran festmachen, wie nah sie beieinanderstehen. Präziser ist natürlich eine mathematische Berechnung der Abstände und spätestens, wenn mehr als zwei[32] Dimensionen vorliegen, besteht die Möglichkeit der visuellen Beurteilung nicht mehr. Wir benötigen also Maße, die numerisch ausdrücken, wie ähnlich sich zwei Vektoren sind. Je nachdem, was diese Vektoren repräsentieren, entspricht das den Fragen: Wie ähnlich sind sich zwei Wörter in ihrer Distribution im Korpus? bzw. Wie ähnlich sind sich zwei Texte in der Distribution ihrer Wörter?

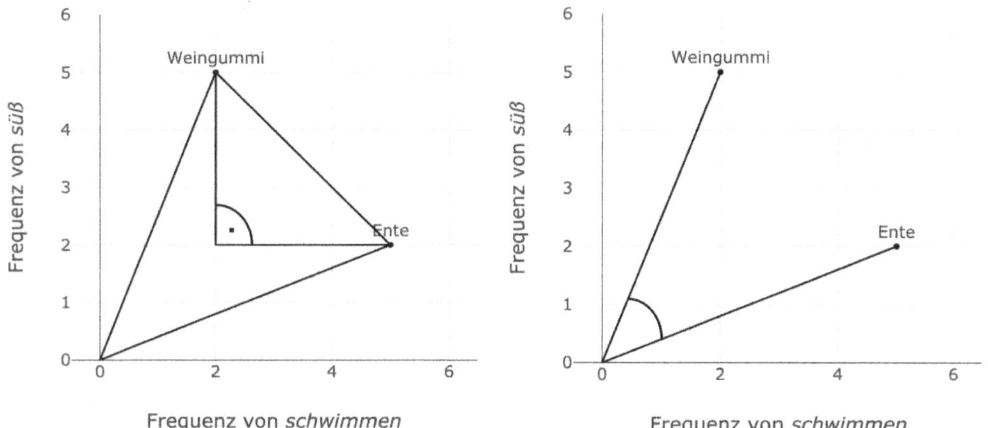


Abbildung 19: Distanzmessung mit der euklidischen Distanz (links) und der Kosinusdistanz (rechts)

Ein allgemein bekanntes Maß für den Abstand zweier Punkte ist die sog. **euklidische Distanz**. Dabei handelt es sich um die Länge der direkten Verbindungslinie zwischen den beiden Punkten. Sie lässt sich leicht mithilfe des Satzes des Pythagoras berechnen (siehe Abbildung 19, links) – das geht problemlos auch in mehr als zwei Dimensionen.

Eine andere Möglichkeit, die sich in der Computerlinguistik als Standardverfahren durchgesetzt hat, ist die sog. **Kosinusdistanz** bzw. **Kosinusähnlichkeit**. Diese basiert auf dem Winkel, der sich zwischen den beiden Vektoren ergibt (siehe Abbildung 19, rechts). Zwischen zwei Vektoren, die auf im Vektorraum eng benachbarte Punkte zeigen, liegt nur ein spitzer Winkel. Zwischen zwei Vektoren, die auf zwei Punkte mit großem Abstand zeigen, liegt hingegen ein weiter Winkel (siehe auch Abbildung 17). Gegenüber der euklidischen Distanz hat dieses Maß den Vorteil, dass es von der Länge der Vektoren und damit von der Text- oder Korpusgröße unabhängig ist. Angenommen, wir haben deutlich mehr Texte über Enten als über Weingummi. Je häufiger von Enten

32 Auch wenn gelegentlich dreidimensionale Visualisierungen erstellt werden, sind sie in der Regel nicht eindeutig ablesbar.

die Rede ist, desto weiter steigen auch die Frequenzzählungen der Kontextwörter. In Abbildung 19 können wir uns vorstellen, dass der Vektor für *Ente* mit der Zeit immer weiter nach rechts oben fortgesetzt wird. Die euklidische Distanz zwischen den beiden Vektoren vergrößert sich dadurch immer weiter. Der Winkel zwischen den beiden Vektoren bleibt aber immer der gleiche, und dadurch bleibt auch die Kosinusdistanz stabil.

Wie berechnen wir die Kosinusdistanz? In der Regel wird die Kosinusdistanz in umgekehrter Polung als Ähnlichkeitsmaß berechnet. Wenn wir zwei Vektoren *a* und *b* haben, berechnen wir die Kosinusähnlichkeit folgendermaßen:

$$cosine(a, b) = \frac{a \cdot b}{|a| \cdot |b|}$$

Im Zähler multiplizieren wir unsere beiden Vektoren miteinander und bilden dadurch das sog. Skalarprodukt. Im Nenner berechnen wir jeweils die Länge oder den Betrag der beiden Vektoren und multiplizieren diese miteinander. Wir schauen uns beide Komponenten im Folgenden etwas genauer an. Das Skalarprodukt von zwei Vektoren *a* und *b* ist definiert als

$$a \cdot b = \sum_{i=1}^{N} a_i b_i$$

Wir gehen also mit dem Index i alle Stellen unserer Vektoren durch, bis wir beim letzten Element angekommen sind (N entspricht der Anzahl der Elemente im Vektor). Wir multiplizieren jeweils den Wert an dieser Stelle aus Vektor *a* und den Wert aus Vektor *b* an der gleichen Stelle miteinander. Das machen wir für alle Positionen und addieren die Ergebnisse. Angenommen, wir haben die Vektoren $a = (1, 2, 3)$ und $b = (1, 5, 2)$. Das Skalarprodukt ergibt sich wie folgt:

$$1 \cdot 1 + 2 \cdot 5 + 3 \cdot 2 = 17$$

Für den Nenner brauchen wir die Länge der Vektoren. Dazu berechnen wir zu jedem Wert im Vektor das Quadrat, addieren die Ergebnisse und ziehen aus der Summe die Wurzel. Formal definiert heißt das:

$$|a| = \sqrt{\sum_{i=1}^{N} a_i^2}$$

In unserem Beispiel bedeutet das:

$$a: \sqrt{1^2 + 2^2 + 3^2} = \sqrt{14} = 3,74$$

$$b: \sqrt{1^2 + 5^2 + 2^2} = \sqrt{30} = 5,48$$

Diese Zwischenergebnisse können wir nun in die Gesamtformel einsetzen, um die Kosinusähnlichkeit zu erhalten:

$$cosine(a, b) = \frac{17}{3,74 \cdot 5,48} = 0,83$$

Die Kosinusähnlichkeit wird folgendermaßen interpretiert: Ein Wert von 1 bedeutet, dass die Vektoren in die genau gleiche Richtung zeigen, sodass zum Beispiel die beiden Wörter im distributionellen Sinne als bedeutungsgleich betrachtet werden können. Bei einem Wert von 0 sind die Vektoren orthogonal zueinander, die Wörter sich in ihrer Distribution also sehr unähnlich. Geometrisch ist der niedrigste mögliche Wert −1. Dieser wird erreicht, wenn die Vektoren in entgegengesetzte Richtungen zeigen. Solange es sich bei unseren Daten um Frequenzzählungen handelt, kommt ein negatives Ergebnis jedoch nicht vor, da Frequenzen keine negativen Werte annehmen können.

Vorsicht ist geboten, da oft gleichermaßen von Distanzmaßen und Ähnlichkeitsmaßen die Rede ist. Beide drücken das Gleiche aus, aber in komplementärer Perspektive. Die Kosinusdistanz berechnen wir als 1 – Kosinusähnlichkeit. Der theoretische Wertebereich für die Kosinusdistanz liegt damit zwischen 0 und 2. Wenn wir es wie im Beispiel mit Frequenzen, also nur positiven Zahlen, zu tun haben, liegen die Werte zwischen 0 und 1, wobei 0 maximale Ähnlichkeit ausdrückt, 1 maximale Unterschiedlichkeit.

## 7.3 Word Embeddings

Bei **Word Embeddings** handelt es sich um eine Repräsentationsform von Wörtern, die erst im Jahr 2013 ihren Durchbruch hatte und seitdem in der Computerlinguistik eine zentrale Rolle spielt. Mit Embedding ist die Einbettung von Wörtern in einen Vektorraum gemeint, d. h., wir weisen ihnen einen bestimmten Ort im Vektorraum zu. Dies leisten auch die im letzten Abschnitt gezeigten Repräsentationen, bei denen die Werte in den Vektoren Frequenzzählungen von Kontextwörtern entsprechen. Auch diese werden teilweise als Embeddings bezeichnet. Meist wird der Begriff Word Embedding aber spezifischer nur für dichte Vektorrepräsentationen von Wörtern verwendet, denen wir uns in diesem Abschnitt widmen.

### 7.3.1 Spärliche vs. dichte Repräsentation

Die bisher betrachteten, auf Frequenzzählungen basierenden Repräsentationen bezeichnen wir als spärlich (engl. ‚sparse'). Das hängt damit zusammen, dass diese Repräsentationen sehr viele Dimensionen haben – für jedes Wort im Vokabular eine. Im Fall des noch relativ kleinen *Foodblogkorpus* kommen wir damit bereits auf stolze 13.042 Dimensionen. Die Spärlichkeit zeigt sich insbesondere darin, dass in einer einfachen

Term-Kontext-Matrix die meisten Zellen den Wert 0 haben. Das liegt an der Verteilung des Wortschatzes in Korpora (siehe Kapitel 2.4). Die meisten Wörter kommen sehr selten oder sogar nur ein einziges Mal im Korpus vor. Dadurch kommen sie natürlich auch nur im Kontext sehr weniger anderer Wörter vor (und andersherum kommen nur wenige andere Wörter in ihrem Kontext vor). Eine solche Matrix ist dadurch eine sehr ineffiziente Form der Informationskodierung. In semantischer Hinsicht enthält sie außerdem viele Redundanzen, da Bedeutungsähnlichkeiten von Wörtern nicht berücksichtigt werden. Wenn zum Beispiel ein Wort A häufig im Kontext von *Apfelsine* vorkommt und ein Wort B häufig im Kontext von *Orange*, deutet das auf eine Bedeutungsähnlichkeit von A und B hin, die hier nicht erkannt wird, denn *Apfelsine* und *Orange* werden als zwei ganz verschiedene Kontextwörter betrachtet.

Was wir stattdessen gerne hätten, ist eine dichte (engl. ‚dense') Repräsentationsform von Wortbedeutungen, die diese Bedeutungsähnlichkeiten berücksichtigt. Semantisch ähnliche Wörter sollten im Vektorraum an einem möglichst ähnlichen Ort eingebettet werden – und das am besten in deutlich weniger Dimensionen, als es bei der Frequenzzählung der Fall ist. Diese neue Repräsentationsform – die Word Embeddings – erreichen wir zum Beispiel durch das Training eines einfachen künstlichen neuronalen Netzes, das Vorhersagen darüber machen soll, wie wahrscheinlich im Kontext eines Wortes A auch die Wörter B, C, D, usw. vorkommen (siehe Kapitel 7.3.2). Das Endprodukt ist eine Form, in der jedes Wort durch einen Vektor von zum Beispiel 300 Dimensionen dargestellt wird. Diese neuen Werte sind keine Zählwerte mehr und deshalb auch keine ganzen Zahlen. Stattdessen werden kontinuierliche Werte zwischen −1 und 1 verwendet. Eine solche Repräsentationsform sieht dann beispielsweise folgendermaßen aus:

*Minuten*: [0,0292, 0,0269, 0,0711, −0,0223, 0,1032, −0,0070, ...]
*kochen*: [0,0251, −0,0067, −0,0174, 0,1145, 0,0032, 0,0890, ...]

Im Gegensatz zu den Frequenzzählungen sind diese neuen Dimensionen für uns Menschen nicht mehr direkt interpretierbar. Während wir im Falle von Term-Kontext-Matrizen wissen, dass ein höherer Wert in der ersten Spalte bedeutet, dass zum Beispiel das Wort *Holz* in einem Kontext häufiger vorkommt als in einem anderen, ist das hier nicht mehr der Fall. Diese Repräsentationsform ist primär für den Computer optimiert. Gleichzeitig bildet sie die Bedeutungsverhältnisse zwischen Wörtern aber deutlich besser ab und ist dadurch für die praktische Anwendung oft geeigneter. Große Bekanntheit hat ein Beispiel von Mikolov et al. (2013) erreicht: Die Autoren beschreiben, dass man in ihrem Modell den Vektor für *king* nehmen, den Vektor für *man* davon subtrahieren und den für *woman* addieren kann und dann an einem Ort im Vektorraum nahe dem Vektor für *queen* landet.[33] In begrenztem Maße wird so das Rechnen mit Bedeutungen möglich. Heute werden Wörter in

33 Dieses Beispiel wurde in der Folge kritisch diskutiert, siehe zum Beispiel Nissim, van Noord & van der Goot (2020).

den meisten computerlinguistischen Anwendungen über ihre Word Embeddings repräsentiert und auch in den Digital Humanities findet diese Repräsentationsform Anwendung.

### 7.3.2 Word Embeddings berechnen

Word Embeddings können auf ganz unterschiedliche Weise aus Textdaten generiert werden und es wurden und werden unterschiedliche Algorithmen zu diesem Zweck entworfen. Der erste populäre Algorithmus, der großen Einfluss auf die Entwicklung der Computerlinguistik hatte, heißt *word2vec* (Mikolov et al. 2013; Mikolov, Yih & Zweig 2013). Im Gegensatz zu früheren Ansätzen handelt es sich dabei um ein sehr effizientes Verfahren, das auch auf gewöhnlichen PCs ohne allzu große Rechenleistung durchgeführt werden kann und die Berechnung von Embeddings massentauglich gemacht hat.

Der *word2vec*-Algorithmus erzeugt ein Modell, das vorhersagt, welche Wörter wahrscheinlich im Kontext anderer Wörter vorkommen. Dabei sind zwei Richtungen möglich. Im sog. Skip-Gram-Modell ist die Aufgabe: Gegeben ein Wort, sage vorher, welche anderen Wörter im Kontext dieses Wortes zu erwarten sind. Der Kontext umfasst zum Beispiel zwei Wörter rechts und links. Die umgekehrte Richtung wird durch das sog. Continuous-Bag-of-Words-Modell realisiert: Gegeben diese Menge von Kontextwörtern, sage das Zielwort vorher.

Das Praktische an dieser Aufgabe ist, dass wir Trainingsdaten aus vorhandenem Text generieren können, ohne dass menschliche Annotationen o. Ä. notwendig wären. Nehmen wir den Beispielsatz *Im Teich in unserem Viertel schwimmen oft viele Enten*, so bewegt sich ein Kontextfenster der Größe zwei, wie in Abbildung 20 gezeigt, über den Satz. So können wir u. a. folgende Trainingsbeispiele ableiten: (*Im*, *Teich*), d. h. im Kontext des Wortes *Im* kommt das Wort *Teich* vor, (*Im*, *in*), (*Teich*, *Im*), (*Teich*, *in*), (*Teich*, *unserem*), (*in*, *Im*), (*in*, *Teich*), (*in*, *unserem*) usw. Wir können außerdem Negativbeispiele generieren, indem wir zufällige Wörter kombinieren, die nicht unbedingt benachbart vorkommen (z. B. *Teich*, *viele*).

**Im** [Teich in] unserem Viertel schwimmen oft viele Enten.
[Im] **Teich** [in unserem] Viertel schwimmen oft viele Enten.
[Im Teich] **in** [unserem Viertel] schwimmen oft viele Enten.
Im [Teich in] **unserem** [Viertel schwimmen] oft viele Enten.
Im Teich [in unserem] **Viertel** [schwimmen oft] viele Enten.

Abbildung 20: Bewegung eines Kontextfensters von zwei Wörtern nach links und rechts zur Generierung von Trainingsdaten

Mit diesen Daten können wir das *word2vec*-Modell trainieren. Bei dem Modell handelt es sich um ein flaches künstliches neuronales Netz (siehe Kapitel 12), dessen Struktur in

Abbildung 21 vereinfacht dargestellt ist. Wir betrachten im Folgenden beispielhaft das Skip-Gram-Modell, bei dem wir zu einem Inputwort die Kontextwörter vorhersagen wollen.

Damit ein mathematisches Modell mit einem Wort als Input arbeiten kann, müssen wir es numerisch repräsentieren. Dazu verwendet *word2vec* das einfache Prinzip des sog. **One-Hot-Encodings**: Jedes Wort wird durch einen Vektor repräsentiert, der genauso viele Stellen hat, wie unser Korpus unterschiedliche Wörter, also Types, enthält. Wir sprechen auch vom Vokabular des Korpus. Jede Position in diesem Vektor entspricht einem Element des Vokabulars. Im One-Hot-Encoding haben alle Positionen im Vektor den Wert 0; nur die Position, die für unser Inputwort steht, bekommt den Wert 1. Im Beispiel in Abbildung 21 ist demzufolge *Kuchen* unser Inputwort und es wird durch den One-Hot-Vektor (0, 1, 0, 0, 0) repräsentiert.

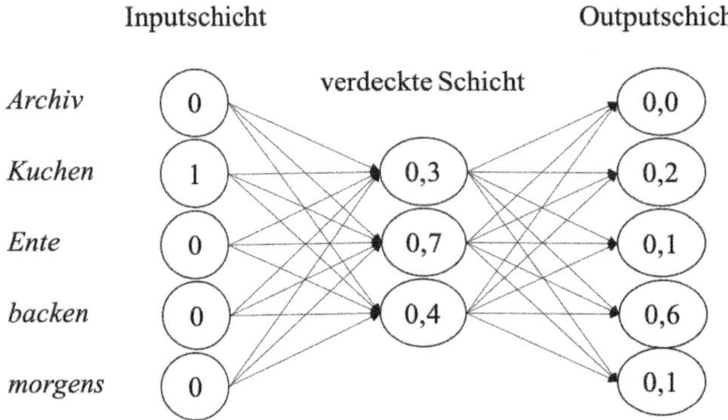


Abbildung 21: Vereinfachte Darstellung der *word2vec*-Architektur

Springen wir nun zunächst direkt zum Output des Modells: Das Ergebnis, das wir gerne hätten, ist eine Wahrscheinlichkeitsverteilung über alle Wörter des Vokabulars. Wir wollen also für jedes mögliche Wort wissen, mit welcher Wahrscheinlichkeit es im Kontext unseres Inputwortes vorkommt. Der Output wird deshalb – wie der Input – durch einen Vektor dargestellt, bei dem jede Position für ein Wort des Vokabulars steht. Dieses Mal sind die Werte aber nicht nur Nullen und eine Eins, sondern Wahrscheinlichkeiten, also Werte zwischen 0 und 1, die alle zusammen 1 ergeben. Diese Werte geben an, wie wahrscheinlich es ist, dass das jeweilige Outputwort im Kontext auftaucht, wenn vom jeweiligen Inputwort ausgegangen wird. Im Beispiel in Abbildung 21 hat *backen* mit 0,6 die höchste Wahrscheinlichkeit, im Kontext von *Kuchen* vorzukommen.

Zwischen dem Input und dem Output liegt eine sog. verdeckte Schicht (engl. ‚hidden layer'), die erheblich kleiner ist als die beiden anderen und die Dimensionalität unserer Word Embeddings bestimmt. Diese Dimensionalität können wir grundsätzlich frei wählen, 300 ist ein häufig verwendeter Wert. In der Abbildung ist zu sehen, dass alle Knoten der Inputschicht mit allen Knoten der verdeckten Schicht verbunden sind und alle Knoten der verdeckten Schicht mit allen Knoten der Outputschicht. Die Verbindungen zwischen den Knoten sind mit Gewichten versehen (nicht abgebildet). Diese Gewichte werden am Anfang des Trainings zufällig festgelegt.

Bei einem Durchlauf durch das Modell wird das Inputwort im ersten Schritt (von der Inputschicht zur verdeckten Schicht) in die Form eines 300-dimensionalen Vektors gebracht. Dazu wird in jedem Knoten der verdeckten Schicht eine gewichtete Summe aus den Werten der Inputschicht gebildet. Durch das One-Hot-Encoding entspricht das Ergebnis genau den Gewichten, die das Inputwort mit der verdeckten Schicht verbinden – alle anderen Gewichte werden mit 0 multipliziert. Aus diesem Vektor berechnet das Modell im zweiten Schritt (von der verdeckten Schicht zur Outputschicht) eine auf logistischer Regression basierende Vorhersage dazu, welche Wörter wahrscheinlich im Kontext des Inputwortes vorkommen. Diese Vorhersage wird mit den Trainingsdaten abgeglichen und die Gewichte zwischen den Schichten werden schrittweise angepasst, bis die Vorhersagen des Modells ausreichend genau mit den Trainingsdaten übereinstimmen. Die Gewichte der verdeckten Schicht stellen am Ende die Word Embeddings dar.

Zwei Wörter wie *Orange* und *Apfelsine*, die in sehr ähnlichen Kontexten verwendet werden, werden durch dieses Verfahren im Vektorraum des Modells an ähnlicher Stelle eingebettet, bekommen also ähnliche Vektoren, sodass wir diese Nähe als semantische Ähnlichkeit interpretieren können.

### 7.3.3 Statische und dynamische Embeddings

Wir können zwei Formen von Word Embeddings unterscheiden, nämlich statische und dynamische Embeddings. Der oben vorgestellte *word2vec*-Algorithmus erzeugt **statische Embeddings**, die wir auch als **Type-Embeddings** bezeichnen. Das bedeutet, dass der Algorithmus für jeden Type ein einziges Embedding erzeugt. Es gibt also zum Beispiel für die Wortform *Bank* genau ein Embedding, das wir bei der Verwendung der Word Embeddings wie in einer Tabelle nachschlagen können. Ein Problem für statische Embeddings ist, dass viele Wörter mehrdeutig sind (siehe Kapitel 5.1). Wenn für ein mehrdeutiges Wort wie *Bank* nur ein einziges Embedding gelernt wird, repräsentiert dieses Embedding gewissermaßen eine Mischung aller Bedeutungen des Wortes. Manche der Belege in den Trainingsdaten weisen darauf hin, dass *Bank* in der Nähe von Wörtern wie *Finanzinstitut*, *Geld* oder *Versicherung* eingebettet werden sollte. Andere Belege legen eher eine Nähe zu *sitzen* oder *Stuhl* nahe, die sich vermutlich an einer ganz anderen Stelle im Vektorraum befinden. Das kann die Nützlichkeit der Embeddings von Wörtern mit großen Mehrdeutigkeiten stark einschränken. Gleichzeitig haben statische Embeddings den Vorteil, dass sie einfach zu verwenden sind, und für viele Aufgaben haben sie sich trotzdem als sehr hilfreich erwiesen. Beispiele für weitere populäre Algorithmen zur Berechnung statischer Embeddings sind *GloVe* (Pennington, Socher & Manning 2014) und *fastText* (Bojanowski et al. 2017). Die *fastTest*-Embeddings haben den entscheidenden Vorteil, dass sie auch ein Embedding für Wörter erzeugen können, die gar nicht in den Trainingsdaten vorgekommen sind. Dazu greift das Modell auf Embeddings für Zeichensequenzen zurück. Wenn zum Beispiel das Wort *Sauberlaufmatte* nicht im Vokabular des Modells ist, gibt es aber möglicherweise Embeddings für Teilsequenzen wie *Sauber*, *lauf* und *matte*, die im Trainingskorpus vorgekommen sind und die genutzt werden können, um das neue Wort zu repräsentieren.

Die Alternative zu statischen Embeddings sind **dynamische Embeddings**, die auch **Token-Embeddings** oder **kontextualisierte Embeddings** genannt werden. Hier wird für jedes individuelle Token in seinem Satzkontext ein eigenes Embedding erzeugt. Das Token *Bank* in dem Satz *Ich bringe mein Geld zur Bank* erhält also ein anderes Embedding als die Verwendung von *Bank* im Satz *Ich sitze auf der Bank am Teich*. Für die Verwendung der Embeddings bedeutet das, dass wir die Embeddings nicht wie bei den statischen Embeddings einfach nachschlagen können. Stattdessen müssen die dynamischen Embeddings unter Berücksichtigung des Satzkontextes neu berechnet werden. Das macht ihre Anwendung etwas aufwendiger als bei den statischen Embeddings. Die wohl populärsten dynamischen Embeddings basieren auf dem BERT-Modell (Devlin et al. 2019). BERT liegt eine Deep-Learning-Architektur mit Transformern zugrunde, die Gegenstand von Kapitel 12.6 ist.

Ob statische oder dynamische Word Embeddings geeigneter sind, hängt von der konkreten Anwendung ab. Für computerlinguistische Anwendungen, die die Embeddings als Teil eines Modells nutzen, das zum Beispiel Sentiment erkennen soll, haben sich mehrheitlich dynamische Embeddings als funktionaler erwiesen. In den Digital Humanities sind wir aber oft auch an einer kontextunabhängigen Repräsentation interessiert. Das ist etwa der Fall, wenn wir nach bedeutungsverwandten Wörtern zu *Natur* suchen möchten, ohne die Frage direkt auf konkrete Verwendungskontexte beschränken zu wollen.

### 7.3.4 Mit Word Embeddings arbeiten

In der Praxis gibt es unterschiedliche Optionen zur Arbeit mit Word Embeddings. Als einfachste Möglichkeit stehen unterschiedliche Embedding-Modelle online zum Download und zur Nachnutzung zur Verfügung. Diese sind in der Regel auf großen Datenmengen trainiert, was die besten Ergebnisse liefert. Die Arbeit mit bereits vorhandenen Word Embeddings ist technisch am einfachsten und bietet sich an, wenn die eigenen Daten nicht umfangreich genug sind, um eigene Word Embeddings zu trainieren. Der Nachteil ist, dass die Embeddings vielleicht nicht gut zu unseren eigenen Daten passen. Word Embeddings werden meistens auf Nachrichtentexten, der Wikipedia oder nicht immer klar definierten, auf einem Webcrawling basierenden Internetdaten trainiert. Wenn unser Anwendungsgebiet aber ein Korpus aus Gerichtsakten des 19. Jahrhunderts ist, müssen wir annehmen, dass viele Wörter anders verwendet werden, als es in den Word Embeddings repräsentiert ist. Wir müssen deshalb prüfen, auf welchen Daten die Word Embeddings basieren und ob diese Datengrundlage mit unseren Daten und unserer Fragestellung vereinbar ist.

Ein Beispiel für statische Embeddings für das Deutsche, die wir herunterladen und nachnutzen können, sind die Modelle von *fastText*[34].

Unter Umständen kann es sinnvoll sein, eigene Word Embeddings zu trainieren. Das ist gerade dann der Fall, wenn die Embeddings wirklich genau unsere eigenen Daten abbilden sollen. Möchten wir zum Beispiel wissen, welche Wörter in Gerichtsakten des 19. Jahrhunderts ähnlich wie *Dieb* verwendet werden, benötigen wir eine Repräsentation genau dieser Daten. Grundsätzlich gilt, dass Word Embeddings umso besser werden, je mehr Daten zur Verfügung stehen. Eine klare Mindestwortanzahl lässt sich dabei nur schwer angeben. Deshalb ist es wichtig, sich Möglichkeiten zur Qualitätskontrolle zu überlegen (siehe Kapitel 7.3.5). Woran können wir erkennen, dass die Word Embeddings eine gute Repräsentation unserer Daten sind? Im Beispiel ist es möglicherweise ausreichend, die Liste von Wörtern, die *Dieb* im Modell ähnlich sind, manuell zu sichten und auf ihre tatsächliche Verwendung im Korpus hin zu prüfen. Das Training von eigenen Word Embeddings ist beispielsweise mit *word2vec* in der *Python*-Bibliothek *gensim* möglich.

Als Kompromiss zwischen der Nachnutzung fertiger Embeddings und dem Training ganz neuer Embeddings besteht auch die Möglichkeit, auf großen Textmengen vortrainierte Word Embeddings auf den eigenen, weniger umfangreichen Daten weiter zu trainieren (siehe Kapitel 12.7).

### 7.3.5 Evaluation

Zuletzt noch ein paar Worte zur Evaluation von Word Embeddings. Bei vielen der in den anderen Kapiteln dieses Buches vorgestellten Ressourcen können wir als Menschen gut nachvollziehen, wie sie funktionieren, und ihre Qualität beurteilen. Bei einem lexikalischen Netz können wir prüfen, ob *Tier* tatsächlich ein Oberbegriff zu *Ente* ist. Bei einer Liste von Sentimentwörtern können wir prüfen, ob der einem Wort zugeordnete Sentimentwert unserer Intuition zu diesem Wort entspricht. Dadurch, dass die Dimensionen und ihre Werte nicht interpretierbar sind, ist ein solcher intellektueller Zugang zu Word Embeddings nicht möglich. Trotzdem müssen wir überprüfen können, ob unsere Word Embeddings „funktionieren", ob also die Relationen zwischen Wörtern im Vektorraum mit ihren tatsächlichen Bedeutungsrelationen korrespondieren. Hierzu haben sich eine Reihe von Evaluationsaufgaben etabliert, anhand derer die Performanz eines solchen Modells überprüft werden kann. Dazu gehören etwa Synonymaufgaben, bei denen zu einem Zielwort ein möglichst bedeutungsähnliches Wort aus mehreren Kandidaten ausgewählt werden muss, oder Analogieaufgaben folgender Form:

*Berlin* $\longrightarrow$ *Deutschland*

*Paris* $\longrightarrow$ ?

---

34 https://fasttext.cc/docs/en/crawl-vectors.html.

Wenn mehrere Modelle jeweils ihre Vorhersagen für eine Vielzahl solcher Aufgaben abgeben und wir die Ergebnisse mit den uns bekannten, korrekten Antworten vergleichen, können wir eine Aussage über die Qualität der Modelle treffen und mehrere Modelle miteinander vergleichen. Die Evaluation anhand dieser Analogieaufgaben ist vielfach kritisch diskutiert worden, da sie (u. a.) unheimlich stark vereinfachen, wie Sprache und semantische Relationen funktionieren (vgl. z. B. Rogers, Drozd & Li 2017).

Eine andere Art der Evaluation besteht in sog. Downstream-Tasks: Wenn wir die Word Embeddings als Input für eine bestimmte Automatisierungsaufgabe wie zum Beispiel die Sentimentanalyse oder die automatische Textzusammenfassung nutzen und zeigen können, dass diese Aufgabe mit Word Embeddings besser gelöst werden kann als ohne, weist das indirekt die Qualität der Embeddings nach.

Es hängt stark von der Fragestellung und der sich daraus ergebenden Verwendungsweise der Embeddings ab, welche Form der Evaluation sinnvoll ist. In den Digital Humanities werden embeddingbasierte Ergebnisse oftmals Menschen zur Interpretation vorgelegt, die die Ergebnisse in dem Zuge auch einer Plausibilitätsprüfung unterziehen können. Dabei handelt es sich um keine formalisierte Evaluation mit einem quantitativen Ergebnis, aber zumindest um eine subjektive Qualitätssicherung der Ergebnisse vor der Weiterverwendung. Betti et al. (2020) präsentieren einen Versuch, den Einsatz von Word Embeddings mit einer menschlichen Analyse formal evaluierbar zu machen.

## 7.4 Beispielstudien

Analog zu den Evaluationsmöglichkeiten können wir bei Anwendungen von Word Embeddings eine direkte Nutzung der Embeddings und der darin repräsentierten Relationen von ihrer Nutzung als Repräsentationsform für eine weiterführende Automatisierungsaufgabe unterscheiden. Letzteres ist vor allem in der Computerlinguistik der verbreitetere Fall: Beispielsweise werden Word Embeddings in der maschinellen Übersetzung verwendet. Hier hat sich gezeigt, dass die Übersetzungsqualität besser ist, wenn Wörter durch ihre Embeddings repräsentiert werden, anstatt etwa durch ihre Zeichenkette oder die Frequenzen von Kontextwörtern. Nahezu alle aktuellen computerlinguistischen Systeme arbeiten mit einer auf Embeddings basierenden Wortrepräsentation. Aber auch in den Digital Humanities gibt es solche anwendungsorientierten Nutzungen, etwa wenn Jannidis et al. (2015) Word Embeddings verwenden, um die Erkennung von Figurenerwähnungen in Literatur zu verbessern, oder Liebl & Burghardt (2020) die automatische Erkennung von Shakespeare-Referenzen in modernen Texten mit Word Embeddings robuster gestalten. In diesen Fällen sind die Embeddings gewissermaßen Mittel zum Zweck und ihr Nutzen kann daran abgelesen werden, dass die automatisierte Aufgabe (der Downstream-Task) besser funktioniert als ohne Embeddings.

In den Digital Humanities können wir Word Embeddings aber auch direkter nutzen, indem wir mit ihrer Hilfe unsere Suchanfragen an Korpora optimieren. Wenn wir

Äußerungen zu einem bestimmten Thema suchen, besteht oft das Problem, dass das Thema im Korpus auch vorkommt, ohne dass unser spezifisches Suchwort verwendet wird. Wevers & Koolen (2020: 239) nennen als Beispiel die Untersuchung des Diskurses zum Thema „Effizienz" in (hier: niederländischen) Zeitungen. Das Wort selbst wird erst in der Gegenwart häufig verwendet. Anhand von Word Embeddings können wir aber semantisch verwandte Wörter wie *Rationalisierung* und *Marktkräfte* identifizieren, die bereits früher vorkommen. Auf diese Weise können ganze Wordfelder erstellt werden, wie in Kapitel 5.2 beschrieben wurde. Wevers & Koolen (2020: 239) weisen darauf hin, dass mithilfe von Word Embeddings auch OCR-Fehler[35] kompensiert werden können, weil die fehlerhafte Version eines Wortes bei ausreichender Frequenz in ähnlichen Kontexten vorkommt wie die korrekt erfasste Version.

In den Digital Humanities und der Sprachwissenschaft werden Word Embeddings außerdem verwendet, um die semantische Ähnlichkeit von Wörtern zu untersuchen. Beispielsweise können wir auf Grundlage von Word Embeddings Synonyme oder semantisch verwandte Wörter zu einem Zielwort ermitteln oder die diachrone Entwicklung von Wortbedeutungen verfolgen. In einer historischen Studie betrachten Hengchen et al. (2021), wie sich die Verwendung des Wortes *national* in vier Korpora (Niederländisch, Englisch, Schwedisch und Finnisch) im Laufe der Zeit verändert hat. Dazu extrahieren sie zunächst alle Substantive, die vom Adjektiv *national* modifiziert werden (basierend auf einer Dependenzannotation, siehe Kapitel 4). Dann trainieren sie jeweils für Zeiträume von je 20 Jahren Word Embeddings und analysieren, wie sich die semantische Ähnlichkeit der Substantive im Laufe der Zeit entwickelt. Sie stellen dabei beispielsweise fest, dass das Adjektiv *national* in frühen Zeiträumen vor allem in Hinblick auf das Militär und die Wirtschaft verwendet wird, später aber auch die Bereiche Kultur und Politik mit der Nation in Verbindung gebracht werden, was eine Ausweitung des Nationalverständnisses anzeigt.

Bizzoni et al. (2020) untersuchen, wie sich der Wortschatz in der englischen Wissenschaftssprache im Laufe der Zeit verändert hat, indem sie ein Korpus aus Veröffentlichungen der *Royal Society of London* von 1665–1919 analysieren. Neben anderen Methoden ziehen sie auch Word Embeddings heran und zeigen, wie sich der Wortschatz mit der Zeit spezialisiert. Zum Beispiel sind sich die Wörter *magnify* und *glorify* in den frühen Zeiträumen noch sehr ähnlich, mit der Zeit entwickelt sich *magnify* aber immer stärker zu einem Fachbegriff der Optik.

35 OCR steht für Optical Character Recognition und meint die Erkennung von Text in Bilddaten, zum Beispiel gescanntem Text. Je nach Qualität der Scans und der Typografie des Textes kann das Ergebnis noch mehr oder weniger Fehler enthalten, deren manuelle Korrektur mühsam wäre.

## 7.5 Übungen

1. In Tabelle 14 sehen Sie einen Ausschnitt aus den Frequenzdaten des *Foodblogkorpus*. In den Zeilen stehen die Zielwörter, in den Spalten die Kontextwörter. Es ist anzunehmen, dass sich die beiden Verben *kochen* und *backen* und die beiden Substantive *Zucker* und *Mehl* in ihrer Verteilung jeweils ähnlicher sind, als wenn man eines der Verben mit einem der Substantive vergleicht. Prüfen Sie diese Hypothese, indem Sie die entsprechenden Kosinusähnlichkeiten zwischen den Wortpaaren berechnen.

| | *g* | *und* | *Minuten* | *Salz* | *Butter* | *auf* | *mit* |
|---|---|---|---|---|---|---|---|
| *kochen* | 0 | 9 | 8 | 1 | 0 | 2 | 4 |
| *backen* | 0 | 13 | 50 | 1 | 0 | 3 | 7 |
| *Zucker* | 93 | 83 | 0 | 45 | 31 | 1 | 28 |
| *Mehl* | 27 | 31 | 0 | 7 | 6 | 3 | 14 |

Tabelle 14: Auszug aus der Term-Kontext-Matrix des *Foodblogkorpus*

2. Wir können die Kosinusähnlichkeit natürlich auch in *Python* berechnen. Nutzen Sie die Funktion *cosine_similarity()* aus der *Python*-Bibliothek *scikit-learn*[36], um die Kosinus-Werte für das Beispiel in 1. mit dem Computer zu prüfen. Im digitalen Anhang steht ein entsprechendes Beispielskript zur Verfügung.
3. Was für Anwendungsmöglichkeiten für die Kosinusähnlichkeit können Sie sich vorstellen? Wie könnte zum Beispiel ein Onlineshop das Maß benutzen, um den Nutzer:innen gezielt passende Produkte vorzuschlagen? Fallen Ihnen geisteswissenschaftliche Beispiele ein?
4. Unter https://semantle.com/ ist jeden Tag ein (englisches) Wort zu erraten. Spieler:innen geben einen Tipp nach dem anderen ab und für jeden Versuch wird ausgegeben, welche Kosinusähnlichkeit der Tipp zum Zielwort hat. Das Spiel vermittelt ein Gefühl dafür, wie Word Embeddings funktionieren – und dass sie oft nicht so funktionieren, wie wir erwarten würden. Es erfordert deshalb eine gewisse Frustrationstoleranz – ggf. empfiehlt sich die einfachere Junior-Variante.

Musterlösungen und Skripte stehen im Online-Shop des Narr Verlags unter https://files.narr.digital/9783823385790/Zusatzmaterial.zip zur Verfügung.

36 https://scikit-learn.org/stable/modules/generated/sklearn.metrics.pairwise.cosine_similarity.html.

# 8 Pragmatik: Referenz

In diesem Kapitel widmen wir uns der Pragmatik, genauer gesagt dem Phänomen der Referenz, also der Frage, auf welche außersprachlichen Entitäten in einem Text Bezug genommen wird. Wir betrachten dabei insbesondere die Erkennung von sog. Named Entities und die Annotation von Koreferenzrelationen und schauen uns anhand von Beispielen an, warum diese Informationen für Textanalysen hilfreich sein können.

## 8.1 Entitäten und Referenz

Das linguistische Feld der Pragmatik befasst sich mit sprachlichen Äußerungen in ihrem Verwendungskontext als Mittel der Kommunikation. Dazu gehört etwa die Frage, wie wir mit Sprache handeln (vor allem im Rahmen der Sprechakttheorie), und allgemeiner, in welchem Verhältnis Sprache zur außersprachlichen Wirklichkeit steht (vgl. z. B. Zinsmeister 2014; Busch & Stenschke 2018: 228–244). Dieser Bereich ist dadurch nicht zuletzt auch für alle diejenigen spannend, die sich nicht primär für Sprache an sich interessieren, sondern für die Dinge, über die gesprochen oder geschrieben wird – also auch für viele der textbasiert arbeitenden Wissenschaften außerhalb der Linguistik. Wir befassen uns im Folgenden nur mit einem ganz bestimmten Teilbereich der Pragmatik, nämlich den in einem Text erwähnten Entitäten, den Referenten eines Textes.

Dazu müssen wir zunächst ein paar Grundbegriffe klären. Der Begriff der **Entität** stammt aus der Philosophie und bezeichnet dort „ein einzelnes unteilbares Seiendes" (Ketschik, Blessing et al. 2020: 204). In der Alltagssprache würden wir vielleicht von einem *Ding* oder einer *Sache* sprechen. Beide Wörter legen aber schon bestimmte Eigenschaften nahe, etwa dass es sich um etwas Konkretes, Gegenständliches handeln könnte. Zu den Entitäten gibt es jedoch keinerlei semantische Einschränkungen, es können beispielsweise konkrete Objekte, Orte, Personen oder auch abstrakte Konzepte wie *Demokratie* sein. Diese Entitäten existieren zunächst außerhalb von Sprache in der Welt beziehungsweise in unserem mentalen Modell derselben. Für uns ist aber im Folgenden ihre Erwähnung in Texten relevant:

> ‚Entität' [bezeichnet] isolierte reale, fiktive oder mögliche Objekte, auf die von der Textoberfläche mittels eines einzelnen Wortes oder einer abgegrenzten Wortfolge referiert werden kann. (Ketschik, Blessing et al. 2020: 204)

Um die Verbindung zwischen sprachlichen Ausdrücken und außersprachlichen Entitäten herzustellen, wird im Zitat bereits das Konzept der **Referenz** eingeführt. Spezifischer lässt sich dazu festhalten:

> Referenz bezeichnet allgemein den direkten oder indirekten sprachlichen Verweis auf Nichtsprachliches. Diejenigen Dinge oder Sachverhalte, von denen in einer sprachlichen Äußerung die Rede ist, heißen Referenten oder Referenzobjekte. (Rickheit, Sichelschmidt & Strohner 2009: 391)

Eine Entität kann also Referent eines sprachlichen Ausdrucks sein. Aus kognitiver Perspektive ist dabei wichtig zu betonen, dass es natürlich keine direkte Verbindung zwischen einem Wort als Zeichen und den außersprachlichen Gegenständen gibt. Die Verbindung zwischen dem Wort *Tulpe* und einer konkreten, mit dieser Bezeichnung gemeinten Pflanze wird erst durch einen Menschen hergestellt, in dessen Kopf das Wort *Tulpe* ein bestimmtes Konzept aufruft. Mit diesen zeichentheoretischen Zusammenhängen befasst sich das linguistische Teilgebiet der Semiotik (zur Einführung siehe z. B. Busch & Stenschke 2018: Kapitel 2).

Wie können wir uns den Entitäten, auf die in einem Text referiert wird, in der Analyse annähern? Für einen computerbasierten Zugang gehen wir von der sprachlichen Oberfläche aus. Auf der Textoberfläche können Referenzen auf Entitäten auf formal ganz unterschiedliche Weise realisiert werden. Zu den wichtigsten Formen gehören Eigennamen (*Amanda Palmer*), Appellativa bzw. Gattungsnamen in definiten (*die Sängerin*) oder indefiniten Nominalphrasen (*eine amerikanische Sängerin*) und Pronomen (*sie*). Während sich der im nächsten Abschnitt vorgestellte Ansatz der Named Entity Recognition auf Eigennamen spezialisiert hat, ist das Ziel der Koreferenzannotation (Kapitel 8.3), alle referierenden Ausdrücke zu erkennen und diejenigen zu gruppieren, die sich auf die gleichen Entitäten beziehen.

## 8.2 Named Entity Recognition

Bei **Named Entities** handelt es sich um Entitäten, auf die mit einem Eigennamen Bezug genommen wird, etwa *Loriot*, *Hamburg*, *AntConc*, *Berliner Philharmoniker* oder *Technisches Hilfswerk*. Named Entities sind häufig Entitäten, die für den Diskurs (im Sinne eines Textes oder Gespräches) wichtig sind – schließlich wird nicht jede beliebige Entität mit einem eigenen Namen versehen – und deshalb auch für textbasierte Analysen interessant sein können.

Der erste Schritt der Eigennamenerkennung oder **Named Entity Recognition** (NER) besteht also in der Identifikation von Eigennamen im Text. Als zweiter Schritt gehört auch die semantische Klassifikation der gefundenen Eigennamen dazu. Hierfür sind unterschiedliche Kategoriensysteme im Umlauf, Tabelle 15 zeigt die von Telljohann et al. (2017: 57) für die Annotation des Korpus *TüBa-D/Z* verwendeten Label. In diesem Kategoriensystem werden Personen (PER), Organisationen (ORG), Orte (LOC), geopolitische Entitäten (GPE) und eine Kategorie für Sonstiges (OTH) unterschieden.

| Klasse | Unterklassen (Auswahl) | Beispiele |
|---|---|---|
| PER | Personen | *Amanda Palmer* |
| | Nachnamen | *Heinzmann* |
| | Namen personifizierter Tiere | *Shaun (das Schaf)* |
| ORG | Organisationen | *Nato, EU* |
| | Firmen | *Airbus, Bosch* |
| | Museen | *Kunsthalle Hamburg* |
| | Zeitungen | *Süddeutsche Zeitung* |
| LOC | Straßen, Plätze | *Moorweg, Alma-Wartenberg-Platz* |
| | Berge, Seen | *Zugspitze, Bodensee* |
| | Sehenswürdigkeiten | *Eiffelturm, Dresdner Frauenkirche* |
| GPE | Städte | *Hamburg, Stuttgart* |
| | Staaten | *Kroatien, Neuseeland* |
| OTH | Titel von Kunstwerken | *Der Steppenwolf, Ghostbusters* |
| | Kriege | *Zweiter Weltkrieg* |

Tabelle 15: Klassen und Unterklassen (auszugsweise) von Named Entities nach Telljohann et al. (2017: 57)

Bei der Annotation von Named Entities handelt es sich, genau wie bei der Wortartenannotation, um einen sog. Sequence Labeling Task (siehe Kapitel 3.3). Uns liegt eine Sequenz von Token vor, und jedem Element in der Sequenz wird ein Label zugewiesen. Für die Zuweisung des korrekten Labels muss nicht nur das aktuelle Token betrachtet werden, sondern auch seine Position in der Sequenz und die Labels seiner Nachbarn. So weit sind sich Wortartenannotation und NER ähnlich. Es ergeben sich aber zwei wesentliche Unterschiede: 1. Während jedes Wort einer Wortart zugewiesen werden kann und muss, gehören viele Wörter zu keiner Named Entity. Wir benötigen demnach ein gesondertes Label für diese Wörter. 2. Während bei der Wortartenannotation immer genau ein Wort einer Wortart entspricht, können sich Named Entities auch über mehrere Wörter erstrecken (*Amanda Palmer*). Wir brauchen deshalb eine Möglichkeit, die Zusammengehörigkeit mehrerer Wörter zu kodieren.

Beide Probleme werden durch das sog. **BIO-Tagging** gelöst (z. B. Jurafsky & Martin 2023: Kapitel 8.3). Ein solches Tagset besteht grundlegend aus drei Labels:

| | | |
|---|---|---|
| B | = | Token am Beginn einer Named Entity (‚begin‘) |
| I | = | Token innerhalb einer Named Entity (‚inside‘), inkl. Ende |
| O | = | Token außerhalb einer Named Entity (‚outside‘) |

Tabelle 16 zeigt einen auf diese Weise annotierten Beispielsatz (mittlere Zeile). Ein zusätzliches Label für das Ende einer Named Entity ist nicht notwendig, da das Ende bereits durch den Übergang von B oder I zu O deutlich wird. Außerdem würde die Markierung des Endes einen separaten Umgang mit allen Named Entities erfordern, die aus nur einem Token bestehen.[37] Um zusätzlich die oben eingeführten Unterklassen zu unterscheiden, werden die Labels B und I jeweils um das mit einem Bindestrich abgetrennte Label der Unterklasse ergänzt, siehe unterste Zeile in Tabelle 16.

| Peter | Benenson | gründete | Amnesty | International | . |
|---|---|---|---|---|---|
| B | I | O | B | I | O |
| B-PER | I-PER | O | B-ORG | I-ORG | O |

Tabelle 16: Mit dem BIO-Schema annotierter Beispielsatz

Für die Automatisierung dieser Annotationsaufgabe benötigen wir wieder ein ausreichend großes Korpus, das auf die beschriebene Weise annotiert ist. Für das Deutsche stehen zum Beispiel mehrere im Rahmen von sog. Shared Tasks verwendete Datensätze wie die auf Wikipedia-Texten basierenden Daten von *GermEval2014*[38] zur Verfügung. Teilweise existieren auch weiter von der modernen Standardsprache entfernte Daten, etwa historische Zeitungstexte von *Europeana Newspapers*[39]. Auf den vorhandenen Daten mit Annotationen kann mithilfe maschinellen Lernens ein Modell trainiert werden, das anschließend die automatische Annotation weiterer Daten ermöglicht (siehe Kapitel 11).

Welche Informationen kann ein automatisches System nutzen, um Named Entities korrekt zu erkennen? Eine einfache, aber durchaus effektive Grundlage ist eine Liste bekannter Named Entities, ggf. differenziert nach den Unterklassen. Wir müssen aber bedenken, dass dies nicht immer eine deterministische Zuordnung erlaubt. Wie wir schon vielfach gesehen haben, sind viele sprachliche Ausdrücke mehrdeutig und können sich auf Entitäten unterschiedlicher Klassen beziehen. So kann beispielsweise *Sofia* sowohl auf eine Person als auch auf eine geopolitische Entität referieren, mit *Burg* kann ein Gebäude gemeint sein oder der Ort auf Fehmarn. Ein weiteres hilfreiches Merkmal ist, sofern es uns bereits vorliegt, die Wortart. Wie in Kapitel 3 gezeigt wurde, sieht das Tagset STTS sogar ein eigenes Label für Eigennamen vor (NE). Allerdings bezieht sich das Label hier stets auf einzelne Token, bei der NER wollen wir hingegen auch Mehrwortausdrücke zusammenführen. Mehrere aufeinanderfolgende Token, die als NE annotiert sind, sind ein guter Kandidat für einen solchen Mehrwortausdruck, obwohl es sich auch um mehrere aufeinanderfolgende Named Entities handeln kann

37 Eine Alternative des Schemas mit einem separaten Label für das letzte Element einer Sequenz und einem für Referenzausdrücke, die nur aus einem Wort bestehen, wurde im erweiterten BIOES-Schema umgesetzt, siehe z. B. Jurafsky & Martin (2023: Kapitel 8.3).

38 https://sites.google.com/site/germeval2014ner/.

39 https://github.com/EuropeanaNewspapers/ner-corpora.

(*Heute trifft Özlem Daniela*). Manche Named Entites zeichnen sich darüber hinaus durch Besonderheiten in der Schreibung aus, sodass Formmerkmale des Wortes bzw. der Wörter bei der Zuordnung helfen können. Die meisten Eigennamen sind großgeschrieben, das ist jedoch nicht immer der Fall. Ein auffälliger Hinweis ist dagegen die wortinterne Großschreibung (*eBay*, *WebLicht*), die außerhalb von Eigennamen in der deutschen Sprache nicht vorgesehen ist. Zuletzt kann der syntaktische Kontext wertvolle Hinweise enthalten. Bei einem Satz wie *wir fahren nach X* handelt es sich bei *X* wahrscheinlich um einen Ort. Im Kontext *X sagt, dass* wiederum ist die Wahrscheinlichkeit für eine Person erhöht (Jurafsky & Martin 2023: Kapitel 8.3; Neumann 2010: 597).

Die automatische NER erzielt heute relativ gute Ergebnisse und es stehen eine Reihe von Werkzeugen für diese Aufgabe zur Verfügung. Die Plattform → *WebLicht* bietet einen Zugang zu entsprechenden Tools. Außerdem gibt es die NER als Teil von → *Stanford CoreNLP*, das für kleine Beispiele eine Weboberfläche anbietet, ansonsten zum Download angeboten wird. Auch die *Python*-Bibliotheken → *Stanza* und → *spaCy* umfassen die NER. Beispielskripte zur Nutzung stehen im digitalen Anhang bereit. Bei der Anwendung solcher Modelle müssen wir Vorsicht walten lassen: Die meisten Tools wurden auf ganz bestimmten Daten, oft Zeitungstexten, trainiert und wenn wir sie auf andere Textsorten, Sprachvarietäten usw. anwenden, müssen wir mit schlechteren Ergebnissen rechnen und gründlich prüfen, ob das Tool unseren Bedarfen gerecht wird.

## 8.3 Koreferenz

Wie in Abschnitt 8.1 beschrieben, gibt es sehr viele sprachliche Möglichkeiten, sich in einem Text auf eine Entität zu beziehen. Eigennamen sind nur eine davon. In vielen Fällen interessieren wir uns aber für alle Erwähnungen einer Entität, egal in welcher Form. Das ist zum Beispiel wichtig, wenn wir Wissen aus mehreren Sätzen miteinander in Verbindung bringen müssen:

(1) Heute treffen wir Angela Merkel. Sie war bis 2021 deutsche Bundeskanzlerin.

Wollen wir basierend auf diesen Sätzen die Frage „Bis wann war Angela Merkel deutsche Bundeskanzlerin?“ beantworten, müssen wir wissen, dass *Sie* sich auf die gleiche Entität bezieht wie *Angela Merkel*. Wir bezeichnen die beiden Ausdrücke als koreferent. **Koreferenz** ist die „Eigenschaft verschiedener Ausdrücke, sich auf dasselbe außersprachliche Objekt zu beziehen“ (Bußmann 2008: 378). Im Vergleich zur NER bezieht die Koreferenzannotation alle Referenzausdrücke (engl. ‚mentions‘, also Erwähnungen einer Entität) ein und erfasst zusätzlich, welche Ausdrücke sich jeweils auf die gleiche Entität beziehen.

(2) [Ich]$_1$ liebe [Buchweizen]$_2$. Und [ich]$_1$ bin überzeugt – wenn [ihr]$_3$ einmal auf [[seinen]$_2$ Geschmack]$_4$ gekommen seid, dann geht es [euch]$_3$ nicht anders. [...] Dass es sich ganz einfach mit [diesem glutenfreien Korn]$_2$ backen lässt, beweist bereits [dieser Buchweizentoast]$_5$. (*Foodblogkorpus*, cathaskueche_02)

Das Beispiel zeigt einen auf Koreferenz annotierten Text. Referenzausdrücke sind mit eckigen Klammern markiert und die tiefgestellten Zahlen verweisen auf die ID der jeweiligen Entität. Mit dem Referenzausdruck *Buchweizen* wird im ersten Satz eine neue Entität in den Diskurs eingeführt, die dann im zweiten Satz mit *seinen* wiederaufgenommen wird. Wir bezeichnen diese Wiederaufnahme als **Anapher** und den Ausdruck, auf den sie sich zurückbezieht, als **Antezedens** (Plural: Antezedenten). Wird auf eine Entität nur ein einziges Mal Bezug genommen, bezeichnen wir diese Referenz als **Singleton**. Im Beispiel betrifft das *seinen Geschmack* und *dieser Buchweizentoast.* Referenzausdrücke können auch ineinander verschachtelt vorkommen, wie man im Beispiel an *seinen Geschmack* sehen kann.

Der erste Schritt der Koreferenzannotation besteht darin, alle potenziellen Referenzausdrücke (engl. ‚markables') im Text zu identifizieren. Dabei handelt es sich im Wesentlichen um alle Nominalphrasen und Possessivpronomen. Im zweiten Schritt muss für jeden potenziellen Referenzausdruck entschieden werden, ob es sich tatsächlich um einen referierenden Ausdruck handelt. Beispiele für nicht referierende Ausdrücke sind das expletive *Es* wie in *Es werden mehr Küken als im Vorjahr geboren*, außerdem generische Ausdrücke, die sich nicht auf einen konkreten Referenten beziehen, sondern auf eine ganze Klasse: *Kinder brauchen mehr Schlaf als Erwachsene.* Generische Ausdrücke werden aufgrund ihrer fehlenden Referenzialität teilweise nicht mitannotiert (Reznicek 2013), andere Projekte haben sich aufgrund ihrer Fragestellung und Textsorte für die Annotation generischer Ausdrücke entschieden (Rösiger, Schulz & Reiter 2018; Jablotschkin 2022). Teilweise werden weitere semantische Einschränkungen der Annotation vorgenommen, Krug et al. (2018) annotieren beispielsweise nur Referenzen auf Figuren in einem Korpus literarischer Texte. Ein weiterer Sonderfall, der nicht immer annotiert wird, sind Anaphern mit nicht nominalen Antezedenten (Kolhatkar et al. 2018). So kann zum Beispiel in einem ganzen Absatz eines Textes ein Problem beschrieben werden und anschließend mit einem nominalen oder pronominalen Ausdruck darauf Bezug genommen werden: *[Dies] beschäftigte Frau Nassar die ganze Nacht.* Auch die Frage, ob Singletons mitannotiert werden oder nicht, wird unterschiedlich beantwortet.

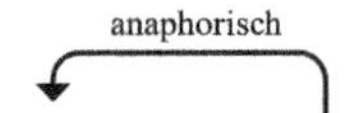


a) Niklas hängt seine Wäsche auf.

b) [Niklas]$_1$ hängt [seine]$_1$ Wäsche auf.

Abbildung 22: Koreferenzannotation a) als Relation zwischen zwei sprachlichen Ausdrücken und b) durch die Zuordnung sprachlicher Ausdrücke zu einer abstrakten Entität (hier mit der ID 1)

Im dritten Schritt wird die Zugehörigkeit eines Referenzausdrucks zu einer Entität bzw. zu anderen referierenden Ausdrücken im Text annotiert. Formal lassen sich dabei zwei Arten der Koreferenzannotation unterscheiden, die in Abbildung 22 dargestellt sind. Linguistisch geprägte Ansätze wie die Koreferenzannotationen zum *NoSta-D-Korpus* (Reznicek 2013) annotieren Koreferenz in Form von Relationen zwischen Anapher und Antezedens wie in a). Dies ermöglicht die Unterscheidung unterschiedlicher Formen der Wiederaufnahme: Unter anderem werden anaphorische Relationen von kataphorischen Relationen unterschieden, bei denen die Anapher im Text vor ihrem Antezedens steht. Alle Referenzen auf eine Entität sind am Ende als eine referenzielle Kette annotiert. Ansätze wie in Rösiger, Schulz & Reiter (2018) beschrieben setzen hingegen die Entitäten als Annotationskategorien an und annotieren alle Erwähnungen als dieser Entität zugehörig, wie in b) dargestellt. Welcher andere Ausdruck im Text zuletzt auf diese Entität referiert, spielt für die Einzelannotation dadurch keine Rolle.

Auch wenn uns die Auflösung von Koreferenzrelationen im Alltag selten Probleme bereitet, ist die Annotation nur auf den ersten Blick für Menschen einfach. Neben der Entscheidung, ob ein Ausdruck überhaupt referiert, ist auch die Annotation von Referenzen auf Gruppen herausfordernd. Wir beziehen uns häufig auf Gruppen, ohne dass präzise geklärt ist, wer genau alles Teil dieser Gruppe ist. Geht es in einem Text um eine Gruppe von Freundinnen, die sich zum Kaffeetrinken treffen, und irgendwann muss eine nach Hause gehen, so sprechen wir im Text weiterhin von den *Freundinnen*, auch wenn die Gruppe nun um eine Person kleiner ist und beide Ausdrücke nur eingeschränkt als koreferent bezeichnet werden können.

Zudem berührt die Annotation von Koreferenz auch immer hochkomplexe Fragen nach Identität und danach, unter welchen Umständen zwei Dinge miteinander identisch sind, was in vielen Randbereichen für Zweifelsfälle sorgt. Rösiger, Schulz & Reiter (2018: 132) werfen etwa die Frage auf, ob Hamlets Vater und der Geist von Hamlets Vater dieselbe Entität sind. Auch die folgenden zwei Beispiele illustrieren diese Schwierigkeiten:

(3) Während [die äußere Mia]$_1$ störrisch tut, als verstünde [sie]$_1$ nicht, worauf [die ideale Geliebte]$_2$ hinaus will, ist [die innere Mia]$_3$ mit der traurigen Aufgabe beschäftigt, [ihr]$_2$ in allen Punkten recht zu geben. Natürlich weiß [Mia]$_{1/3/4?}$, worum es geht. (Zeh 2009)

(4) Man hatte [sie]$_1$ in der abgelegenen Krankenstube gepflegt, und niemand der Kinder durfte [sie]$_{1/2?}$ im Sarge sehen. (Reuter 1895)

In Beispiel (3) wird die Hauptfigur Mia zur Verdeutlichung ihres Zwiespalts in eine „innere“ und eine „äußere Mia“ zweigeteilt. Betrachten wir beide als koreferent mit der „normalen“ Mia? Oder handelt es sich womöglich um zwei zusätzliche Entitäten? In Beispiel (4) ist von der Figur Elsbeth die Rede, jedoch einmal, als sie noch lebte, und einmal nach ihrem Tod. Handelt es sich noch um die gleiche Entität? Solche Fragen lassen sich oft nicht pauschal beantworten, sondern müssen im Kontext des Textes und der Fragestellung, der die Annotation dient, geklärt werden.

Für die manuelle Koreferenzannotation steht unter anderem das kostenfreie Tool → *CorefAnnotator* (Reiter 2018) zur Verfügung. Abbildung 23 zeigt die Oberfläche des Tools. Der zu annotierende Text steht auf der linken Seite, rechts sehen wir die Liste aller bisher annotierten Entitäten. Die Zahlen in Klammern zeigen jeweils die Anzahl der für die Entität bereits annotierten Referenzausdrücke an. Die Annotation erfolgt mit der Maus über ein Kontextmenü, per Drag-and-Drop oder über Tastaturkürzel.

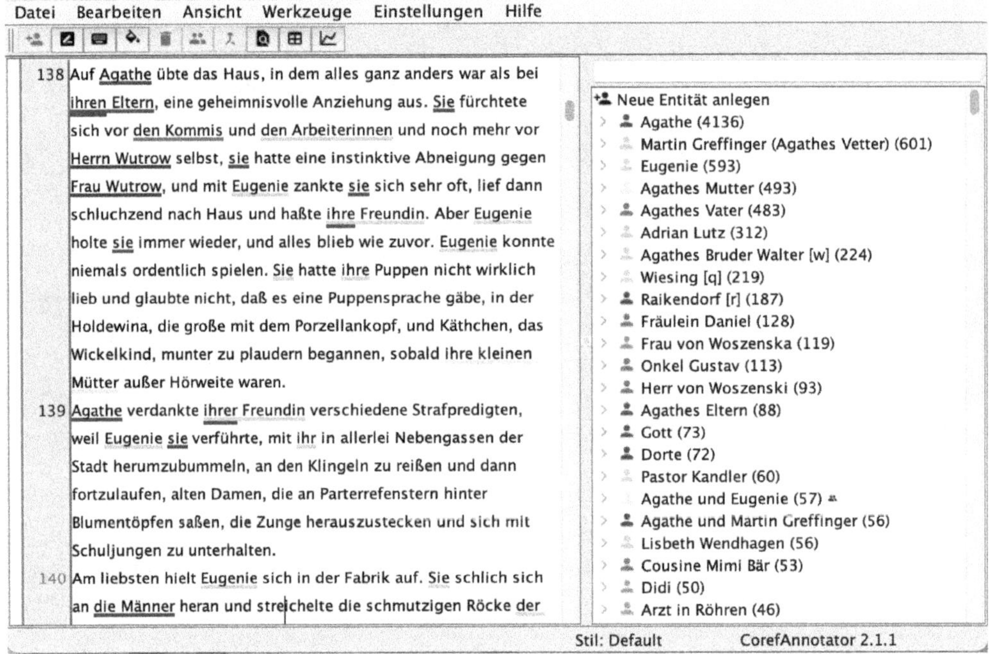


Abbildung 23: Oberfläche des → *CorefAnnotators* (mit dem Beispieltext *Aus guter Familie* von Gabriele Reuter, i. O. farbige Markierung der Entitäten)

Mit Blick auf die Automatisierung der Koreferenzannotation stellt sich die Frage: Woran erkennen wir eigentlich, worauf sich zum Beispiel ein Pronomen im Text bezieht? Schauen wir uns dazu eine Reihe von Beispielen an:

(5) [Die Ente] trifft [den Hund]. [Er] ist hungrig.

In diesem Beispiel erkennen wir, dass das Pronomen *Er* sich auf den Hund bezieht, da es eine grammatische Übereinstimmung zwischen den beiden Ausdrücken gibt. Insbesondere das Merkmal Genus schließt hier aus, dass das maskuline Pronomen sich auf das Femininum *Ente* beziehen könnte. Generell stimmen Anapher und Antezedens in Numerus, Genus und Person überein.

(6) [Die Ente] schwimmt auf dem Teich. [Die Gans] steht am Ufer. [Sie] ist hungrig.

In diesem Beispiel ist die Morphologie der Ausdrücke nicht hilfreich, da beide potenziellen Antezedenten Feminina im Singular sind. Den Ausschlag gibt in diesem Fall die Entfernung zwischen Antezedens und Anapher: Wir nehmen an, dass sich das Pronomen auf die *Gans* bezieht, da der Abstand zum Pronomen kürzer ist.

(7) [Die Ente] trifft sich mit [der Gans]. [Sie] ist hungrig.

In diesem Beispiel ist *Gans* zwar näher am Pronomen als *Ente*, jedoch spielt hier ein weiterer Faktor hinein, nämlich die syntaktische Funktion des Antezedens. Bei der Suche nach einem passenden Referenten bekommt in der Regel das Subjekt den Vorzug.

(8) [Die Ente] setzt sich ans Ufer. [Die Birke] weht im Wind. [Sie] ist hungrig.

(9) [Die Ente] schwimmt im Teich. [Der Vogel] ist hungrig.

In den letzten beiden Beispielen kommt schließlich noch Weltwissen ins Spiel, zum Beispiel darüber, mit welcher Wahrscheinlichkeit unterschiedliche Entitäten bestimmte Eigenschaften haben oder Tätigkeiten ausführen. Die Eigenschaft, hungrig zu sein, ist auf die Birke nicht anwendbar, auch wenn sie grammatisch kompatibel ist und näher am Pronomen steht. Im letzten Beispiel geht es um Wissen darüber, wie wir Dinge in der Welt kategorisieren und wie sich diese Kategorien zueinander verhalten. *Vogel* ist ein Oberbegriff zu *Ente* und der Ausdruck wird deshalb vom Menschen als koreferent erkannt. Während sich die erstgenannten, grammatisch und formal fassbaren Merkmale relativ gut mit dem Computer umsetzen lassen, ist das schwieriger, wenn Weltwissen benötigt wird. Während wir dem Computer für kleine, spezifische Domänen strukturiertes Wissen zur Verfügung stellen können (etwa in Form einer Begriffshierarchie von Tierbezeichnungen), ist das für thematisch offene Szenarien nicht realistisch. Moderne, auf Deep Learning basierende Sprachmodelle können sich Weltwissen in erstaunlichem Maße auf der Grundlage großer Mengen unstrukturierter Textdaten annähern (siehe Kapitel 12). Besonders deutlich werden die komplexen Inferenzen, die zur Auflösung von Pronomen nötig sein können, in den Sätzen des sog. Winograd-Schemas (Jurafsky & Martin 2023: Kapitel 26.8):

(10) [The city council] denied [the demonstrators] a permit because

a. [they] **feared** violence.

b. [they] **advocated** violence.

(11) [The trophy] didn't fit into [the suitcase]

a. because [it] was too **large**.

b. because [it] was too **small**.

Hier ist uns die korrekte Zuordnung der Pronomen nur möglich, weil wir komplexes Wissen über politische Akteure und ihre vermutliche Position gegenüber Gewalt haben – was nicht zuletzt auch stark davon abhängt, von welcher Stadt in welchem politischen System gerade die Rede ist – bzw. wissen, dass Objekte immer nur kleinere Objekte beinhalten können.

Vor diesem Hintergrund überrascht es nicht, dass die Automatisierung der Koreferenzannotation für viele Anwendungsfälle noch immer nicht in zufriedenstellendem Maße möglich ist. Zu den verfügbaren Tools gehören *IMS HotCoref* (Rösiger & Kuhn 2016), ⟶ *CorZu* (Tuggener 2016), ein Modell von Krug et al. (2015) speziell für historische deutsche Texte und das System ⟶ *Cöref* von Schröder, Hatzel & Biemann (2021). Letzteres basiert auf Deep Learning (siehe Kapitel 12) und erreicht die bisher besten Evaluationswerte. Mit F1-Scores[40] von 79 Prozent auf Zeitungsdaten und 65 Prozent auf Romanen sind aber auch diese Ergebnisse noch äußerst ausbaufähig.

Besonders für literarische Texte ist die automatische Erkennung schwierig. Das hängt damit zusammen, dass dort mehr Pronomen und Appellativa verwendet werden.[41] Außerdem sind literarische Texte deutlich länger als Zeitungstexte und können sehr lange Koreferenzketten enthalten. Für die meisten Anwendungsfälle in den Digital Humanities ist die automatische Koreferenzresolution also noch nicht in ausreichender Qualität möglich. Bei kurzen Texten ist die Anwendung aber in jedem Fall einen Versuch wert. Denkbar ist außerdem, Texte mit einem automatischen Tool vorzuannotieren und die Ergebnisse manuell zu korrigieren. Dies kann den zeitlichen Aufwand reduzieren, birgt aber manchmal die Gefahr, dass Fehler des Tools übersehen werden.

Für englische Daten kann die Bibliothek ⟶ *BookNLP* in *Python* verwendet werden, die für die Verarbeitung von langen Dokumenten entwickelt wurde. Für die Koreferenzerkennung erreicht das Tool einen F1-Score von 79 Prozent. Von Fehlern in den Daten muss also auch hier unbedingt ausgegangen werden.

---

40 Zur Erläuterung der F1-Scores siehe Kapitel 11.3.4. Eine optimale Erkennung würde einen F1-Score von 100 Prozent erreichen.

41 Sehr schön im Titel eines Beitrags von Vala et al. (2015) aufgegriffen: „Mr. Bennet, his coachman, and the archbishop walk into a bar but only one of them gets recognized: On the difficulty of detecting characters in literary texts."

## 8.4 Beispielstudien

Entitäten ermöglichen einen Zugang zu Texten, der für viele unterschiedliche Disziplinen und Fragestellungen geeignet ist, denn: „Such entities act as referential anchors which underlie the semantics of texts and guide their interpretation“ (Ehrmann et al. 2023: 27:2). Im Folgenden wollen wir uns eine Reihe von Beispielen für entitäten- bzw. koreferenzbasierte Studien in den Digital Humanities ansehen.

Im Rahmen des Forschungsprojektes *CRETA* wurde das Potenzial von Entitätenannotation aus unterschiedlichen Disziplinen beleuchtet (Ketschik, Blessing et al. 2020). Braun & Ketschik (2019) wenden die Analyse von Entitäten auf mittelhochdeutsche Artusromane an. Sie annotieren alle namentlichen Nennungen von Figuren sowie Referenzen auf Figuren mit Gattungsnamen semiautomatisch mit manueller Nachbearbeitung. Damit liegt der *CRETA*-Ansatz konzeptuell zwischen NER und Koreferenzannotation.[42] Dann werten sie die Annotationen netzwerkanalytisch aus, indem sie zwei Figuren als kopräsent werten, wenn beide innerhalb von 30 Versen genannt werden. Auf dieser Grundlage können Netzwerke erstellt werden, in denen alle Figuren, die mindestens einmal gemeinsam vorkommen, mit einer Kante verbunden sind, und diejenigen Figuren, die häufig gemeinsam vorkommen, näher beieinanderstehen. Anhand dieser Netzwerke prüfen Braun & Ketschik (2019) die Hypothese, die Artusromane seien Märchen ähnlich. Insgesamt haben alle drei untersuchten Artusromane ein deutlich komplexeres Figureninventar und sind weniger stark um die Hauptfigur zentriert als Märchen. Hartmann von Aues *Iwein* ist Märchen dabei am nächsten. Murr & Barth (2017) analysieren auf ähnliche Weise ein Korpus aus sog. Wertheriaden, also Goethes Briefroman *Die Leiden des jungen Werthers* und seine zahlreichen Adaptionen.

Im Projekt *Dehmel digital* (Nantke, Bläß & Flüh 2022) wird die NER zur Erschließung eines Briefkorpus genutzt. Bei den Daten handelt es sich um rund 35.000 Briefe von und an Ida und Richard Dehmel, die zentrale Figuren der Literaturszene um 1900 waren. Nach der halbautomatischen Transkription der Briefe können mithilfe der NER alle namentlichen Erwähnungen von Personen, Orten, Werken und Organisationen identifiziert werden. Dies ermöglicht, nach diesen Entitäten zu suchen und ihr Verhältnis netzwerktheoretisch zu analysieren. Nantke, Bläß & Flüh (2022) streben außerdem die Verlinkung von Normdaten an, wodurch die Erwähnungen von Entitäten in den Briefen mit externen Datenbanken verbunden werden, etwa indem eine Briefautorin mit ihrem Eintrag bei → *Wikidata* verknüpft wird.

Ein anderes Beispiel für die historische Netzwerkanalyse ist der Ansatz von Menzel et al. (2021). Die Autor:innen nutzen ebenfalls das Named Entity Linking, also die Verknüpfung von Textreferenzen mit einer Normdatei, um ein Korpus aus historischen Zeitungen inhaltlich zu erschließen.

Petram et al. (2017) interessieren sich für die Arbeitsbiografien von Einwanderer:innen in den Niederlanden im 18. Jahrhundert. Wie erfolgreich waren sie und welche Arten von Beschäftigung hatten sie? Den Forscher:innen stehen dafür unter anderem

42 Die Annotationsrichtlinien stehen hier zur Verfügung: https://zenodo.org/record/7684268.

knapp 800.000 Datensätze zu Beschäftigungsverhältnissen der Niederländischen Ostindien-Kompanie zur Verfügung. Um individuelle Karrierewege in den Daten nachzuvollziehen, ist es notwendig zu ermitteln, welche Datensätze sich jeweils auf dieselben Personen beziehen. Grundlage für die Zuordnung ist der Abgleich der Namen, wobei allerdings vielfältige Schreibvariationen berücksichtigt werden müssen. Zusätzliche Hinweise liefert neben Geburtsdatum und Jahr auch die Prüfung der Plausibilität von Zeiten und Orten (z. B. kann jemand nicht im Alter von drei Jahren als Kapitän beschäftigt worden sein oder sich innerhalb sehr kurzer Zeit in den Niederlanden und in Asien aufgehalten haben).

Viele Textanalysen bauen darauf auf, dass wir möglichst viele Kontexte sammeln, in denen eine bestimmte Entität, für die wir uns interessieren, verwendet wird. In vielen dieser Kontexte steht nicht immer wieder der Name der Entität, trotzdem würden wir die entsprechenden Textstellen gerne in die Analyse einbeziehen. Zu diesem Zweck benötigen wir eine vollständige Koreferenzannotation.

Abbildung 24 verdeutlicht, warum die Koreferenzannotation gewinnbringend ist. Die Abbildung beruht auf der manuellen Koreferenzannotation des Romans *Corpus Delicti* von Juli Zeh. Die vier Balken stehen für die vier zentralen Figuren Mia, Kramer, Rosentreter und Moritz. Die unterschiedlich gefärbten Blöcke zeigen, welche Form die Referenzausdrücke für die jeweilige Figur haben. Wir sehen an den schwarzen Blöcken ganz unten, dass etwa ein Viertel aller Referenzen auf die Figuren mithilfe eines Eigennamens (NE) erfolgt. Diese Figurenreferenzen können wir mithilfe der NER oder einer textspezifischen Namensliste finden. Der dunkelgraue Block darüber steht für die Personalpronomen (PPER): Bei allen vier Figuren finden etwa die Hälfte aller Referenzen mithilfe von Pronomen statt. Diese Textstellen entgehen uns, wenn wir auf eine Koreferenzannotation verzichten. Das oberste Viertel schließlich setzt sich aus Gattungsnamen (NP), Possessivpronomen (PPOSAT) und anderen Formen zusammen, die ebenfalls nur über die Koreferenzannotation erfasst werden können (Andresen & Vauth 2018; Andresen & Vauth 2020).

Liegen Koreferenzannotationen vor, können diese auch gemeinsam mit syntaktischen Annotationen genutzt werden. Für Juli Zehs Roman *Corpus Delicti* etwa haben Andresen et al. (2018) auf dieser Grundlage eine einfache Form der Figurencharakterisierung erprobt. Wir haben in Kapitel 4 gesehen, dass die sog. Prädikative dem dazugehörigen Subjekt Eigenschaften zuordnen. Was also, wenn wir alle Prädikative extrahieren, die sich auf eine bestimmte Figur beziehen, und sie dadurch explizit charakterisieren? Für die Hauptfigur Mia und ihren Antagonisten Kramer ergeben sich auf diese Weise die Zuschreibungen in Tabelle 17. Die Prädikative zeichnen ein durchaus komplexes Bild von den beiden Figuren, das Leser:innen des Romans vermutlich als angemessen empfinden würden. Herausforderung dieser und vieler anderer Methoden in den Digital Humanities ist die Evaluation: Es gibt keine guten Kriterien, anhand derer man die Qualität dieser Form der Analyse beurteilen könnte. Dazu bräuchten wir etwa eine vollständige Liste aller Eigenschaften der Figuren, mit der wir die Ergebnisse des automatischen Zugangs vergleichen könnten.

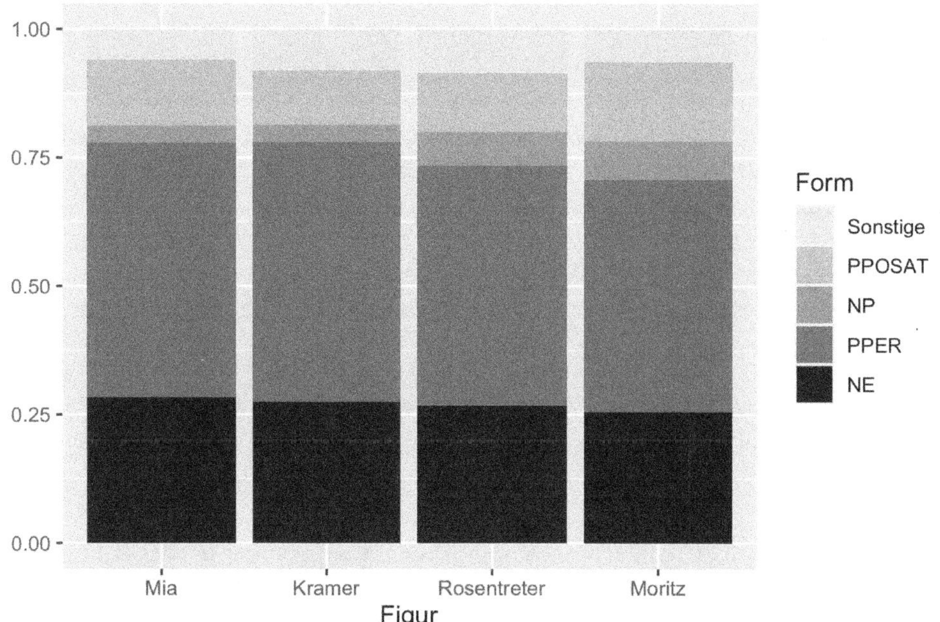


Abbildung 24: Anteil unterschiedlicher Referenzausdrücke im Roman *Corpus Delicti* von Juli Zeh (Abbildung basierend auf Andresen & Vauth 2018: 2)

| Hauptfigur Mia ist | Antagonist Kramer ist |
|---|---|
| kein Schulmädchen | ein geduldiger Mann |
| Naturwissenschaftlerin | eine Maschine |
| Nihilistin | ein Fanatiker |
| ein Zeuge | eine Medienfigur |
| eine Anhängerin der METHODE | ein Überzeugungstäter |
| eine Heilige | ein glänzender Demagoge |
| ein Held | ein noch größeres Arschloch |
| ein gutes Kind | ein vielbeschäftigter Mann |

Tabelle 17: Den Hauptfiguren explizit zugeschriebene Eigenschaften in *Corpus Delicti* von Juli Zeh (Andresen et al. 2018)

Pagel & Reiter (2020) präsentieren ein Korpus, das mit Koreferenzrelationen annotierte deutsche Dramen umfasst. Auf der Grundlage dieses Korpus vergleichen sie, wann Figuren anwesend sind und wann über sie gesprochen wird, oder identifizieren Entitäten, die am Anfang eines Dramas auftauchen, aber erst am Ende eine entscheidende Rolle spielen, wie etwa der Dolch in Lessings Drama *Miß Sara Sampson.*

## 8.5 Übungen

1. Wählen Sie einen Beispieltext Ihrer Wahl aus – etwa einen aktuellen Zeitungstext oder einen Text aus dem *Foodblogkorpus* – und annotieren Sie ihn Token für Token mit dem BIO-Schema. Unterscheiden Sie dabei die Unterklassen PER, ORG, LOC, GPE und OTH.
2. Probieren Sie die automatische Named Entity Recognition mithilfe von ⟶ *WebLicht*, ⟶ *Stanza* und/oder ⟶ *spaCy* mit Ihrem Beispieltext aus. Was wird jeweils erkannt, was wird nicht erkannt? Wo gibt es Unterschiede zwischen Ihrer manuellen Annotation und der automatischen Variante?
3. Annotieren Sie Ihren Beispieltext nun auf Koreferenz. Sie können dafür das javabasierte Programm ⟶ *CorefAnnotator* nutzen oder (im Fall eines relativ kurzen Textes) die Annotation manuell auf Papier mit farbigen Stiften vornehmen. Wo ist es schwierig zu entscheiden, ob zwei Referenzen sich auf die gleiche Entität beziehen?
4. Vergleichen Sie Ihr eigenes Ergebnis mit dem eines automatischen Tools. Hierfür bietet sich die Onlinedemo von ⟶ *Cöref* an. Welche Fehler macht der Algorithmus? Stellen Sie Vermutungen dazu an, warum diese Fehler jeweils passieren.

Musterlösungen und Skripte stehen im Online-Shop des Narr Verlags unter https://files.narr.digital/9783823385790/Zusatzmaterial.zip zur Verfügung.

# Teil 2: Methoden

# 9 Korpussuche und -statistik

In diesem Kapitel geht es darum, Texte und Korpora anhand von regulären Ausdrücken nach Mustern zu durchsuchen und die Ergebnisse einer Korpussuche quantitativ zu beschreiben. Dafür gehen wir auf absolute und relative Frequenzen ein und schauen uns die Möglichkeiten der deskriptiven Statistik und der Visualisierung an. Abschließend werfen wir einen Blick auf die Inferenzstatistik, die über das Beschreibende hinausgeht, indem sie nach der Verallgemeinerbarkeit unserer Ergebnisse fragt.

## 9.1 Reguläre Ausdrücke

Vor allem im Bereich der Korpuslinguistik wollen wir bei vielen Fragestellungen in einem Text oder Korpus nach etwas Bestimmtem suchen. Im einfachsten Fall handelt es sich um ein bestimmtes Wort, das wir in eine Suchmaske eingeben können, zum Beispiel *abends*. Oft reicht das aber nicht, weil das Phänomen, das wir suchen, unterschiedliche Formen haben kann. Vielleicht hätten wir gerne auch Verwendungen von *Abend* inklusive der Wortformen *Abende* und *Abenden* in unseren Treffern. Vielleicht suchen wir sogar nach noch abstrakteren Mustern, zu denen uns gar nicht alle möglichen Realisierungen bekannt sind, zum Beispiel alle in einem Text erwähnten E-Mail-Adressen. Zu diesem Zweck sind **reguläre Ausdrücke** (kurz: Regex für engl. ‚regular expression') nützlich.

Mit regulären Ausdrücken können wir Muster formulieren, die unterschiedliche Treffer zusammenfassen, etwa anhand von Platzhaltern: Das Zeichen `.` ist als regulärer Ausdruck ein Stellvertreter für jedes beliebige Zeichen. Mit dem Suchausdruck `.ichtig` finden wir dementsprechend sowohl *wichtig* als auch *richtig* und *nichtig*. Wenn ein Zeichen variabel, aber nicht ganz beliebig sein soll, können wir mit Sets arbeiten, die durch eckige Klammern angezeigt werden und deren Bedeutung paraphrasiert werden kann als „eines aus dieser Auswahl". So können wir mit dem Ausdruck `[aeiouöäü]` nach allen deutschen kleingeschriebenen Vokalen suchen oder mit dem Ausdruck `[nN]icht` nach *nicht* und *Nicht*. Mithilfe des Bindestrichs innerhalb der eckigen Klammern können wir auch nach ganzen Spannen von Zeichen suchen, etwa mit `[0-9]` nach allen Ziffern oder mit `[a-z]` nach allen Kleinbuchstaben von a–z. Wollen wir diese um die deutschen Umlaute und das ß ergänzen, können wir sie einfach nach der Spanne anhängen: `[a-zöäüß]`. Für die Definition der Spannen ist entscheidend, welche Position die Zeichen im Zeichensatz haben. Für den häufig verwendeten Zeichensatz UTF-8[43] bedeutet das, dass die Großbuchstaben A–Z beieinanderstehen, dann eine Reihe von Sonderzeichen folgen und dann die

43 Siehe zum Beispiel https://www.charset.org/utf-8.

Kleinbuchstaben a–z. Die Umlaute und das ß stehen erst deutlich weiter hinten. Die Spanne `[A-z]` würde deshalb neben allen Groß- und Kleinbuchstaben ohne Umlaute u. a. auch die Symbole ^ und \ finden, was in den meisten Fällen nicht gewünscht ist. Nach allen deutschen Groß- und Kleinbuchstaben suchen wir deshalb mit dem Ausdruck `[A-ZÄÖÜa-zäöüß]`.

Zusätzlich gibt es eine Reihe von Quantoren, die wir benutzen können, wenn in unserem Muster etwas mehrfach vorkommen soll. Quantoren beziehen sich immer auf das Zeichen direkt vor ihnen. Mit dem Fragezeichen kennzeichnen wir das vorige Zeichen als optional, das Muster `kleiner?` trifft also sowohl *kleine* als auch *kleiner*. Das + sorgt dafür, dass das Zeichen davor einmal oder mehrmals vorkommen muss, der * meldet einen Treffer, wenn das vorige Zeichen keinmal, einmal oder mehrmals vorkommt. Mit `hallo+` finden wir deshalb *halloo* und *halloooo* und alle weiteren Formen mit beliebiger o-Anzahl, sofern zumindest eines vorliegt. Mit `hallo!*` finden wir alle Formen ohne das Ausrufezeichen oder mit einer beliebig großen Anzahl davon (*hallo, hallo!, hallo!!!!*).

Eine Eigenschaft dieser Ausdrücke, die wir berücksichtigen müssen, ist die sog. Greediness (Gierigkeit). Angenommen, wir wollen in einem Text nach allem suchen, was in spitzen Klammern steht. In Tabelle 18 dient als Beispiel ein Satz, in dem alle Nomen mit XML-Tags markiert sind. Wenn wir nach den Spannen in spitzen Klammern mit dem Ausdruck `<.+>` suchen, zeigt sich ein Problem: Der Computer sucht (gierig, engl. ‚greedy') nach einem möglichst umfangreichen Treffer für das Muster. Deshalb bekommen wir nur einen einzigen Treffer, der bei der öffnenden Klammer des ersten Klammerausdrucks im Text beginnt und sich bis zur schließenden Klammer des allerletzten Klammerausdrucks erstreckt, wie in der ersten Zeile in Tabelle 18 zu sehen ist. Durch den Punkt haben wir ja definiert, dass zwischen den spitzen Klammern beliebige Zeichen stehen dürfen, und dazu zählen auch die Klammern selbst. Wir können den Ausdruck aber so modifizieren, dass er nicht gierig (manchmal: träge, engl. ‚non-greedy') arbeitet, indem wir hinter dem Quantor ein Fragezeichen ergänzen: `<.+?>`. Jetzt sucht der Computer nach möglichst kleinen Treffern für das Muster und jedes noun-Tag in spitzen Klammern stellt einen eigenen Treffer dar, wie im Beispiel in der zweiten Zeile von Tabelle 18.

| | Regex | Trefferspannen (fett) |
|---|---|---|
| gierig | <.+> | Die **<noun>Ente</noun> mag <noun>Wasser</noun>**. |
| nicht gierig | <.+?> | Die **<noun>**Ente**</noun>** mag **<noun>**Wasser**</noun>**. |

Tabelle 18: Vergleich von gieriger und nicht gieriger Suche. Trefferspannen sind jeweils fett markiert.

Darüber hinaus gibt es reguläre Ausdrücke für Wortgrenzen und unterschiedliche Formen von Whitespace, also vor allem Leerzeichen, Zeilenumbrüche und Tabstopps (siehe Tabelle 19). Wichtig ist noch die Möglichkeit, die Interpretation der bisher beschriebenen Zeichen als reguläre Ausdrücke zu umgehen (engl. ‚escape'): Manchmal wollen wir nach einem Zeichen suchen, das als regulärer Ausdruck aber eine ganz andere Funktion hat, wie zum Beispiel der Punkt oder die runden Klammern. Wenn wir nach dem Zeichen selbst suchen wollen, setzen wir einen Backslash davor, also etwa `\.` für die Suche nach einem Punkt.

Abschließend hingewiesen sei auf die Möglichkeit, sog. Treffergruppen (engl. ‚matching groups') zu definieren. Damit können wir auf einen Teil der von unserem regulären Ausdruck erfassten Zeichenkette Bezug nehmen und ihn weiterverwenden. Das ist beispielsweise nützlich, wenn wir einen Text nach Telefonnummern durchsuchen, dann aber nur die Vorwahl für die Weiterverarbeitung speichern möchten, oder wenn wir beim Suchen und Ersetzen einen Teil des Gesuchten wieder nutzen wollen (z. B. in allen Telefonnummern das Trennzeichen / durch ein – ersetzen, die Ziffern davor und danach aber behalten). Wir können anhand der Treffergruppen auch einen Teil der Zeichenkette innerhalb desselben regulären Ausdrucks wiederaufnehmen, wenn wir nach Wiederholungen einer Zeichenkette suchen wollen. Treffergruppen werden durch runde Klammern definiert und können dann von links nach rechts durchnummeriert wieder aufgegriffen werden, zum Beispiel `(der|die|das).*?, \1` für die Suche nach Beispielen wie diesen:

(1) der Hund, der

(2) das Huhn, das

(3) die Ente, die

Die `\1` greift den Treffer zum ersten Ausdruck in Klammern wieder auf, also entweder *der*, *die* oder *das*.

Tabelle 19 gibt einen Überblick über die wichtigsten regulären Ausdrücke, ihre Funktion und Beispiele (wo darstellbar). In der Praxis können wir reguläre Ausdrücke in ganz unterschiedlichen Umgebungen verwenden. Gute Texteditoren wie *Notepad++* (*Windows*) oder *BBEdit* (*Mac OS*) verfügen über die Möglichkeit, mithilfe von regulären Ausdrücken zu suchen (und zu ersetzen). Selbst bei *LibreOffice* und *Microsoft Office* kann diese Option in der erweiterten Suche aktiviert werden. In *Python* sind reguläre Ausdrücke in der Bibliothek *re* implementiert. Auch Korpusanalysetools wie ⟶ *AntConc* oder das Interface des ⟶ *DWDS* können mit regulären Ausdrücken arbeiten. Etwas Vorsicht ist geboten: Während reguläre Ausdrücke zwar im Kern überall den gleichen Prinzipien folgen, gibt es teilweise doch je nach Implementierung gewisse Unterschiede. Es empfiehlt sich also immer, genau zu prüfen, ob ein regulärer Ausdruck in der genutzten Umgebung genau das macht, was wir erwarten.[44]

44 Zum Erstellen und Testen regulärer Ausdrücke eignet sich die Webseite https://regex101.com/.

<table>
<tr><th></th><th></th><th colspan="2">Beispiel</th></tr>
<tr><th>Zeichen</th><th>Funktion</th><th>Muster</th><th>Treffer</th></tr>
<tr><td>.</td><td>ein beliebiges Zeichen (‚wildcard‘)</td><td>H.nd</td><td>Hand, Hund, Hknd</td></tr>
<tr><td>[]</td><td>eines aus einer Gruppe von Zeichen</td><td>[abc]</td><td>a, b, c</td></tr>
<tr><td>^</td><td>Negation einer Gruppe von Zeichen</td><td>[^abc]</td><td>d, e, f …</td></tr>
<tr><td>|</td><td>oder</td><td>dog|cat</td><td>dog, cat</td></tr>
<tr><td>()</td><td>markiert den Wirkungsbereich eines Ausdrucks</td><td>gr(a|e)y</td><td>gray, grey</td></tr>
<tr><td>?</td><td>voriges Zeichen kommt keinmal oder einmal vor</td><td>hallo!?</td><td>hallo, hallo!</td></tr>
<tr><td>+</td><td>voriges Zeichen kommt einmal oder mehrmals vor</td><td>hallo+</td><td>hallo, halloo, hallooo</td></tr>
<tr><td>*</td><td>voriges Zeichen kommt keinmal, einmal oder mehrmals vor</td><td>hallo!*</td><td>hallo, hallo!, hallo!!</td></tr>
<tr><td>{n}</td><td>voriges Zeichen kommt n-mal vor</td><td>hallo{3}</td><td>hallooo</td></tr>
<tr><td>{n,m}</td><td>voriges Zeichen kommt zwischen n- und m-mal vor</td><td>hallo{1,3}</td><td>hallo, halloo, hallooo</td></tr>
<tr><td>\</td><td>folgendes Zeichen ist nicht als Regex gemeint (‚escapen‘)</td><td>Dr\.</td><td>Dr.</td></tr>
<tr><td>\b</td><td>Wortgrenze (Anfang und Ende)</td><td></td><td></td></tr>
<tr><td>^</td><td>Anfang eines Strings</td><td></td><td></td></tr>
<tr><td>$</td><td>Ende eines Strings</td><td></td><td></td></tr>
<tr><td>\n</td><td>Zeilenumbruch</td><td></td><td></td></tr>
<tr><td>\t</td><td>Tabstopp</td><td></td><td></td></tr>
<tr><td>\s</td><td>jede Art von Whitespace (Leerzeichen, Tabstopps, Zeilenumbrüche)</td><td></td><td></td></tr>
</table>

Tabelle 19: Überblick über die wichtigsten regulären Ausdrücke

## 9.2 Absolute und relative Frequenzen

In der Korpus- und Computerlinguistik suchen wir in Korpora nach bestimmten Formen, die uns interessieren, sei es eine einfache Wortform oder ein komplexes, durch reguläre Ausdrücke definiertes Muster. Dabei ist für uns häufig relevant, mit welcher Frequenz die gesuchte Form in unserem Korpus oder einem bestimmten Text vorkommt.

Mit **Frequenz** meinen wir die Häufigkeit eines Wortes oder einer anderen, komplexeren sprachlichen Struktur. Häufigkeit und Frequenz werden in diesem Buch synonym verwendet. Die Frequenz kann auf unterschiedliche Weise angegeben werden. Grundlegend ist dabei die Unterscheidung von absoluten und relativen Frequenzen. **Absolute Frequenzen** sind das direkte Ergebnis des Zählens:

Das Wort *Teig* kommt im *Foodblogkorpus* 201-mal vor.

Mit einer Aussage wie dieser geben wir die absolute Frequenz des Wortes an. Absolute Frequenzen sind sehr intuitiv verständlich und geben uns einen Einblick in die konkrete Anzahl von Belegen für ein Wort im Korpus. Allerdings hängt die Interpretation der absoluten Frequenz von der Korpusgröße ab: Kommt das Wort *Teig* in einem Korpus von rund 80.000 Token 201-mal vor, ist das viel häufiger, als wenn es in einem Korpus von 3 Millionen Token 201-mal vorkommt. Absolute Frequenzen ermöglichen deshalb keinen Vergleich zwischen Korpora unterschiedlicher Größen.

Zu diesem Zweck müssen wir die **relative Frequenz** berechnen. Die relative Frequenz ist der Quotient aus der absoluten Häufigkeit des Wortes und der Korpusgröße.

$$\text{relative Frequenz} = \frac{\text{absolute Frequenz}}{\text{Korpusgröße}} = \frac{f}{N}$$

In unserem Beispiel ist die absolute Frequenz von *Teig* 201 und das *Foodblogkorpus* umfasst insgesamt 89.448 Token. Für die relative Frequenz berechnen wir dementsprechend:

$$\frac{201}{89448} = 0{,}0022$$

Wie auch im Beispiel sichtbar, bestehen relative Frequenzen oft aus sehr kleinen Zahlen mit vielen Nullen nach dem Komma. Für eine bessere Verständlichkeit können wir den Wert mit einem Vielfachen von 10 multiplizieren, etwa mit 1.000. Im Beispiel könnten wir als Ergebnis festhalten, dass das Wort *Teig* im Korpus mit einer Häufigkeit von 2,2 pro 1.000 Token vorkommt. Aus dem Alltag ist uns insbesondere die Multiplikation mit 100 für Prozente vertraut. Bei sehr kleinen Dezimalzahlen empfiehlt sich jedoch oft ein höherer Multiplikator. Hierbei gilt es, das Verhältnis zur Korpusgröße im Auge zu behalten: Ein sehr hoher Multiplikator kann den Eindruck erwecken, die Datengrundlage sei erheblich größer, als sie in Wirklichkeit ist. Berechnen wir zum Beispiel relative Frequenzen für ein Korpus von nur 5.000 Token und geben diese dann als x-mal pro einer Million Token an, suggeriert dies eine Generalisierbarkeit, die durch die Daten nicht gedeckt ist. Dies weist auf einen Nachteil von relativen Frequenzen gegenüber den absoluten Frequenzen hin: Wir verlieren die Information, wie viele Belege für das Wort *Teig* uns vorliegen. Deshalb ist es bei der Angabe relativer Frequenzen wichtig, auch die Korpusgröße anzugeben oder die relative und absolute Frequenz gemeinsam zu nennen.

An vielen Stellen in diesem Buch ist noch eine andere Eigenschaft von relativen Frequenzen wichtig: Die Summe der relativen Frequenzen aller Wörter im Korpus ist immer 1, so wie es uns von Prozenten vertraut ist, dass alle Kategorien zusammen 100 Prozent ergeben. Aufgrund dieser Eigenschaft können relative Frequenzen auch als Wahrscheinlichkeiten interpretiert werden. Wir können also sagen: Wenn wir aus allen Token des Korpus ein zufälliges Wort ziehen, handelt es sich mit einer Wahrscheinlichkeit von 0,0022 um das Wort *Teig*. Dieser Logik folgt etwa der Naive-Bayes-Algorithmus, der in Kapitel 11.3.3 beschrieben wird.

## 9.3 Deskriptive Statistik

In der deskriptiven Statistik geht es darum, einen Untersuchungsgegenstand und seine Merkmale quantitativ zu beschreiben. Ein Merkmal des Untersuchungsgegenstandes (z. B. einer Person oder einer Institution) bezeichnen wir in der Statistik als **Variable**. Typische Merkmalsträger in den Digital Humanities sind Texte oder Textsegmente, Autor:innen, Epochen und vieles mehr. Die Grundlage für quantitative Analysen ist in der Regel eine Tabelle mit unseren Daten, die wir als **Urdatenset** bezeichnen (Lemnitzer & Zinsmeister 2015: 117; Andresen & Zinsmeister 2019: 84): Jede Zeile dieser Tabelle repräsentiert eine Untersuchungsinstanz (z. B. einen Text), jede Spalte repräsentiert eine Variable (z. B. sein Veröffentlichungsdatum, den Veröffentlichungsort oder die Länge des Textes).

Bei den Variablen ist es wichtig, sie nach ihrem sog. **Skalenniveau** zu unterscheiden. Das Skalenniveau verrät uns, welche Eigenschaften unsere Variable hat, welche Rechenoperationen wir mit ihr durchführen können und welche Visualisierungen passend sind. Insbesondere hängt vom Skalenniveau ab, welches Maß der zentralen Tendenz für unsere Variable möglich ist, also wie wir die Verteilung am besten mit nur einem Wert zusammenfassen können, wie es etwa das arithmetische Mittel tut.

Die einfachste Skala ist die **Nominalskala**. Ein Beispiel ist die Variable „Lieblingstier". Wenn wir eine Gruppe von Personen nach ihrem Lieblingstier fragen, bekommen wir eine Liste von Antworten wie *Hund, Katze, Ente, Hund, Hund, Katze, Alpaka* usw. Diese Werte haben keine natürliche Reihenfolge. Kein Tier ist in irgendeiner Weise „mehr" als ein anderes. Als Maß der zentralen Tendenz kommt bei der Nominalskala nur der Modus oder Modalwert infrage, also der Wert mit der höchsten Frequenz. Wir können zum Beispiel sagen: „Das beliebteste Tier in dieser Umfrage ist der Hund mit 6 von 17 Nennungen." Wir können hingegen nicht zum Beispiel aus *Hund* und *Alpaka* einen Durchschnitt bilden.

Als Nächstes folgt die **Ordinalskala**, die etwa auf die Variable „Noten in der letzten Klassenarbeit" anwendbar ist. Im Gegensatz zu den Tierbezeichnungen haben die Werte „sehr gut", „gut", „befriedigend" usw. eine natürliche Reihenfolge. Wir können deshalb aussagen, dass „befriedigend" besser ist als „ausreichend" oder dass „sehr gut" der beste Wert ist. Allerdings sind die Abstände zwischen den Werten nicht unbedingt gleich groß. Zwischen „sehr gut" und „gut" liegt vielleicht ein viel kleinerer Abstand als zwischen „befriedigend“ und „ausreichend“. Das verraten uns die ordinalen Werte nicht. Zusätzlich zum Modus, der natürlich auch hier anwendbar ist, können wir als ein etwas mächtigeres Maß der zentralen Tendenz noch den Median bestimmen.

Um den **Median** zu ermitteln, stellen wir uns vor, dass wir alle Werte sortiert aufreihen, wie im folgenden Beispiel die Noten einer Klassenarbeit:

> sehr gut – sehr gut – gut – **gut** – gut – befriedigend – ausreichend

In dieser Auflistung ist der Median der Wert, der genau in der Mitte steht. Wenn wir eine gerade Anzahl an Werten haben, steht natürlich kein Wert genau in der Mitte. Dann liegt der Median zwischen den beiden mittleren Werten. Sind die beiden Werte identisch, ist die Festlegung des Medians einfach. Wenn sie sich unterscheiden, können wir die beiden Werte rechts und links angeben:

> Der Median liegt zwischen „sehr gut“ und „gut“.

Wir werden gleich sehen, dass der Median auch auf metrische Skalen anwendbar ist. In diesem Fall bilden wir bei einer geraden Anzahl von Werten das arithmetische Mittel der beiden mittleren Werte.

Nominalskalierte und ordinalskalierte Variablen bezeichnen wir auch als **kategorial**. Ihre Werte entsprechen keinen Zahlen, sondern Kategorien, die wir mit einem bestimmten Wort bezeichnen können.[45] Die folgenden beiden Skalenniveaus hingegen sind **metrisch** oder **numerisch**, ihre Werte bestehen also in Zahlen.

Zunächst gibt es die **Intervallskala**. Ein Beispiel für die Intervallskala ist die Messung von Temperatur in °C. Betrachten wir die Tageshöchsttemperaturen im August, so haben die Werte (25 °C, 19 °C, 20 °C, ...) wie schon bei der Ordinalskala eine natürliche Reihenfolge. Manche Werte sind höher als andere. Zusätzlich sind bei der Intervallskala aber auch die Abstände zwischen den Werten immer gleich groß. Der Abstand zwischen 24 °C und 25 °C ist genau der gleiche wie derjenige zwischen 1 °C und 2 °C. Was die Intervallskala hingegen nicht hat, ist ein natürlicher Nullpunkt. Zwar gibt es den Wert 0 °C, der ist aber durch menschliche Übereinkünfte festgelegt (und schon wieder ein ganz anderer, wenn wir die Temperatur in Fahrenheit messen). Wir können deshalb nicht sagen, dass es an einem Tag mit 10 °C doppelt so warm ist wie an einem Tag mit nur 5 °C.[46]

Zusätzlich zu Modus und Median kommt bei der Intervallskala ein weiteres Maß der zentralen Tendenz ins Spiel, nämlich das **arithmetische Mittel**. Wenn wir im Alltag

---

45 Natürlich können wir die Kategorien auch durch Zahlen repräsentieren, indem wir etwa festlegen, dass *Hund* den Wert 1 bekommt, *Ente* den Wert 2, *Alpaka* den Wert 3 usw. Das ändert nichts am Skalenniveau der Variablen und wir können weiterhin nicht behaupten, dass *Hund* + *Ente* = *Alpaka*.

46 Anders ist das bei der Angabe von Temperatur in Kelvin. Diese Skala hat einen absoluten Nullpunkt bei −273,15 °C, der nicht unterschritten werden kann.

von einem Durchschnitt sprechen, meinen wir meistens das arithmetische Mittel. Es wird berechnet, indem wir alle Werte addieren und das Ergebnis durch die Anzahl der Werte (*n*) teilen:

$$\bar{x} = \frac{x_1 + x_2 + \cdots + x_n}{n} = \frac{1}{n}\sum_{i=1}^{n} x_i$$

In der kompakteren Variante der Formel ganz rechts ist die Additionen mit einem Summenzeichen ausgedrückt und die Division der Übersichtlichkeit halber nach vorn gezogen.

Zuletzt fehlt uns noch die **Verhältnisskala** oder **Ratioskala**. Unsere Beispielvariable ist die Frequenz. Wir prüfen zum Beispiel, wie oft das Wort *und* in den Texten des *Foodblogkorpus* vorkommt (mögliche Werte: 0, 1, 4, 17, …). Die Verhältnisskala teilt wieder viele Eigenschaften mit der vorangegangenen Skala: Die Werte haben eine natürliche Reihenfolge und die Abstände zwischen den Werten sind gleich groß. Bei der Verhältnisskala gibt es aber zusätzlich einen natürlichen Nullpunkt. Im Beispiel tritt dieser Fall ein, wenn es in einem Text einfach keine Verwendungen von *und* gibt. Dass dieser Nullpunkt natürlich ist, erkennen wir auch daran, dass es keinen Sinn ergibt, bei einer Zählung von negativen Werten auszugehen. Erst bei der Verhältnisskala können wir eine Aussage wie die folgende treffen:

> Im Text cathaskueche_04.txt kommt *und* doppelt so häufig vor wie im Text blog_tuschel_06.txt.

Neben dem Modus, dem Median und dem arithmetischen Mittel ist bei der Verhältnisskala auch ein geometrisches Mittel möglich, das aber in der Praxis keine große Rolle spielt und das wir hier nicht vertiefen.

Auch wenn bei den metrischen Skalen das arithmetische Mittel mathematisch möglich ist, lohnt sich immer ein Blick auf den Median. Das arithmetische Mittel ist nämlich sehr empfindlich gegenüber sog. **Ausreißern** (engl. ‚outlier'), also Extremwerten, die von den restlichen Werten stark nach oben oder unten abweichen. Vergleichen wir die beiden folgenden Zahlenreihen:

19 – 20 – 20 – 21 – 25
19 – 20 – 20 – 21 – 25 – 254

Das arithmetische Mittel liegt für die erste Reihe bei 21, für die zweite Reihe durch den Extremwert 254 bei 59,8. Der Median hingegen ist Ausreißern gegenüber deutlich stabiler. In der ersten Reihe liegt er bei 20, in der zweiten bei 20,5. Es lohnt sich deshalb oft, beide Werte zu berechnen.

Das dahinterliegende Phänomen betrifft die **Streuung** der Verteilung. Die Maße der zentralen Tendenz reduzieren eine ganze Verteilung von Werten auf einen einzigen Wert. Dabei gehen notwendigerweise sehr viele Informationen verloren. Liegen die tatsächlichen Werte alle sehr nah am Mittelwert (Abbildung 25, links)? Oder sind die meisten Werte deutlich größer oder kleiner als der Mittelwert (Abbildung 25, rechts)? Um das zu erfassen, sollte zusätzlich zum Mittelwert immer auch ein Streuungsmaß berichtet werden. Nachdrücklicher bringt es Stefan Gries auf den Punkt:

> Mittelwerte sind üblicherweise auch Anfängern bereits bekannt. Weniger bekannt ist leider, dass Sie niemals – NIEMALS! – einen Mittelwert berichten sollten, wenn Sie nicht gleichzeitig ein Dispersions- oder Streuungsmaß angeben. Der Grund dafür ist, dass ohne ein Streuungsmaß unklar ist, wie gut der Mittelwert die Verteilung tatsächlich zusammenfasst. (Gries 2008: 117)

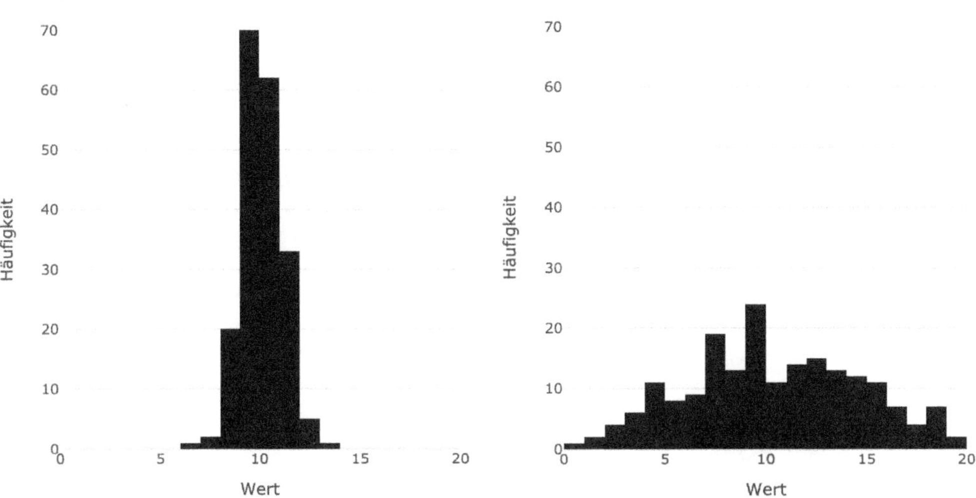


Abbildung 25: Zwei Verteilungen von 200 Datenpunkten mit dem arithmetischen Mittel 10, links mit einer Standardabweichung von 1, rechts mit einer Standardabweichung von 5

Um die Streuung einer Verteilung auszudrücken, stehen unterschiedliche Maße zur Verfügung, von denen wir uns hier nur zwei anschauen. Eine einfache Möglichkeit ist die Angabe der sog. **Spannweite** (engl. ‚range'). Das ist die Differenz zwischen dem höchsten und dem niedrigsten Wert in der Verteilung. Meistens ist es sinnvoll, auch das Minimum und das Maximum selbst mitanzugeben. Die Spannweite ist allerdings auch sehr empfindlich gegenüber Ausreißern.

Ein etwas komplexeres Maß für die Streuung ist die **Standardabweichung** (engl. ‚standard deviation'). Sie drückt aus, wie weit die tatsächlichen Werte im Mittel vom arithmetischen Mittel entfernt sind. Wir berechnen sie wie folgt:

$$s = \sqrt{\frac{1}{n}\sum_{i=1}^{n}\left(x_i - \bar{x}\right)^2}$$

Dabei ist $n$ die Größe der Stichprobe und $\bar{x}$ das bereits berechnete arithmetische Mittel. Wir berechnen für jeden Wert $x_i$ in unserer Verteilung die Differenz zum Mittelwert. Damit sich positive und negative Differenzen dabei nicht zu 0 ausgleichen, quadrieren wir die Ergebnisse. Die Resultate addieren wir für alle unsere Werte. Dann teilen wir durch *n*, um die mittlere Abweichung vom Mittelwert zu erhalten.[47] Da wir die Werte unterwegs quadriert haben, müssen wir am Ende noch die Wurzel ziehen, damit die Standardabweichung in der gleichen Größenordnung wie der Mittelwert ausgedrückt wird. Wir berichten die Standardabweichung gemeinsam mit dem Mittelwert:

> Die Texte verwenden das Wort *und* im Mittel 10-mal (±4).

Eine weitere wichtige Möglichkeit, der gesamten Verteilung einer Variablen Rechnung zu tragen, besteht in ihrer Visualisierung.

## 9.4 Visualisierung

Die Visualisierung von Daten ist ein wichtiger Schritt in der Analyse, denn wir bekommen dabei einen guten intuitiven Eindruck davon, wie sich eine Variable verteilt und welche Werte zum Beispiel Ausreißer nach oben oder unten sind. Welche Visualisierungen für eine Variable möglich und sinnvoll sind, hängt wieder sehr eng mit dem Skalenniveau zusammen.

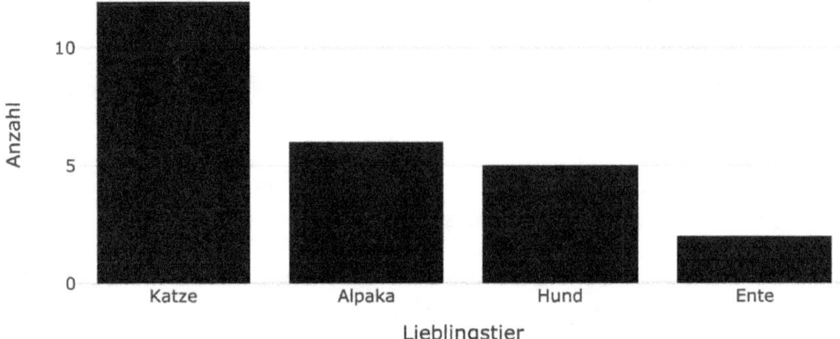


Abbildung 26: Säulendiagramm zur Verteilung der kategorialen Variable „Lieblingstier“, n=25

Betrachten wir zunächst einzelne Variablen und beginnen wir dort wiederum mit den kategorialen Variablen. Für die Darstellung von kategorialen Variablen wie dem Lieblingstier eignet sich zum Beispiel das **Säulendiagramm** wie in Abbildung 26. Das Säulendiagramm hat den Vorteil, dass wir die Werte an der y-Achse sehr gut ablesen und die Balken auch sehr leicht miteinander vergleichen können. Das ist insbesondere bei einem Tortendiagramm wie in Abbildung 26 nicht der Fall. Beim Tortendiagramm müssen wir die Größe von Winkeln miteinander vergleichen, die

47 Manchmal wird an dieser Stelle auch mit $n - 1$ gerechnet. Das ist immer dann der Fall, wenn wir die Standardabweichung für eine Stichprobe berechnen, die stellvertretend für eine größere Grundgesamtheit steht (siehe Kapitel 9.5).

zudem noch unterschiedlich ausgerichtet sind – das fällt uns Menschen mit bloßem Auge schwer.

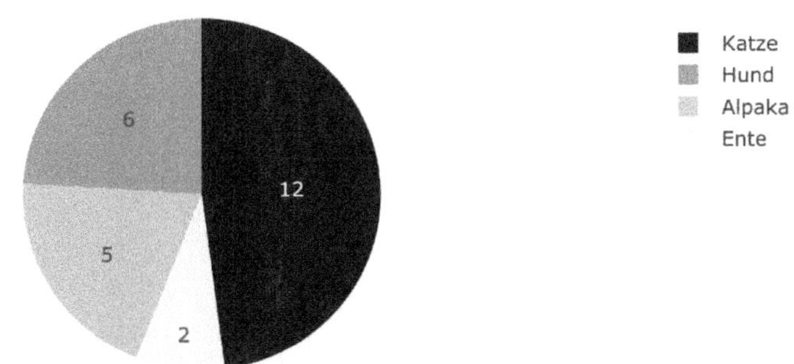


Abbildung 27: Tortendiagramm zur Verteilung der kategorialen Variable „Lieblingstier", n=25

Auch eine metrische Variable wie die Satzlänge können wir als eine Art Säulendiagramm darstellen. Hier sprechen wir in der Regel aber von einem **Histogramm** (Abbildung 27). Im Vergleich zu den kategorialen Daten gibt es nämlich einen wichtigen Unterschied: Bei kategorialen Daten ist klar, dass es zu jeder Kategorie eine Säule gibt. Bei metrischen Daten ist der Wertebereich kontinuierlich und es ist oft nicht sinnvoll (oder möglich), für jeden vorkommenden Wert eine eigene Säule zu erstellen. Stattdessen werden Wertebereiche in Klassen (engl. ‚bins') zusammengefasst. Eine Säule steht dann zum Beispiel für alle Werte von 0–4, 5–9, 10–14 usw.

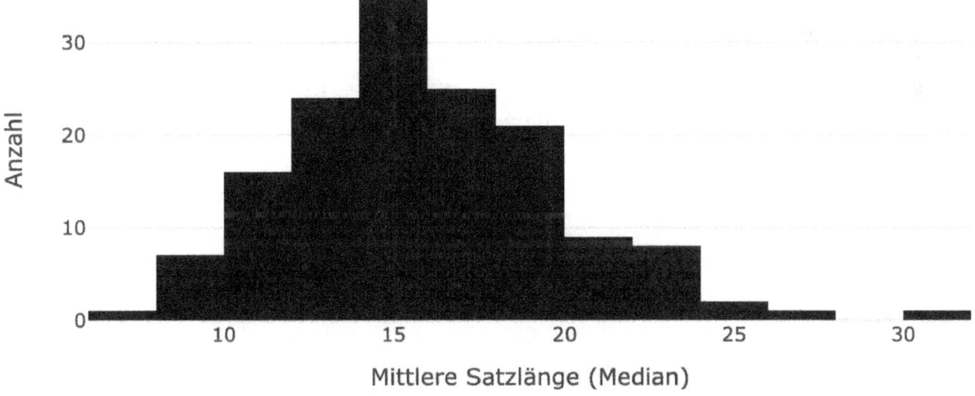


Abbildung 28: Histogramm zur Verteilung der metrischen Variable „Satzlänge", n=150

Eine sehr beliebte Möglichkeit zur Visualisierung einer metrischen Variable, die zahlreiche Informationen enthält, ist der sog. **Boxplot**, wie er in Abbildung 29 links zu sehen ist. Die Darstellung ist folgendermaßen zu lesen: Die mittleren 50 Prozent der Daten werden als Box dargestellt. Dieser Bereich wird auch als Interquartilsabstand bezeichnet („zwischen den Vierteln", die sich oberhalb und unterhalb der Box befinden).

Der horizontale Strich in der Box zeigt den Median an, also den Ort, an dem die Hälfte der Daten darüber- und die andere Hälfte darunterliegt. Die sog. „Antennen“ (engl. ‚whisker‘ nach den Katzenschnurrhaaren) nach oben und unten umfassen alle Daten, die nicht mehr als das 1,5-Fache des Interquartilsabstands außerhalb der Box liegen. Alle Werte jenseits dieses Bereichs werden als Ausreißer betrachtet und als Punkte dargestellt. Zur intuitiveren Interpretation der Daten ist es oft hilfreich, sich zusätzlich zum Boxplot die genaue Verteilung der Datenpunkte anzuschauen, wie sie auf der rechten Seite von Abbildung 29 als Beeswarm-Plot ergänzt ist. Im Beeswarm-Plot werden die einzelnen Datenpunkte in der Verteilung dargestellt. In Wertebereichen mit vielen Datenpunkten wird die Punktewolke breiter.

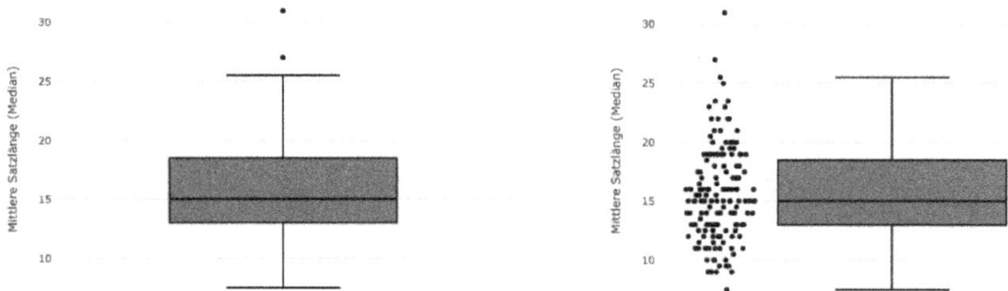


Abbildung 29: Boxplot zur Verteilung der metrischen Variable „Satzlänge" (rechts mit ergänzendem Beeswarm-Plot), n=150

Wenn wir mehrere Variablen gemeinsam visualisieren wollen, zum Beispiel die Satzlänge in Abhängigkeit vom Ursprungsland des Blogs oder vom Jahr, gibt es unterschiedliche Möglichkeiten. Das Säulendiagramm bzw. Histogramm kann um unterschiedliche Farben ergänzt werden, wenn zusätzlich eine kategoriale Variable dargestellt werden soll. Eventuell ist auch eine gruppierte Säulendarstellung hilfreich. Von den Boxplots können wir sehr gut mehrere nebeneinander erstellen und so die Satzlänge beispielsweise noch differenziert nach Ursprungsland (Deutschland, Österreich, Schweiz) betrachten.

Liegen uns mehrere metrische Variablen vor, kann zum Beispiel ein **Liniendiagramm** sinnvoll sein. Das bietet sich besonders an, wenn eine der Variablen Zeit ausdrückt, die wir dann intuitiv auf der x-Achse darstellen können. Als Beispiel können wir prüfen, wie sich die Häufigkeit der Suche nach dem Wort *Ente* bei Google entwickelt.[48] Unser Datensatz enthält die Variable Zeit unter Angabe von Jahr und Monat sowie eine Kennzahl[49] für die Suchhäufigkeit. Beide Variablen sind metrisch. Das Ergebnis in Abbildung 30 zeigt uns eine starke Variation der Suchanfragen im Jahresverlauf, mit Höchstwerten um Weihnachten, wenn vermutlich vermehrt nach Rezepten zur Zubereitung von Ente gesucht wird.

48 Abrufbar bei Google Trends: https://trends.google.de/.

49 Google veröffentlicht keine absoluten Zugriffszahlen, sondern gibt die relative Entwicklung an. Der Zeitpunkt mit den meisten Suchanfragen entspricht immer dem Wert 100, alle anderen werden relativ dazu ausgedrückt.

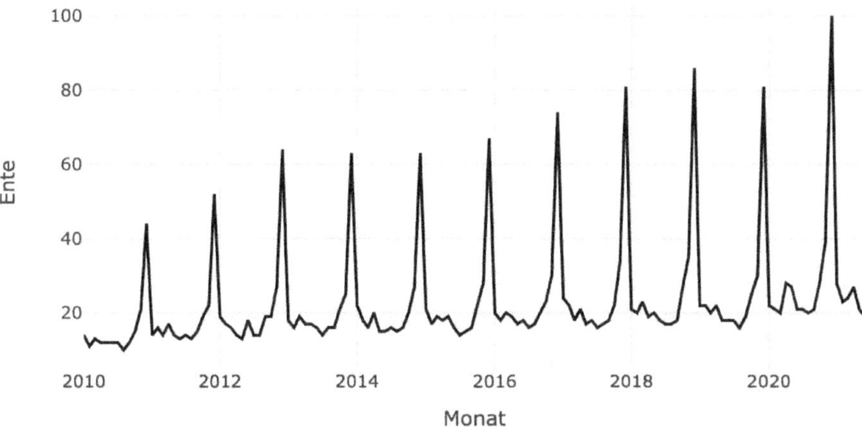


Abbildung 30: Liniendiagramm zur Entwicklung der Google-Suchanfragen zu „Ente"

Ein Liniendiagramm suggeriert immer eine Entwicklung entlang der x-Achse, etwa über die Zeit. Wenn unsere Daten keine solche Entwicklung ausdrücken, ist unter Umständen ein **Scatterplot** die bessere Wahl. Wir können uns etwa fragen, ob in Texten mit langen Sätzen auch viele Wörter verwendet werden, die dem Lemmatisierer (siehe Kapitel 2.3) unbekannt sind. Beides könnte ein Zeichen für sprachliche Komplexität sein. Bei einer Korrelation dieser beiden Variablen wäre ein Diagramm zu erwarten, in dem sich die Punkte ungefähr auf einer Linie von unten links nach oben rechts befinden. In Abbildung 31 können wir sehen, dass das im *Foodblogkorpus* nicht der Fall zu sein scheint. Die Punktewolke verteilt sich relativ gleichmäßig auf das Diagramm.

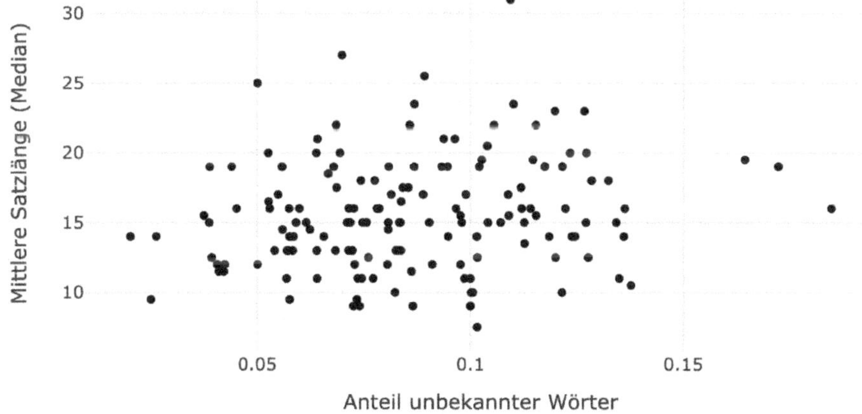


Abbildung 31: Scatterplot zur Verteilung der Variablen „Satzlänge" und „Anteil unbekannter Wörter", n=150

Abschließend ein paar Hinweise zur Verwendung von **Farbe**. Grundsätzlich empfiehlt sich ein sparsamer Umgang mit Farbe. Jeder Einsatz von Farbe sollte auch eine Funktion haben. Wenn wir nur eine einzige Variable visualisieren, ist Farbe in der Regel nicht notwendig. Bei der Auswahl der Farben sollte nach Möglichkeit berücksichtigt werden, dass die Abbildung auch für Menschen mit Sehschwächen wie Farbenblindheit lesbar ist. Das sorgt meist gleichzeitig dafür, dass die Farben auch noch unterscheidbar sind, wenn sie in Schwarz-weiß ausgedruckt werden. Auch bei der Wahl des Farbschemas spielt wieder das Skalenniveau eine Rolle. Bei kategorialen Variablen bietet sich ein diskretes Farbschema (ohne Übergänge zwischen den Farben, etwa Deutschland in Grün, Österreich in Gelb und die Schweiz in Blau) an, bei metrischen Variablen ein kontinuierliches Farbschema (weiß für sehr geringe Frequenzen eines Wortes; immer stärkere Einfärbung, je höher die Frequenz) (vgl. z. B. Strachnyi 2022).

Visualisierungen können mit Tabellenverarbeitungsprogrammen wie *LibreOffice Calc* oder *Microsoft Excel* erstellt werden. In *Python* steht die Bibliothek ⟶ *Plotly* zur Verfügung (siehe auch Übungen am Ende des Kapitels), außerdem *seaborn* und *matplotlib*. Zahlreiche Möglichkeiten zur Datenvisualisierung bietet die Programmiersprache *R*, meist basierend auf der Bibliothek ⟶ *ggplot2*.

## 9.5 Inferenzstatistik

Bisher haben wir uns mit deskriptiven Verfahren befasst, deren Ziel darin besteht, die Daten selbst möglichst gut zu beschreiben. In der Inferenzstatistik geht es hingegen darum zu klären, inwieweit wir vorliegende Daten verallgemeinern können. Können wir davon ausgehen, dass die Merkmale der Texte im *Foodblogkorpus* für alle Foodblogtexte repräsentativ sind?

In vielen Fällen können wir den Gegenstand, für den wir uns interessieren, nicht vollständig untersuchen. Meistens hat das damit zu tun, dass es davon einfach zu viele Instanzen gibt. Wenn wir etwas über die Lesegewohnheiten der Bevölkerung Stuttgarts wissen wollen, können wir nicht einfach alle Bewohner:innen der Stadt befragen, es sind einfach zu viele. Deshalb befragen wir nur eine Auswahl von Personen. Die Gesamtheit der Elemente, für die wir uns interessieren, bezeichnen wir als **Grundgesamtheit** oder **Population**. Die kleinere Auswahl, die wir tatsächlich untersuchen, nennen wir eine **Stichprobe**. Angenommen, wir wollen etwas über Romane des 19. Jahrhunderts herausfinden, dann sind alle Romane, die im 19. Jahrhundert geschrieben wurden, unsere Grundgesamtheit. Aus dieser Grundgesamtheit wird eine Stichprobe gezogen – entscheidend ist, auf welche Weise.

In der Statistik gehen wir in der Regel von Zufallsstichproben aus. Das bedeutet: Alle Elemente der Grundgesamtheit müssen eine genau gleich große Chance haben, in der Stichprobe zu landen. Das setzt voraus, dass die Grundgesamtheit vollständig bekannt ist. Wenn wir eine Liste aller Romane hätten, die im 19. Jahrhundert produziert wurden, könnten wir zum Beispiel mithilfe eines Zufallsgenerators eine zufällige Auswahl daraus treffen. Oft ist uns die Grundgesamtheit aber gar nicht vollständig bekannt und auch im Beispiel liegt uns eine solche Liste leider nicht vor, sodass wir keine echte Zufallsstichprobe ziehen können. In der Praxis werden viele statistische Verfahren angewendet, auch wenn diese Voraussetzung nicht gegeben ist. Sich daraus ergebende Probleme und mögliche Alternativen diskutiert zum Beispiel Koplenig (2017).

Eine Variante der Zufallsstichprobe ist die systematische Stichprobe. Hier wird die Stichprobe so gezogen, dass ausgewählte Merkmale in der Stichprobe genauso verteilt sind wie in der Grundgesamtheit (z. B. in der Sozialforschung Geschlecht und Einkommen). Das setzt eine noch genauere Kenntnis der Grundgesamtheit voraus, nämlich dass die Verteilung der relevanten Merkmale in der Grundgesamtheit bekannt ist.

In der Korpuslinguistik wird oft der Ansatz der Ausgewogenheit oder Balanciertheit verfolgt. Das bedeutet, dass für ausgewählte Merkmale relevante Werte ausgesucht werden, die dann zu jeweils gleichen Anteilen in der Stichprobe (= im Korpus) vertreten sein sollen. Die Referenzkorpora des → *Digitalen Wörterbuchs der Deutschen Sprache* (DWDS) sind zum Beispiel in Hinblick auf die Textsorte ausgewogen. Sie enthalten zu etwa gleichen Teilen Zeitungstexte, wissenschaftliche Texte, Literatur und Gebrauchstexte. Außerdem sind die Texte zeitlich gleichmäßig über die Jahrzehnte verteilt. Dieser Ansatz setzt nicht voraus, dass die Verteilung der Merkmale in der Grundgesamtheit bekannt ist. Und tatsächlich gibt es auch keine sinnvolle Antwort auf die Frage, zu wie viel Prozent „das Deutsche“ aus Zeitungstexten, wissenschaftlichen Texten, Social-Media-Posts usw. besteht. Durch die ausgewogene Gestaltung des Korpus kann zumindest sichergestellt werden, dass die Ergebnisse für das vorliegende Korpus nicht damit zu tun haben, dass zum Beispiel vor allem eine bestimmte Textsorte enthalten ist.

Zentral für die Inferenzstatistik ist das Konzept der **Signifikanz**. Angenommen, wir interessieren uns für die Entwicklung der Satzlänge in Romanen. Wir untersuchen deshalb eine Stichprobe von Romanen aus dem 19. Jahrhundert und eine zweite aus dem 20. Jahrhundert. Unsere Untersuchung ergibt, dass die Romane aus dem 19. Jahrhundert eine mittlere Satzlänge von 18 Wörtern aufweisen und die Sätze aus Romanen des 20. Jahrhunderts im Mittel nur 16 Wörter lang sind. Wir müssen uns nun fragen: Ist das nur Zufall, d. h. der Befund hängt mit den speziellen Stichproben zusammen? Oder lässt sich dieser Befund auf die Grundgesamtheit, also auf alle Romane dieser Zeit, verallgemeinern? Um diese Frage zu beantworten, machen wir Signifikanztests. Dabei stellen wir eine sog. Nullhypothese auf. Diese nimmt an, dass die beiden Stichproben zufällig aus der gleichen Grundgesamtheit gezogen wurden, es also keinen systematischen Unterschied zwischen ihnen gibt. Wir berechnen dann, wie wahrscheinlich es ist, unter diesen Umständen zwei Stichproben mit den beobachteten Unterschieden zu erhalten. Wenn sich das als ausreichend unwahrscheinlich herausstellt, bezeichnen wir das Ergebnis als signifikant und nehmen an, dass es tatsächlich einen Unterschied zwischen den Gruppen gibt. Wenn wir kein signifikantes Ergebnis erhalten, können wir daraus nicht schließen, dass es wirklich keinen Unterschied zwischen den beiden Datengruppen gibt. Wir können ihn nur anhand unserer Daten nicht belegen.

Ein Signifikanztest sagt uns nicht, wie stark ein Effekt ist, also etwa wie groß der Unterschied zwischen zwei Gruppen ist. Deshalb gibt es zusätzlich Maße für die **Effektstärke**, die für ein signifikantes Ergebnis immer mitberichtet werden sollten. Schauen wir noch etwas genauer auf den Zusammenhang von Signifikanz und Effektstärke: Nur weil der Unterschied zwischen den Satzlängen in unseren beiden Stichproben signifikant ist, muss er nicht unbedingt auch groß sein. Die Signifikanz hängt nämlich nicht nur von der Effektstärke ab, sondern auch von der Größe der Stichprobe. Allgemein kann man sagen, dass starke Effekte auch schon in eher kleinen Stichproben signifikant werden. Um schwächere Effekte nachzuweisen, brauchen wir eine größere Stichprobe.

Das kann man an folgendem Beispiel intuitiv nachvollziehen. Wenn wir nur jeweils zehn Romane aus dem 19. und dem 20. Jahrhundert untersucht haben und eine durchschnittliche Satzlänge von 16 vs. 18 Wörtern feststellen, halten wir den Unterschied möglicherweise für Zufall. Zeigt sich hingegen ein Unterschied von 14 vs. 25 Wörtern, sind wir eher geneigt, tatsächlich einen Unterschied anzunehmen. Es kommt uns unwahrscheinlich vor, dass wir zufällig Romane mit solch extremen Werten erwischt haben, wenn die Satzlängen in den beiden Jahrhunderten eigentlich gleich sind. Den gleichen Effekt können wir aber auch durch die Vergrößerung der Stichprobe erreichen. Wenn wir pro Jahrhundert 5.000 Romane untersucht haben und sich für die mittlere Satzlänge noch immer 16 vs. 18 Wörter ergibt, werden wir schrittweise zuversichtlicher, dass dieser Unterschied kein Zufall ist, sondern Texte der beiden Jahrhunderte generell charakterisiert.[50]

Noch mal zusammengefasst: Um einen Effekt nachweisen zu können, brauchen wir eine ausreichend große Stichprobe. Für den Nachweis eines großen Effekts reicht eine kleinere Stichprobe, für den Nachweis eines kleineren Effektes brauchen wir eine größere Stichprobe. Das bedeutet allerdings auch, dass mit steigender Korpusgröße immer kleinere Effekte signifikant werden. Heute stehen uns häufig sehr große Datenmengen (etwa in Form von Texten) zur Verfügung. Deshalb ist es wichtig, die Effektstärke zu berücksichtigen, um sicherzugehen, dass ein Effekt nicht nur signifikant, also kein Zufall, ist, sondern auch so stark, dass er praktische Relevanz hat.

Welche Maße für die Berechnung von Signifikanz und Effektstärke geeignet sind, hängt unter anderem vom Skalenniveau der Variablen und von der Verteilung der Werte ab. Zu den Signifikanztests gehören zum Beispiel der Chi-Quadrat-Test, der t-Test und der Log-Likelihood-Test. Zur Berechnung der Effektstärke können wir Odds Ratio, Cohens d oder das in Kapitel 2.5 vorgestellte Maß Pointwise Mutual Information nutzen. Für eine Einführung in die korrekte Verwendung dieser Tests sind beispielsweise Winter (2020), Gries (2008) und Field, Miles & Field (2012) sowie der *YouTube*-Kanal *StatQuest*[51] zu empfehlen.

---

50 Es handelt sich hierbei um ein Gedankenspiel. In der wissenschaftlichen Praxis ist es auf keinen Fall zulässig, bei einem nicht signifikanten Ergebnis die Stichprobe zu vergrößern, bis das Ergebnis signifikant ist.

51 https://www.youtube.com/@statquest.

## 9.6 Übungen

1. Bestimmen Sie das Skalenniveau der folgenden Variablen:
   - Jahreszahlen
   - Anzahl der Figuren in einem Drama
   - Alter
   - Literarisches Genre
   - Sprache eines Textes
   - Satzlänge
2. Angenommen, wir wollen für zwei Personen untersuchen, wie viele Hashtags sie in den sozialen Medien verwenden. Wir zählen die Hashtags in einer kleinen Stichprobe von zehn Posts pro Person:
   - Person A: 1, 3, 2, 2, 1, 3, 2, 1, 3, 0
   - Person B: 0, 1, 0, 4, 0, 1, 3, 4, 0, 3

   Beschreiben Sie die Verteilungen anhand von Median, arithmetischem Mittel und Standardabweichung. Was können wir über die Nutzung von Hashtags der beiden Personen aussagen?
3. Im digitalen Anhang zum Buch gibt es Beispielskripte, die für mehrere der Abbildungen in diesem Kapitel zeigen, wie sie mit der *Python*-Bibliothek ⟶ *Plotly* erstellt wurden. Vollziehen Sie die Schritte in den Skripten nach und experimentieren Sie mit den Optionen und/oder ersetzen Sie die Beispieldaten durch Ihre eigenen.
4. Rufen Sie sich ein oder zwei empirische Studien aus Ihrer Fachdisziplin in Erinnerung – vielleicht etwas, was Sie gelesen haben, gerne aber auch etwas, womit Sie sich selbst im Rahmen einer Haus- oder Abschlussarbeit beschäftigt haben. Was war die Grundgesamtheit, für die Sie sich interessiert haben? Wäre es theoretisch möglich gewesen, eine Liste mit allen Elementen der Grundgesamtheit zu erstellen? Warum (nicht)?

Musterlösungen und Skripte stehen im Online Shop des Narr Verlags unter https://files.narr.digital/9783823385790/Zusatzmaterial.zip zur Verfügung.

# 10 Manuelle Annotation

In diesem Kapitel widmen wir uns dem manuellen Annotieren. Dazu klären wir, wann manuelle Annotationen sinnvoll und notwendig sind, schauen uns an, wie eine Anleitung zur manuellen Annotation aussehen sollte und wie wir die Qualität manueller Annotationen beurteilen können. Außerdem geht es darum, welche digitalen Tools uns bei der manuellen Annotation unterstützen können.

## 10.1 Manuelle und automatische Annotation

Wie bereits in Kapitel 1.3 eingeführt, sind **Annotationen** die Anreicherungen des reinen Textes eines Korpus mit zusätzlichen Informationen. Das können zum Beispiel linguistische Informationen wie Wortarten, literaturwissenschaftliche Informationen wie Erzählebenen oder ganz anderen Kategorien, die sich aus unserer aktuellen Fragestellung ergeben, sein. Das Wort „Annotation" wird sowohl für den Prozess des Annotierens verwendet als auch für die dabei entstandenen Daten.

Annotationen sind grundsätzlich manuell und automatisch möglich. Auf den ersten Blick ist eine automatische Annotation attraktiv, da sie schnelle Ergebnisse mit wenig Arbeitsaufwand verspricht, aber oft sprechen gute Gründe für eine manuelle Annotation. Zunächst steht nicht für jede beliebige Annotationsaufgabe ein automatisches Tool zur Verfügung. Mit Blick auf die große Vielfalt geisteswissenschaftlicher Forschungsinteressen ist das sogar der Normalfall. In diesem Fall müssen wir das Phänomen, für das wir uns interessieren, zunächst manuell annotieren. Diese Annotationen können die Grundlage für eine Automatisierung der Aufgabe sein, indem wir die annotierten Daten als Trainingsdaten für einen Algorithmus des maschinellen Lernens nutzen (siehe Kapitel 11). Hierbei zeigt sich dann, ob die Aufgabe in zufriedenstellendem Maße automatisiert werden kann. Im Idealfall kann die Kategorie in Zukunft mithilfe des auf den Daten entwickelten Tools automatisch annotiert werden.

Viele geisteswissenschaftliche Kategorien sind aber (zumindest bis heute) nicht in ausreichender Qualität automatisierbar. Dies betrifft insbesondere solche Kategorien, die viel Interpretation erfordern und nicht ohne Weiteres an der sprachlichen Oberfläche festgemacht werden können. Die Verfügbarkeit automatischer Annotationstools hängt auch davon ab, wie viele Personen zu dieser Aufgabe forschen und arbeiten. Das führt insbesondere dazu, dass für das Englische bereits mehr Aufgaben erfolgreich automatisiert wurden als etwa für das Deutsche, von den meisten anderen Sprachen ganz zu schweigen.

Aber auch, wenn bereits ein Tool zur automatischen Annotation existiert, kann eine manuelle Annotation sinnvoll sein. Manuell annotierte Daten ermöglichen es uns, die Qualität automatischer Annotationen zu überprüfen. Das ist besonders dann relevant, wenn wir ein Tool auf eine Domäne anwenden wollen, die sich von den Trainingsdaten unterscheidet. Wenn wir ein Tool nutzen, das auf Zeitungsdaten trainiert wurde, und es nun auf literarische Texte aus der Zeit um 1900 anwenden, ist mit einer höheren Fehlerquote zu rechnen (Adelmann et al. 2018a; Adelmann et al. 2018b). Diese Art der Anwendung wird auf Englisch als ‚out-of-domain' bezeichnet. Um sicherzugehen, dass die Annotationen auf den neuen Daten ausreichend gut sind, können wir eine Stichprobe manuell annotieren und mit den Ergebnissen der automatischen Annotation vergleichen (siehe Kapitel 11.3.4).

Nicht zuletzt hilft das manuelle Annotieren auch beim Kennenlernen des Gegenstandes und der Schärfung theoretischer Konzepte. Bei der Anwendung vermeintlich klarer Konzepte auf Daten stellen wir häufig fest, dass die empirische Realität komplexer ist als erwartet und dass wir unsere Vorstellungen und Theorien überarbeiten müssen (Pagel et al. 2018). So leisten manuelle Annotationen auch jenseits von Automatisierungsvorhaben einen wertvollen Beitrag zum geisteswissenschaftlichen Arbeiten.

## 10.2 Annotationsrichtlinien

Wenn wir ein Phänomen manuell annotieren, müssen wir uns zunächst genau überlegen, welche Kategorien wir annotieren wollen und woran man sie erkennen kann. Auch bei Phänomenen, für die wir eine gute Intuition zu haben meinen, ist dieser Schritt unbedingt notwendig. Unsere manuellen Annotationen sollen schließlich möglichst konsistent sein und auch von anderen Personen durchgeführt werden können, deren Intuitionen vielleicht nicht mit unseren identisch sind. Deshalb müssen wir die Annotationsregeln gut dokumentieren und dafür explizite **Annotationsrichtlinien** (auch: Annotationsguidelines) erstellen. Manchmal sprechen wir auch vom **Annotationsschema**, wobei sich dieser Begriff stärker auf das Kategoriensystem bezieht, während mit Richtlinien auch das Dokument zur Beschreibung desselben gemeint ist. Die Annotationsrichtlinien haben eine ganze Reihe von Funktionen.

1. Sie dokumentieren, wie die Kategorien für die manuelle Annotation definiert werden.
2. Sie erklären anderen Personen, wie sie die Annotation vornehmen können.
3. Sie machen die Annotationskategorien dadurch intersubjektiv anwendbar.
4. Sie informieren spätere Nutzer:innen der Annotationen darüber, wie die Kategorien zu interpretieren sind.

Am Anfang der Richtlinienerstellung steht ein bestimmtes Konzept, das annotiert werden soll und in der Regel in einem theoretischen Rahmen definiert ist. Ein Beispiel aus der Literaturwissenschaft ist das Konzept der Erzählebenen, wofür im Rahmen der Initiative *SANTA* Annotationsrichtlinien entwickelt wurden (Reiter, Willand & Gius 2019). Allgemein gesprochen geht es bei den Erzählebenen darum, dass in einem

Text mehrere Erzählinstanzen vorkommen können. Ein typisches Beispiel ist ein Text, der aus einer Rahmen- und einer Binnenerzählung besteht. Das bedeutet, dass in der Erzählung eine der Figuren selbst beginnt, eine (eingebettete) Geschichte zu erzählen. Die Erkennung der Erzählebenen ist für viele weiterführende literaturwissenschaftliche Analysen wichtig, zum Beispiel wenn man sich für die temporale Struktur der Erzählung interessiert, die sich in Abhängigkeit von der Erzählebene verändert (Gius & Jacke 2016).

Wenn man das Zielphänomen identifiziert und sich mit den theoretischen Ansätzen dazu beschäftigt hat, erfolgt im nächsten Schritt die **Operationalisierung**. Hiermit ist gemeint, dass wir unser Zielkonzept messbar machen müssen. Woran erkennen wir, ob das Phänomen in einem Text vorliegt oder in welchem Ausmaß es vorliegt? Zur Operationalisierung gehört die „Entwicklung von Verfahren, die einen Begriff über potentiell mehrere Teilschritte oder -begriffe explizit und regelgeleitet auf Textoberflächenphänomene zurückführen" (Pichler & Reiter 2021: 4). Im Beispiel der Annotation der Erzählebenen entscheiden sich Ketschik, Krautter et al. (2020) dafür, den Erzählerwechsel als zentrales Kennzeichen einer neuen Erzählebene zu nutzen.[52] Sie beschreiben detailliert und anhand von Beispielen, wie typische und seltenere Fälle von Erzählebenenwechseln auf diese Weise erkannt werden können, grenzen den Erzählebenenwechsel von verwandten Phänomenen ab und erklären, wie die Annotation ganz praktisch umgesetzt wird, etwa durch Klammerstrukturen wie im folgenden Beispiel:

> $[_1$ ... $[_2$ „Auf einem Marsch 1792 in der Rheinkampagne", $]_2$ begann der Offizier, $[_2$ „bemerkte ich, nach einem Gefecht, das wir mit dem Feinde gehabt hatten, einen Soldaten ..." $]_2$ $]_1$ (Kleist, Beispiel aus Ketschik, Krautter et al. 2020: 457)

Die eckigen Klammern mit dem Index 1 markieren die äußerste Erzählebene oder Rahmenhandlung, die im Beispiel den ganzen Text umfasst. Die zweite Erzählebene beginnt mit der Erzählung des Offiziers und wird durch die eckigen Klammern mit dem Index 2 gerahmt. Sie wird kurz durch die Sprecherattribution *begann der Offizier* unterbrochen, die wieder auf der ersten Erzählebene zu verorten ist.

Viele Annotationsaufgaben bestehen eigentlich aus zwei Teilaufgaben: Im ersten Schritt müssen die **Annotationseinheiten** (engl. ‚markables') identifiziert werden. Dabei geht es darum, festzustellen, auf welche Textspannen das Kategoriensystem überhaupt anzuwenden ist. Manchmal ist das vorab klar definiert. Bei der Wortartenannotation zum Beispiel sind die Annotationseinheiten Token, die vorab durch eine Tokenisierung (Kapitel 2.2) definiert wurden. Bei der Annotation muss nur noch der zweite Schritt vorgenommen werden, nämlich die Kategorisierung der Token in die verfügbaren Annotationskategorien. Bei anderen Aufgaben ist die Frage nach den Annotationseinheiten schwieriger zu beantworten. Angenommen,

52 Die Autor:innen sprechen auch dann von einem Erzählerwechsel, wenn zwar die gleiche Figur erzählt, sich aber ihre „Stellung [...] zum Erzählten ändert" (Ketschik, Krautter et al. 2020: 448).

wir wollen in einem Text vorkommende Emotionen annotieren (Kapitel 6.4). Emotionen können in einem einzigen Wort ausgedrückt, aber auch über einen ganzen Absatz hinweg beschrieben werden. Für die Formalisierung und quantitative Auswertung der Annotationen ist es oft hilfreich, die Annotationseinheiten vorab zu definieren. Wir können festlegen, dass Emotionen satzweise annotiert werden. Unter Umständen wird das aber dem Phänomen nicht gerecht. Was machen wir, wenn in einem Satz mehrere Emotionen vorkommen? Und wie wirkt es sich auf die Auswertung aus, wenn zehn aufeinanderfolgende Sätze mit der gleichen Emotion annotiert werden, weil sie sehr ausführlich geschildert wird? Alternativ können wir die Annotator:innen frei wählen lassen, welche Textspanne sie als Annotationseinheit für sinnvoll halten. Dies führt aber zu anderen Herausforderungen bei der Auswertung. Wir können insbesondere schwerer etwas darüber aussagen, inwieweit die Annotator:innen sich einig sind (Kapitel 10.3), weil sich ihre Annotationseinheiten vermutlich oft gar nicht oder nur teilweise überschneiden. Wir müssen im konkreten Anwendungsfall sorgfältig abwägen, welche Vor- und Nachteile für unser Anliegen ausschlaggebend sind.

Das Verfassen von Annotationsrichtlinien ist ein iterativer Prozess: Basierend auf einem theoretischen Konzept und unseren Vorannahmen erstellen wir eine erste Version der Richtlinie und wenden diese auf Daten an. Bei der Anwendung zeigt sich meistens, dass einige Textstellen mit den bisher vorgesehenen Regeln nicht zweifelsfrei einer Kategorie zugeordnet werden können. Ausgehend von diesen Zweifelsfällen kann die Richtlinie überarbeitet werden. Dieser Prozess kann mehrfach wiederholt werden. Nach den ersten Durchläufen ist es sinnvoll, mindestens eine zweite Person anhand der Richtlinie die gleichen Texte annotieren zu lassen und die Abweichungen zwischen den Versionen wiederum zum Anlass für Klarstellungen in der Annotationsrichtlinie zu nehmen. Bei mehreren Annotator:innen können wir außerdem mit dem Inter-Annotator-Agreement berechnen, wie gut sie übereinstimmen (siehe Kapitel 10.3). Hierüber lässt sich auch das Ende der Verbesserungsdurchgänge definieren: Wenn die Übereinstimmung zwischen mehreren unterschiedlichen Personen einen bestimmten Zielwert erreicht hat, können wir die Qualität der Annotationsrichtlinie als ausreichend betrachten.

Abbildung 32 aus Reiter (2020) fasst zusammen, welche Fragen innerhalb einer Annotationsrichtlinie thematisiert werden sollten. Weitere Beispiele für Annotationsrichtlinien sind die Guidelines für die Wortartenannotation mit dem STTS (Schiller et al. 1999, siehe auch Kapitel 3), die Annotation von Prozessen der Wissensvermittlung in Dramen (Andresen et al. 2021), weitere *SANTA*-Beispiele zur Annotation von Erzählebenen (Reiter, Willand & Gius 2019) oder zahlreiche linguistische Beispiele in Ide & Pustejovsky (2017).

1. Einleitung
   - Worum geht es? Was soll annotiert werden?
   - Worauf basieren die Richtlinien?
   - Wer hat sie wann in welchem Projekt erstellt?
   - An wen richten sie sich? Welche Kenntnisse werden auf Seiten der Annotierenden vorausgesetzt?
2. Annotationseinheiten
   - Was sind die zu annotierenden Einheiten (z. B. Wörter, Sätze, Absätze, ...)?
   - Sind alle Einheiten zu annotieren oder nur bestimmte? Woran erkennt man sie?
3. Annotationskategorien
   - Welche Kategorien werden den Einheiten zugewiesen?
   - Woran erkennt man eine Kategorie?
   - Welche Kategorien sind ggf. leicht zu verwechseln?
   - Gibt es Abhängigkeiten zwischen den Kategorien?
4. Problematische Fälle
   - Was sind schwierige Fälle?
   - Wie wurde bei denen entschieden, und warum?
5. Praktische Umsetzung
   - Wie genau ist das Annotationstool zu verwenden?
   - Falls das Annotationstool eine eigene Anleitung bereitstellt, kann auch auf diese verwiesen werden. In dem Fall sollte aber ggf. eine ‚Übersetzung' der Begriffe mitgeliefert werden.
6. Änderungsprotokoll
   - Welche Stellen wurden in welcher Iteration geändert?

Abbildung 32: Muster zur Strukturierung einer Annotationsrichtlinie (aus Reiter 2020: 199)

## 10.3 Qualität manueller Annotationen prüfen

Wenn wir ein Phänomen manuell annotieren, stellt sich immer die Frage der Qualitätskontrolle: Woher wissen wir, dass unsere Annotationen nicht subjektiv sind? Diese Frage betrifft das in allen Wissenschaften zentrale Qualitätsmerkmal der **Reliabilität**:

> Reliabilität ist ein zentrales Gütekriterium für (empirische) Untersuchungen. Es besagt, dass ein Untersuchungsverfahren verlässlich ist, wenn bei einer Wiederholung unter denselben oder sehr ähnlichen Umständen (Untersuchungssetting) dasselbe Ergebnis erzielt werden könnte. (Albert o. J.)

Unser Untersuchungsverfahren oder Messinstrument ist in diesem Fall das Annotationsschema. Wenn sich das Annotationsschema als reliabel erweist, dann erzeugen zwei unterschiedliche Personen bei der Anwendung des Schemas sehr ähnliche Annotationen. Für die Messung der Reliabilität benötigen wir also immer Annotationen des gleichen Textmaterials von mindestens zwei unterschiedlichen Personen. Das darauf anzuwendende Reliabilitätsmaß bezeichnen wir als **Inter-Annotator-Agreement** (IAA).

Nehmen wir an, wir forschen dazu, wie ein bestimmtes Ereignis in den sozialen Medien bewertet wird. Dafür erheben wir ein Korpus aus Posts zu diesem Ereignis und lassen die Annotator:innen für jeden Post bestimmen, ob das Ereignis als positiv, neutral oder negativ dargestellt wird (siehe Sentimentanalyse, Kapitel 6). Wie bestimmen wir nun den Grad der Übereinstimmung zwischen zwei Personen? Zunächst können wir natürlich einfach zählen, bei wie vielen Posts die beiden Personen die gleiche Annotationskategorie ausgewählt haben. So kommen wir zu einer Aussage wie: In 75 Prozent der Posts haben die beiden Personen die gleiche Kategorie ausgewählt. Diesen Wert bezeichnen wir als beobachtete Übereinstimmung (engl. ‚observed agreement'). Dieses einfache Maß hat aber einen entscheidenden Nachteil: Je nach Anzahl und Verteilung der Annotationskategorien kann eine Übereinstimmung von 75 Prozent ganz unterschiedlich gut sein. Das wird sehr deutlich, wenn man sich vorstellt, die Annotator:innen hätten die Kategorien nach dem Zufallsprinzip vergeben, etwa indem sie die Kategorie auswürfeln. Wenn unser Annotationsschema nur zwei Kategorien unterscheidet, würden zwei solcher Annotator:innen trotzdem auf eine Übereinstimmung von 50 Prozent kommen. Hat unser Annotationsschema hingegen fünf Kategorien, beträgt die durch den Zufall erreichbare Übereinstimmung nur noch 20 Prozent. Um zu beurteilen, inwieweit tatsächlich die erfolgreiche Anwendung des Annotationsschemas für den Grad der Übereinstimmung zwischen den Annotator:innen verantwortlich ist, müssen wir die jeweils zufällig erreichbare Übereinstimmung herausrechnen. Dieser Vorgang wird als Zufallskorrektur (engl. ‚chance correction') bezeichnet. Erst dadurch werden die Agreement-Werte auch zwischen unterschiedlichen Aufgaben vergleichbar.

Abbildung 33 illustriert diesen Vorgang: Der dunkle Teil der Balken zeigt uns die jeweils vorliegende Übereinstimmung an. Die 0 am unteren Ende des Balkens steht dabei für gar keine Übereinstimmung in den Urteilen, die 1 am oberen Ende für die vollständige Überstimmung bei allen Annotationseinheiten. Auf der linken Seite ist die in unserem Beispiel durch Zufallsauswahl erreichbare Übereinstimmung $A_e$ (= Agreement, expected) in Hellgrau eingezeichnet. Da das Schema drei Kategorien hat (positiv, neutral, negativ), liegt diese bei 0,33. Der weiße Bereich darüber ist

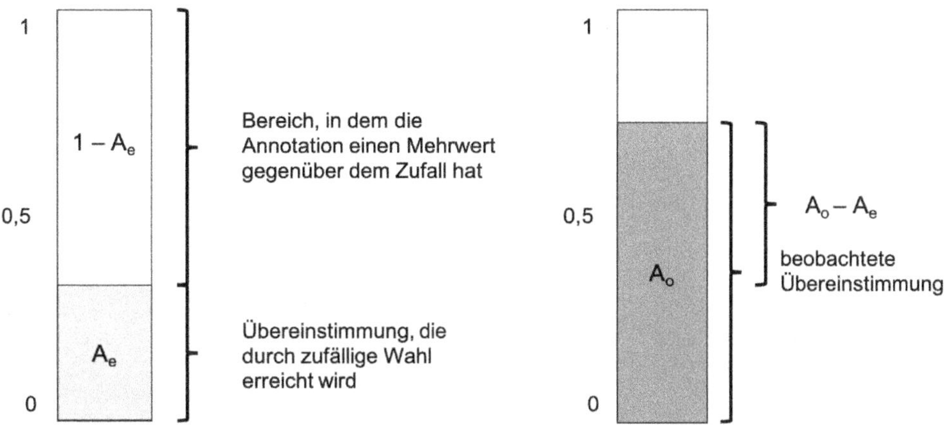


Abbildung 33: Korrektur der beobachteten Übereinstimmung um die durch zufällige Auswahl erreichbare Übereinstimmung

derjenige Bereich, in dem die Annotation potenziell einen Mehrwert gegenüber dem Zufall hat. Die Größe dieses Bereiches kann durch $1 - A_e$ berechnet werden. Auf der rechten Seite ist die tatsächlich beobachtete Übereinstimmung $A_o$ (= Agreement, observed) in Dunkelgrau dargestellt. Sie liegt im Beispiel bei 0,75. Um zu ermitteln, wie viel dieser Übereinstimmung oberhalb der zufällig erwartbaren Übereinstimmung liegt, berechnen wir die Differenz $A_o - A_e$. Damit können wir ermitteln, welchen Anteil der möglichen, über den Zufall hinausgehenden Übereinstimmung $(1 - A_e)$ die Annotator:innen tatsächlich erreicht haben. Allgemein lässt sich das Inter-Annotator-Agreement demnach auf die folgende Formel bringen (Paun, Artstein & Poesio 2022: 16):

$$IAA = \frac{A_O - A_e}{1 - A_e}$$

Während die beobachtete Übereinstimmung direkt aus den Daten abgelesen werden kann, gibt es mehrere Möglichkeiten, die bei zufälliger Auswahl der Annotationskategorien erwartete Übereinstimmung zu berechnen. Im Beispiel in Abbildung 33 haben wir angenommen, dass unsere drei Kategorien in den Daten gleich wahrscheinlich sind. Das ist jedoch in vielen Fällen nicht gegeben. Zusätzlich kann es bei der Berechnung der erwarteten Übereinstimmung sinnvoll sein, einzubeziehen, dass unterschiedliche Annotator:innen die Kategorien unterschiedlich häufig vergeben.

Ein IAA-Maß, das diese beiden Faktoren berücksichtigt, ist **Cohens Kappa** (Cohen 1960), dessen Logik und Berechnung wir im Folgenden an einem Beispiel durchspielen. Angenommen, wir lassen die oben beschriebene Annotation zur Bewertung eines Ereignisses in den sozialen Medien von zwei Personen für 200 Posts durchführen. Wenn wir ihre Ergebnisse miteinander vergleichen, erhalten wir die Verteilung, die in Tabelle 20 als Kreuztabelle dargestellt ist. Wir können der Tabelle zum Beispiel entnehmen, dass 81 Posts von beiden Personen als positiv annotiert wurden, dass 19 Posts von Person 1 als neutral, aber von Person 2 als positiv bewertet wurden usw.

| | | **Person 2** | | | |
|---|---|---|---|---|---|
| | | positiv | neutral | negativ | Summe |
| **Person 1** | positiv | 81 | 7 | 2 | 90 |
| | neutral | 19 | 25 | 9 | 53 |
| | negativ | 0 | 24 | 33 | 57 |
| | Summe | 100 | 56 | 44 | 200 |

Tabelle 20: Beispielergebnis für die Annotation von Sentiment in Social-Media-Posts durch zwei Personen als Kreuztabelle

Die beobachtete Übereinstimmung ergibt sich aus den Werten in der Diagonalen: In 81 Fällen haben beide Personen positiv annotiert, in 25 Fällen beide neutral und in 33 Fällen beide negativ. Wir berechnen $A_o$ demnach wie folgt:

$$A_O = \frac{81 + 25 + 33}{200} = 0,695$$

Für die erwartete Übereinstimmung stellen wir uns die folgende Frage: Wenn beide Personen die Kategorien zufällig vergeben würden, wie oft würden sie trotzdem übereinstimmen? Wir berücksichtigen dabei, wie häufig die beiden Personen die drei Kategorien insgesamt vergeben haben. Dafür nutzen wir die Randsummen in Tabelle 20. Die Wahrscheinlichkeit, dass Person 1 die Kategorie „positiv“ vergibt, liegt bei 90/200 = 0,45. Die Wahrscheinlichkeit, dass Person 2 die Kategorie „positiv“ vergibt, liegt bei 100/200 = 0,5. Die Wahrscheinlichkeit, dass beide Personen für einen Post die Kategorie „positiv“ vergeben, liegt dementsprechend bei $0,45 \cdot 0,5 = 0,225$. Diese Wahrscheinlichkeit berechnen wir für alle drei Kategorien und addieren die Ergebnisse:

$$\begin{aligned} A_e &= \left(\frac{100}{200} \cdot \frac{90}{200}\right) + \left(\frac{56}{200} \cdot \frac{53}{200}\right) + \left(\frac{44}{200} \cdot \frac{57}{200}\right) \\ &= 0,225 + 0,074 + 0,063 \\ &= 0,362 \end{aligned}$$

Nun können wir die erwartete und die beobachtete Übereinstimmung zur Berechnung von Cohens Kappa verwenden:

$$\kappa = \frac{A_O - A_e}{1 - A_e} = \frac{0,695 - 0,362}{1 - 0,362} = 0,521$$

Wir erhalten für die Annotationen in Tabelle 20 also einen Kappa-Wert von 0,521. Wie können wir diesen Wert nun interpretieren? Den maximalen Wert von 1 erreichen wir, wenn die Annotator:innen sich in allen Fällen für die gleiche Option entschieden haben. Einen Wert von 0 erhalten wir, wenn die Übereinstimmung unserer Annotator:innen genauso groß ist, wie auch bei zufälliger Auswahl zu erwarten wäre. Ein negativer Wert drückt aus, dass das Ergebnis sogar schlechter ist, als bei zufälliger Auswahl erwartbar – in diesem Fall ist also wirklich etwas schiefgelaufen. Ab welchem Wert wir nun von einem ausreichend guten Ergebnis sprechen, lässt sich schwer pauschal beantworten. Zur Orientierung wird häufig die Tabelle von Landis & Koch (1977: 165) herangezogen (siehe Tabelle 21), auch wenn die Autoren selbst diese Grenzwerte als „clearly arbitrary" (ebd.) bezeichnen. In unserem Beispiel liegt im Sinne dieser Referenzwerte immerhin eine moderate Übereinstimmung zwischen den beiden Annotator:innen vor. Letztlich hängt die Frage, welche Werte realistisch zu erreichen sind, stark von der Anwendungsdomäne und der Operationalisierbarkeit der Kategorien ab. Während in der Computerlinguistik teilweise strenge Minimalwerte von 0,8 angesetzt werden (Paun, Artstein & Poesio 2022: 77), sind viele Analysekategorien in den Geisteswissenschaften weniger klar definiert und stärker von der subjektiven Einschätzung der Annotator:innen abhängig. Eine gute Strategie besteht deshalb darin, sich auf die Suche nach Studien mit vergleichbaren Annotationsaufgaben zu machen und die eigenen Ergebnisse zu diesen in Relation zu setzen (vgl. Pustejovsky & Stubbs 2012: 131–132).

| **Kappa-Wert** | **Stärke der Übereinstimmung** |
|---|---|
| < 0,00 | schlecht („poor") |
| 0,00–0,20 | geringfügig („slight") |
| 0,21–0,40 | ausreichend („fair") |
| 0,41–0,60 | mäßig („moderate") |
| 0,61–0,80 | erheblich („substantial") |
| 0,81–1,00 | fast perfekt („almost perfect") |

Tabelle 21: Interpretation der Agreement-Werte nach Landis & Koch (1977: 165)

Weitere wichtige IAA-Maße sind Fleiss' Kappa (Fleiss 1971) und Krippendorffs Alpha (Krippendorff 1980), die auch für Konstellationen mit mehr als zwei Annotator:innen berechnet werden können. Krippendorffs Alpha ermöglicht außerdem die unterschiedliche Gewichtung von Annotationsunterschieden: Wenn die Annotator:innen zwei eng verwandte Kategorien gewählt haben, wollen wir die Abweichung unter Umständen weniger stark gewichten, als wenn sie sich für zwei völlig unterschiedliche Kategorien entschieden haben. Für einen umfassenderen Überblick über IAA-Maße eignen sich beispielsweise Artstein & Poesio (2008) sowie Reiter & Konle (2022).

Um die Abweichungen zwischen den Annotator:innen besser zu verstehen und ggf. passende Veränderungen an den Annotationsrichtlinien vornehmen zu können, ist natürlich nicht nur das Ausmaß der Übereinstimmung relevant, sondern vor allem interessant, bei welchen Kategorien sich die meisten Unstimmigkeiten ergeben. Hierfür ist eine sog. **Konfusionsmatrix** hilfreich, wie sie uns in Tabelle 20 bereits vorliegt. Wir können erwartungsgemäß sehen, dass nur in wenigen Fällen eine Person „positiv", die andere „negativ" annotiert hat. Die meisten Unterschiede ergeben sich zwischen der Kategorie „neutral" und den beiden anderen. Insgesamt neigt Person 1 stärker zur Kategorie „negativ", Person 2 zur Kategorie „positiv". Für die Weiterentwicklung der (fiktiven) Annotationsrichtlinie können wir ableiten, dass wir die Kategorie der neutralen Bewertung vielleicht klarer definieren und von den anderen abgrenzen müssen. Ergänzend ist es sinnvoll, sich die konkreten Annotationseinheiten anzuschauen, die zu den Abweichungen geführt haben. Allerdings ist zu bedenken, dass wir es mit einer Annotationskategorie zu tun haben, die stark auf die subjektive Einschätzung baut, sodass unterschiedliche Menschen naturgemäß zu unterschiedlichen Urteilen kommen werden.

Insgesamt ist zu bedenken, dass das Inter-Annotator-Agreement lediglich die Reliabilität unserer Messung prüft, aber nicht ihre Validität: Wir können mit dem IAA zeigen, dass zwei Personen zu den gleichen Ergebnissen kommen, aber nicht, dass diese Ergebnisse auch korrekt sind. Wenn zum Beispiel eine missverständliche Formulierung in den Annotationsrichtlinien von beiden Personen gleichermaßen falsch verstanden wird, wird das Agreement ihrer Annotationen in diesem Bereich trotzdem hoch sein.

## 10.4 Tools zur manuellen Annotation

Manuelle Annotationen können theoretisch auch auf dem Papier vorgenommen werden. In den meisten Fällen wollen wir jedoch mit den fertigen Annotationen digital weiterarbeiten, indem wir zum Beispiel in den Daten nach bestimmten Annotationskategorien suchen oder Kategorien zählen. Deshalb empfiehlt es sich, die Annotation von vornherein digital durchzuführen.[53] Für die manuelle Annotation stehen zahlreiche digitale Tools zur Verfügung.

Für viele Annotationsaufgaben eignet sich eine gewöhnliche Software zur Tabellenverarbeitung wie *LibreOffice Calc* oder *Microsoft Excel*. Das ist insbesondere dann der Fall, wenn die Annotationsspannen fest definiert sind. Besteht die Aufgabe etwa darin, jeden Satz eines Textes dahingehend zu klassifizieren, ob darin Krankheit thematisiert wird oder nicht, kann der Text vorab in Sätze segmentiert und den Annotator:innen

53 Eine Ausnahme sind vielleicht die allerersten explorativen Annotationen, die für manche Menschen auf Papier zugänglicher sein können.

eine Tabelle mit einem Satz pro Zeile präsentiert werden. Die Annotation erfolgt in einer dafür vorgesehenen Spalte. Bei einer festen Menge von Kategorien können wir die Eingaben in dieser Spalte so beschränken, dass nur die korrekten Kategorienbezeichnungen eingetragen oder über ein Drop-down-Menü ausgewählt werden können. So lassen sich Inkonsistenzen durch Tippfehler vermeiden. Tabellenverarbeitungsprogramme bieten in der Regel auch eine große Vielfalt von Auswertungsmöglichkeiten, etwa quantitative Übersichten zur Verteilung der Kategorien in Form von Pivot-Tabellen. Für spezifischere Auswertungen und Visualisierungen können wir die annotierten Daten im csv-Format exportieren, das wiederum mit anderen Tools wie *Python* oder *R* eingelesen und weiterverarbeitet werden kann.

Wenn hingegen nicht im Vorfeld der Annotation klar ist, was mögliche Annotationsspannen sind, brauchen wir mehr Flexibilität. Wollen wir zum Beispiel annotieren, wo im Text ein bestimmtes Thema verhandelt wird, kann sich das über einzelne Wörter, Sätze oder ganze Absätze erstrecken. Die Möglichkeit variabler Annotationsspannen bietet unter anderem das Annotationstool ⟶ *CATMA* (Computer Assisted Text Markup and Analysis, Gius et al. 2023), das in der Literaturwissenschaft entwickelt wurde. *CATMA* ist browserbasiert, erfordert also keinen Download, aber eine stabile Internetverbindung. In *CATMA* können wir eigene Texte hochladen, eigene Tagsets anlegen und die Texte annotieren. Die Arbeit an einem Projekt kann allein erfolgen, es wird aber auch die Zusammenarbeit in Projektgruppen unterstützt. *CATMA* bietet außerdem eine ganze Reihe von Auswertungsmöglichkeiten für die fertigen Annotationen an. Wenn die tooleigenen Optionen nicht ausreichen, kann man die Daten in unterschiedlichen Formaten exportieren. Als Einstieg in die Verwendung von *CATMA* eignet sich das Tutorial auf der Webseite der Software, außerdem stehen mehrere Videotutorials zur Verfügung.

Eine andere Option ist das komplexere Tool ⟶ *INCEpTION* (Klie et al. 2018). *INCEpTION* eignet sich für die manuelle Annotation von Texten in unterschiedlichen Formaten und mit beliebigen Tagsets. Es erlaubt, die Annotationsspannen vorab festzulegen (z. B. Token oder Sätze), und unterstützt auch die Annotation von Relationen zwischen zwei Annotationsspannen, wie wir sie zum Beispiel bei manchen Formen der Koreferenzannotation benötigen. *INCEpTION* bietet außerdem die Möglichkeit, basierend auf den schon vorgenommenen manuellen Annotationen automatische Vorschläge für die weitere Annotation zu generieren. Ein weiteres wichtiges Merkmal ist die Einbindung von Wissensdatenbanken. Beispielsweise können im Text vorkommende Eigennamen mit den entsprechenden Instanzen in ⟶ *Wikidata* verbunden werden oder Verben mit ihrer entsprechenden Lesart in ⟶ *Wordnet* (siehe Kapitel 5.2). *INCEpTION* kann lokal auf dem eigenen Computer installiert und verwendet werden. Es bietet auch eine umfangreiche Unterstützung für die kollaborative Annotation durch mehrere Personen und die Zusammenführung der Annotationen durch eine kuratierende Person an. Um diese Funktionalitäten mit mehreren Endgeräten zu nutzen, ist die Installation auf einem Server notwendig, die für Einsteiger:innen ohne Zugriff auf zum Beispiel eine universitäre Instanz der Software eine technische

Hürde darstellen kann. Die Webseite bietet eine ausführliche Dokumentation des Funktionsumfangs und Anwendungsbeispiele aus diversen Disziplinen und zu ganz unterschiedlichen Annotationsaufgaben.

Speziell für die Koreferenzannotation (Kapitel 8.3) wurde der ⟶ *CorefAnnotator* (Reiter 2018) entwickelt, der mittlerweile aber auch für eine Reihe anderer Annotationsaufgaben genutzt wurde (zum Beispiel in Andresen et al. 2022). Das javabasierte Tool verfügt über eine einfache Benutzungsoberfläche und ist auch für lange Texte geeignet (siehe Abbildung 23 in Kapitel 8.3).

## 10.5 Übungen

1. Stellen Sie sich vor, Sie wollen das ⟶ *Foodblogkorpus* daraufhin annotieren, mit was für Argumenten die Autor:innen ihre Rezepte jeweils anpreisen. Sichten Sie ein paar Texte, um sich einen Eindruck davon zu verschaffen, wie das Phänomen in den Daten aussieht. Die meisten Rezepte werden als lecker bezeichnet, viele als besonders schnell zuzubereiten, besonders eindrucksvoll für Gäste usw. Versuchen Sie, ein kleines Kategoriensystem zu erstellen, und erläutern Sie die Unterscheidungskriterien. Wenn möglich, tauschen Sie sich mit einer anderen Person dazu aus.
2. Probieren Sie die manuelle Annotation mit dem Tool ⟶ *CATMA* aus. Erstellen Sie dafür einen Account bei *CATMA* oder loggen Sie sich mit einem Google-Account ein. Erkunden Sie die Möglichkeiten, Texte hochzuladen, Tagsets zu erstellen, zu annotieren und Annotationen auszuwerten, indem Sie dem Tutorial auf der Webseite folgen. Vielleicht haben Sie auch eine eigene Annotationsidee, die Sie in diesem Zuge ausprobieren können, oder Sie versuchen, Aufgabe 1 in CATMA umzusetzen.
3. Für einen Datensatz von 100 Fotos von Vögeln werden zwei Personen darum gebeten, jeweils zu bestimmen, ob es sich bei dem abgebildeten Vogel um eine Ente oder eine Gans handelt. Die Antworten verteilen sich wie folgt:

| | | **Person 2** | |
|---|---|---|---|
| | | Ente | Gans |
| **Person 1** | Ente | 60 | 15 |
| | Gans | 10 | 15 |

Tabelle 22: Beispieldaten zur Berechnung des Inter-Annotator-Agreements

Berechnen Sie die beobachtete Übereinstimmung, die bei zufälliger Auswahl erwartete Übereinstimmung und Cohens Kappa.

4. Im digitalen Anhang steht ein *Python*-Skript zur Verfügung, das die Berechnung von Cohens Kappa auf den Daten aus Aufgabe 3 durchführt. Das Skript erfordert die Installation der Bibliothek *scikit-learn*. Probieren Sie das Skript aus und vergleichen Sie das automatisch berechnete mit Ihrem manuellen Ergebnis.

Musterlösungen und Skripte stehen im Online-Shop des Narr Verlags unter https://files.narr.digital/9783823385790/Zusatzmaterial.zip zur Verfügung.

# 11 Maschinelles Lernen

In diesem Kapitel befassen wir uns mit dem maschinellen Lernen, grenzen es von regelbasierten Ansätzen ab und unterscheiden überwachte und unüberwachte Lernverfahren. Am Beispiel der Klassifikation schauen wir uns im Detail an, was wir für das maschinelle Lernen brauchen, wie ein maschinelles Lernverfahren mit dem Naive-Bayes-Algorithmus abläuft und wie wir am Ende einschätzen können, wie gut unser Modell funktioniert.

## 11.1 Maschinelles Lernen, künstliche Intelligenz & Co.

Ein zentrales Ziel computerlinguistischer Forschung besteht darin, Annotationsaufgaben zu automatisieren. Dies hat im Idealfall den Vorteil, dass wir, sobald ein solches System funktioniert, sehr große Mengen Text in relativ kurzer Zeit und ohne Arbeitskraft annotieren können. Grundsätzlich ermöglichen uns größere Mengen annotierter Daten besser generalisierbare Aussagen über unseren Forschungsgegenstand. Viele Fragestellungen werden außerdem überhaupt erst durch die entsprechenden Annotationen bearbeitbar.

Wir können eine Annotationsaufgabe auf unterschiedliche Art und Weise automatisieren. Grundlegend unterscheidet man zwischen **regelbasierten Systemen** und solchen, die auf **maschinellem Lernen** basieren. Regelbasierte Systeme treffen Entscheidungen auf der Grundlage von Regeln, die von Menschen erstellt wurden. Hierzu benötigen wir Expert:innen für das Zielphänomen, beispielsweise für Wortarten des Deutschen. Diese Expert:innen bringen ihr Wissen über das Phänomen in eine formalisierte und maschinenlesbare Form, die dann durch den Computer angewendet werden kann.

Stellen wir uns das relativ einfache Beispiel vor, dass wir für einen Text bestimmen wollen, ob es sich um ein Sonett handelt oder nicht (siehe Abbildung 34). Unser Input für das Modell könnten die Anzahl der Zeilen und die durchschnittliche Länge der Zeilen sein.[54] Das Modell kann in Regeln bestehen, die zunächst festlegen, dass nur Texte mit genau 14 Zeilen ein Sonett sein können. Das zweite Kriterium der Zeilenlänge ist weniger klar umrissen: Sonette haben in der Regel zehn oder elf Silben pro Vers.[55] Da Silben schwer automatisch zu identifizieren sind, nähern wir uns diesem Merkmal über die Wortanzahl. In deutscher Sprache sind im Mittel etwa sechs bis acht Wörter pro Vers zu erwarten. Dieses Kriterium bleibt unscharf, da natürlich auch Sonette mit mehr

54 Da im Szenario zunächst offen ist, um welche Textsorte es sich tatsächlich handelt, ist hier nicht von Versen, sondern rein an der Oberfläche orientiert von Zeilen die Rede. Ggf. zwischen den Strophen vorhandene Leerzeilen werden im Szenario nicht berücksichtigt.

55 Das gilt jedenfalls für das Sonett italienischer Tradition mit fünfhebigen Jamben, das im deutschsprachigen Raum etwa seit der Romantik vorherrscht (vgl. Borgstedt 2010).

oder weniger Wörtern pro Vers denkbar sind. Gleichzeitig müssen Sonette noch weitere Merkmale wie ein bestimmtes Reimschema aufweisen, die hier unberücksichtigt bleiben. Das Modell kann aber zumindest gute Kandidaten-Texte ermitteln. Wie gut das Modell funktioniert, hängt nicht zuletzt auch davon ab, von welchen anderen Textsorten das Sonett unterschieden werden soll. Die Abgrenzung von Zeitungstexten fällt womöglich deutlich leichter als die von anderen Gedichtformen.

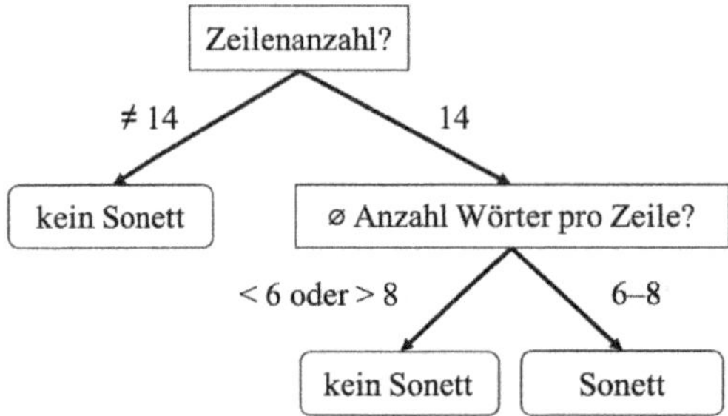


Abbildung 34: Beispiel für eine Entscheidungsregel zur Textklassifikation

Regelbasierte Verfahren haben den Vorteil, dass wir sehr genau nachvollziehen können, wie das System zu seinen Entscheidungen gekommen ist, indem wir prüfen, welche Regeln jeweils zum Einsatz gekommen sind. Allerdings geraten regelbasierte Verfahren auch schnell an ihre Grenzen. Dies hat verschiedene Gründe. Erstens haben wir Menschen sehr viel implizites Wissen, das wir zwar beim Verstehen und Produzieren von Sprache problemlos und erfolgreich anwenden, aber nicht ohne Weiteres auch in Worte, geschweige denn formal präzise Regeln fassen können. Zweitens sind regelbasierte Verfahren schnell nicht mehr funktional, wenn sich die Anwendungsdaten ändern, indem wir zum Beispiel eine andere Textsorte oder gar eine andere Sprache betrachten. In diesen Fällen müsste ein ganz neues Regelsystem entwickelt werden, vermutlich von anderen Expert:innen. Deshalb kommen in der modernen Computerlinguistik nur noch selten regelbasierte Verfahren zum Einsatz.

Stattdessen setzen aktuelle Systeme mehrheitlich auf maschinelles Lernen. Für das maschinelle Lernen benötigen wir keine von Menschen formulierten Regeln, sondern das System leitet die Regeln aus Beispieldaten ab. Pustejovsky & Stubbs (2012: 20) definieren maschinelles Lernen wie folgt:

> Machine learning is the name given to the area of Artificial Intelligence concerned with the development of algorithms that learn or improve their performance from experience or previous encounters with data. They are said to learn (or generate) a function that maps particular input data to the desired output.

Ähnlich beschreibt Zweig (2019: 132) das maschinelle Lernen als „[a]utomatisiertes Lernen an Beispielen, in denen Entscheidungsregeln gesucht und in einem statistischen Modell abgelegt werden“. Beiden Definitionen ist gemein, dass die Beispieldaten der zentrale Ausgangspunkt des Verfahrens sind. Das Ergebnis des maschinellen

Lernens bezeichnen Pustejovsky & Stubbs als Funktion, Zweig als statistisches Modell. Letzterer Begriff wird in der Computerlinguistik häufiger verwendet, gemeint ist das Gleiche: Wir übergeben einen Input, also zum Beispiel einen Text oder eine Reihe von Merkmalen, in numerischer Form an das Modell, dort findet eine Berechnung statt und das Ergebnis dieser Berechnung, zum Beispiel die Zuordnung zu einer bestimmten Kategorie, wird ausgegeben.

Das oben angeführte Beispiel zur Sonett-Klassifikation ließe sich auch mit maschinellem Lernen bearbeiten: Wir brauchen dazu Trainingsdaten, die sowohl Sonette als auch Texte anderer Textsorten enthalten, von denen die Sonette unterschieden werden sollen. Jeder Text in den Trainingsdaten ist bereits einer Textsorte zugeordnet. Wir müssen außerdem festlegen, welche Merkmale der Texte das Modell berücksichtigen soll. Analog zu unseren Regeln oben können wir zum Beispiel die Zeilenanzahl als Merkmal nutzen – welche Anzahl auf welche Textsorte hinweist, ermittelt der Algorithmus dann aber anhand der Trainingsdaten selber.

Insbesondere in journalistischen Beiträgen ist häufig von „künstlicher Intelligenz" die Rede. Diese Wortwahl ist oft irreführend, da „Intelligenz" bei den meisten Menschen Assoziationen weckt, die mit einem Bewusstsein und Handlungsabsichten zu tun haben. Das kann gleichermaßen große Skepsis und sogar Angst auslösen oder zu einer übertrieben euphorischen Einschätzung unserer technischen Möglichkeiten führen. Letztlich stecken hinter der künstlichen Intelligenz Verfahren des maschinellen Lernens inklusive der neuesten Verfahren des Deep Learning (Kapitel 12) – in jedem Fall also zunächst mal mehr, mal weniger komplexe Statistik (Zweig 2019: 129).

## 11.2 Überwachtes und unüberwachtes Lernen

Beim maschinellen Lernen werden zwei Formen unterschieden, die unterschiedliche Voraussetzungen und Anwendungsmöglichkeiten haben: das überwachte und das unüberwachte Lernen.

Das **überwachte Lernen** (engl. ‚supervised learning') zeichnet sich dadurch aus, dass wir klar definierte Zielkategorien haben. Zum Beispiel wollen wir ein System entwickeln, das erkennt, ob es sich bei einer E-Mail um Spam handelt oder nicht (Abbildung 35). Hier haben wir zwei Zielkategorien: Spam und Nichtspam. Für das überwachte Lernen benötigen wir Daten, die bereits mit diesen Zielkategorien annotiert wurden. Im Beispiel brauchen wir also ein Korpus aus E-Mails, in dem alle Texte entweder als Spam oder als Nichtspam kategorisiert wurden. Überwachte Lernverfahren suchen in den annotierten Daten nach solchen Merkmalen, die bei der Unterscheidung zwischen den Kategorien hilfreich sind. Möglicherweise zeigt sich dabei, dass Betreffzeilen, die nur aus Großbuchstaben bestehen, ein Hinweis auf Spam sein können. Im Beispiel in Abbildung 35 sind Spam-Indikatoren unter anderem die sehr allgemeine Bezeichnung des Absenders, das Leerzeichen vor dem Ausrufezeichen, die fehlende persönliche Anrede und die Getrenntschreibung von *Beschwerde Dokument*.

**Von: Untersuchungsabteilung Büro**
**Betreff: Wichtige rechtliche Hinweise !**
Guten Morgen,
Sie erhalten diese E-Mail, weil Sie Gegenstand einer Blue Notice-Suche von Interpol sind. Wir werden uns umgehend mit Ihnen in Verbindung setzen, um die Nachricht nicht zu verbreiten und Ihr Ansehen und Ihr Familienleben zu wahren.
Sie werden gebeten, auf die im beigefügten Beschwerde Dokument enthaltene E-Mail zu antworten.

Abbildung 35: Beispiel für eine Spam-E-Mail

Innerhalb des überwachten Lernens können wir weitere Untertypen unterscheiden. Die Spamerkennung ist ein Beispiel für eine **Klassifikationsaufgabe**. Dabei ist die Zielkategorie eine kategoriale Variable. Zu den kategorialen Variablen gehören nominalskalierte Variablen, bei denen die Werte keine natürliche Reihenfolge haben (siehe Kapitel 9.3). Dies ist im Beispiel von Spam und Nichtspam der Fall oder bei der Klassifikation von Bildern nach den gezeigten Tieren (mögliche Werte: Hund, Elefant, Alpaka usw.). Außerdem gehören ordinalskalierte Variablen hierher, bei denen sich zwar eine Reihenfolge der Werte ergibt, diese aber keine gleichförmigen Abstände haben. Das gilt etwa für Schulnoten oder Chartplatzierungen.[56] Weitere Beispiele für die Klassifikation liegen vor, wenn wir

- Blogs den thematischen Untergruppen „Foodblog“ oder „Gartenblog“,
- Social-Media-Posts den Klassen „Hatespeech“ oder „nicht Hatespeech“,
- Reden von Politiker:innen ihrer Parteizugehörigkeit

zuordnen. Eine andere Form überwachten Lernens ist die **Regression**: Hier ist die Zielkategorie eine numerische Variable. Das ist zum Beispiel der Fall, wenn wir

- literarischen Texten ihr Veröffentlichungsjahr zuweisen,
- aus schriftlichen Texten Lernender ableiten, wie lange sie eine Sprache bereits lernen,
- den Mietpreis einer Wohnung auf der Grundlage von Ort, Quadratmeter, Anzahl Zimmer usw. vorhersagen.

Beim **unüberwachten Lernen** (engl. ‚unsupervised learning‘) haben wir demgegenüber keine vorab definierten Kategorien oder sonstigen Zielgrößen, denen ein Wort, Satz, Text o. Ä. zugeordnet werden soll. Wir benötigen deshalb auch keine annotierten Trainingsdaten für das unüberwachte Lernen. Stattdessen suchen Algorithmen unüberwachten Lernens nach Mustern in den Daten und gruppieren die Daten zum Beispiel nach Ähnlichkeiten (Pustejovsky & Stubbs 2012: 21). Dieser Vorgang wird auch als **Clustering** bezeichnet. Das Ergebnis des Clusterings kann eine klare Einordnung der Daten in Gruppen sein. Das ist beim **partitionierenden Clustering** zum Beispiel

56 Ordinale Variablen werden in der Computerlinguistik manchmal auch als Regression modelliert, die weiter unten beschrieben wird. Das steht zwar im Widerspruch zur statistischen Theorie, in der computerlinguistischen Perspektive ist aber am Ende entscheidend, was am besten funktioniert.

mit dem k-Means-Algorithmus der Fall. Dabei müssen wir sogar vorher festlegen, in wie viele Gruppen die Daten geclustert werden sollen. Im Gegensatz zur Klassifikation haben die resultierenden Gruppen von sich aus aber kein Label und es ist an uns Forscher:innen zu ermitteln, worin ihre Gemeinsamkeiten liegen und ob sich die Gruppierung etwa mit Metadaten zu den Texten in Verbindung bringen lässt. So ist denkbar, dass ein Clustering von Zeitungstexten eine Gruppe mit Sportnachrichten und eine Gruppe mit Nachrichten zur Wirtschaft ergibt.

Je nach Algorithmus und Daten ergeben sich aber unter Umständen auch keine klar abgrenzbaren Gruppen. Eine Alternative zum partitionierenden Clustering ist das **hierarchische Clustering**, das von sich aus keine Gruppen definiert, sondern die Daten ihrer Ähnlichkeit entsprechend hierarchisch anordnet. In Abbildung 36 sehen wir ein Beispiel für ein hierarchisches Clustering von Blogartikeln, erstellt mit der *R*-Bibliothek ⟶ *stylo* (Eder, Rybicki & Kestemont 2016). Jede Zeile repräsentiert einen Text, die x-Achse basiert auf der Kosinusdistanz[57] (siehe Kapitel 7.2) zwischen den Texten. Diese Distanz wurde auf Grundlage der Frequenzen der 100 häufigsten Wörter im Korpus ermittelt. Dabei handelt es sich in der Mehrzahl um Funktionswörter wie *und*, *die* und *ich*. Je höher der Distanzwert ist, desto größer ist der Unterschied zwischen den jeweiligen Texten oder Textgruppen. Texte, die bereits sehr weit rechts auf der Skala in einen gemeinsamen Ast zusammengeführt werden, sind sich sehr ähnlich. Je weiter links die Zusammenführung erfolgt, desto stärker unterscheiden sich die Gruppen von Texten. Der größte Unterschied in Abbildung 36 besteht in der Zweiteilung der Texte ganz links (etwa bei 1,2). Diese Einteilung erscheint im Lichte unseres Wissens über die Texte einleuchtend: Bei der oberen Gruppe handelt es sich um Gartenblogs, bei der unteren Gruppe um Foodblogs. Außerdem gibt es eine starke Tendenz dazu, dass Texte aus dem gleichen Blog als besonders ähnlich bewertet werden (erkennbar am Namen und an der Grauschattierung des Textnamens). Es gibt allerdings eine Reihe von Ausnahmen, beispielsweise wird der Text *kistengruen_03* inmitten der Texte des Blogs mit dem Kürzel *reh-garten* platziert.

57 Da die Kosinusdistanz nicht die mathematischen Anforderungen an eine Metrik erfüllt, entstehen im Prozess des hierarchischen Clusterings (d. h. auf der x-Achse der Abbildung) Werte, die nicht mehr im Sinne der Kosinusdistanz interpretiert werden können. Das ist etwa daran erkennbar, dass Werte > 1 wie in der Abbildung bei der Kosinusdistanz nicht möglich sind. Für die Interpretation gilt trotzdem, dass die Texte umso unterschiedlicher sind, je höher der Wert ist.

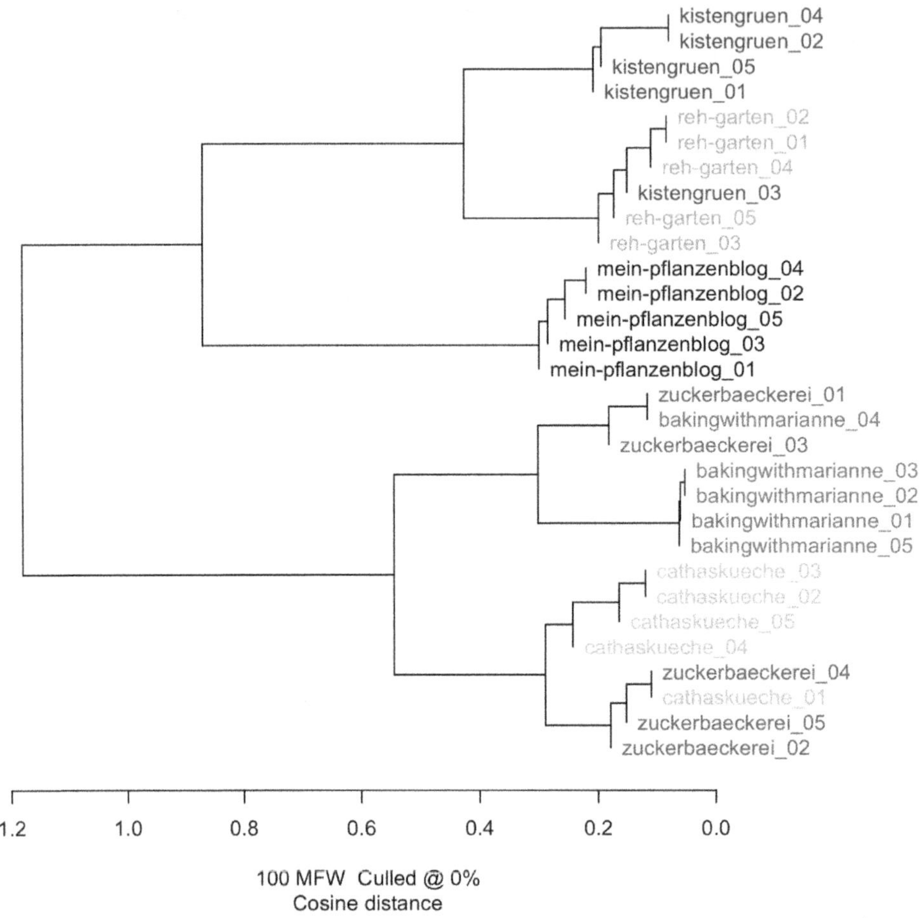


Abbildung 36: Clustering von Blogartikeln mit der *R*-Bibliothek → *stylo* (Eder, Rybicki & Kestemont 2016, im Original farbig)

Ob für unsere Fragestellung eher ein überwachtes oder ein unüberwachtes Lernverfahren infrage kommt, hängt von mehreren Faktoren ab. Interessieren wir uns für ganz bestimmte, vorab definierte Kategorien? Das spricht für ein überwachtes Lernverfahren. Allerdings benötigen wir in diesem Fall auch annotierte Daten in ausreichendem Umfang. Unüberwachte Verfahren eignen sich hingegen eher für explorative Analysen, die ohne viele Vorannahmen auskommen und vielleicht noch unbekannte Strukturen in den Daten entdecken wollen.[58]

58 Neben überwachtem und unüberwachtem Lernen gibt es noch das sog. ‚reinforcement learning' (auf Deutsch etwa: Lernen durch Verstärkung). Dabei stehen dem System eine Reihe von Handlungsoptionen zur Verfügung und es bekommt (ggf. erst nach einer ganzen Abfolge von Handlungen) Feedback dazu, ob das gewünschte Ergebnis erreicht wurde. Ein Beispiel ist das Lernen des Schachspiels, bei dem es eine begrenzte Anzahl Zugoptionen gibt und das System am Ende jedes Spiels das Feedback

## 11.3 Musterablauf einer Klassifikation

Im Folgenden konzentrieren wir uns auf die vermutlich häufigste Form maschinellen Lernens, nämlich das überwachte Lernverfahren der Klassifikation. Wie gehen wir ganz konkret vor, um einen automatischen Klassifikator zu erstellen? Vier Schritte sind dabei zentral:

1. Wir benötigen **Trainingsdaten** (Kapitel 11.3.1), also Daten, die bereits mit unseren Zielkategorien annotiert sind und aus denen das maschinelle Lernverfahren ableiten kann, wie sich die Kategorien unterscheiden. Wenn wir Glück haben, liegen solche Daten bereits vor und wir können sie nutzen. Häufig ist aber zunächst eine manuelle Annotation notwendig.
2. Wir müssen festlegen, welche **Merkmale** (Kapitel 11.3.2) unserer Texte (o. Ä.) wir dem maschinellen Lernverfahren zur Verfügung stellen. Von welchen Merkmalen erwarten wir, dass sie für die Klassifikationsaufgabe hilfreich sind?
3. Wir müssen uns für ein **Lernverfahren** (Kapitel 11.3.3), also einen Algorithmus, entscheiden, mit dem die Regeln aus den Trainingsdaten abgeleitet werden. Dafür gibt es zahlreiche Optionen, die teilweise bekannte Vor- und Nachteile haben, teilweise aber auch einfach mit der gegebenen Aufgabe ausprobiert werden müssen.
4. Zuletzt müssen wir eine **Evaluation** (Kapitel 11.3.4) unseres Klassifikators vornehmen, um beurteilen zu können, wie gut unser System funktioniert. Je nach Ergebnis müssen wir unter Umständen zu einem der früheren Schritte zurückkehren und Verbesserungen vornehmen, bis wir ein zufriedenstellendes Ergebnis erhalten.

In den folgenden Teilkapiteln schauen wir uns diese vier Schritte genauer an. Als Beispiel nutzen wir die zuvor genannten Blogs: Wir möchten für einen neuen, noch unklassifizierten Blogbeitrag automatisch bestimmen, ob es sich um einen Foodblogbeitrag oder einen Gartenblogbeitrag handelt.

### 11.3.1 Trainingsdaten

Für die Automatisierung einer Klassifikationsaufgabe benötigen wir möglichst viele Daten, die bereits mit den Zielkategorien annotiert sind. Deshalb besteht auch bei der Automatisierung der erste Schritt in manueller Arbeit, nämlich der manuellen Annotation der Zielkategorie für ein Korpus von Beispieldaten. Diese dienen einerseits als Trainingsdaten, also als Beispiele, anhand derer das Verfahren lernt, die Texte den Klassen zuzuordnen. Andererseits haben sie später eine zweite wichtige Funktion als Testdaten, an denen wir überprüfen können, ob und wie gut unser Modell seine Aufgabe erfüllt.

---

bekommt, ob es gewonnen oder verloren hat, und seine Strategie so von einem Durchlauf zum nächsten schrittweise verbessern kann (vgl. etwa Glassner 2021: Kapitel 21).

Bei der manuellen Annotation von Daten müssen eine Reihe von Entscheidungen getroffen werden, die den ganzen Automatisierungsprozess und die am Ende möglichen Ergebnisse beeinflussen. Dazu gehört die Modellierung der Kategorien: Welche Kategorien benötigen wir, um das Phänomen, das wir annotieren wollen, adäquat abzubilden? In unserem Beispiel ist die Frage relativ einfach zu beantworten, indem wir die beiden Kategorien „Foodblog" und „Gartenblog" ansetzen. Denkbar wäre aber auch eine feinere Unterscheidung, beispielsweise könnten die Foodblogs noch weiter danach unterschieden werden, ob es in ihnen um das Backen oder das Kochen geht, oder die Gartenblogs danach, ob Gemüse oder Blumen Gegenstand sind. Die Entscheidung für ein Kategoriensystem muss von den Erfordernissen der Forschungsfrage geleitet sein und sollte in Auseinandersetzung mit eventuell bereits bestehenden Typologien und Theorien zum Gegenstand getroffen werden. Für viele Szenarien sind diese Kategorieentscheidungen nicht trivial: Welche Erzählebenen kommen in literarischen Texten vor? Welche gesellschaftlichen Werte werden in politischen Reden vertreten? In welchen Funktionen wird das Wort *ich* in der Wissenschaftssprache verwendet? Oft sind in dieser Phase auch Kompromisse notwendig: Das Kategoriensystem muss einerseits dem Gegenstand gerecht werden, andererseits muss auch im Blick behalten werden, was realistisch automatisiert werden kann.

Die Annotationen sollten mit einem geeigneten Annotationstool durchgeführt werden. Am Ende müssen die Annotationen in einer digitalen Form vorliegen, die wir beispielsweise mit *Python* einlesen und weiterverarbeiten können. In unserem Beispiel können wir in einer einfachen Tabelle für jeden Blogartikel manuell erfassen, ob es sich um einen Gartenblog oder einen Foodblog handelt. Mehr Details zur manuellen Annotation sind in Kapitel 10 zu finden.

Die fertige, manuell annotierte Version der Daten wird als **Goldstandard** bezeichnet. Das sind die Annotationen, die wir von nun an als die „richtigen" betrachten und die durch ein automatisches Verfahren möglichst gut reproduzieren werden sollen.

Die manuell annotierten Daten werden für das Lernverfahren in Trainingsdaten und Testdaten geteilt. Trainingsdaten sind die Daten, die das Modell zum Training bekommt, Testdaten diejenigen Daten, an denen ausprobiert wird, wie gut das Modell ist. Wichtig ist dabei, dass die Testdaten niemals Teil der Trainingsdaten sein dürfen. Das würde das Ergebnis nach oben verfälschen, da immer die Möglichkeit besteht, dass das System die Trainingsdaten gewissermaßen auswendig gelernt hat und das Modell gar nicht über die bekannten Daten hinaus generalisieren kann. Da grundsätzlich für das maschinelle Lernen gilt, dass mehr Daten tendenziell zu einer besseren Leistung führen, ist der Umfang der Trainingsdaten in der Regel größer als der Umfang der Testdaten. Häufig werden die verfügbaren Daten etwa im Verhältnis 1:10 geteilt.[59]

59 Vielfach findet auch eine Dreiteilung der Daten in Trainings-, Test- und sog. Development-Daten statt. Um die beste Konfiguration unseres Modells zu ermitteln, müssen wir meistens mehrere Varianten des Modells erstellen und testen. Dafür nutzen wir die Development-Daten. Die Testdaten werden in diesem Fall bis ganz zum Ende des Verfahrens zurückgehalten, um das finale Modell mit wirklich noch ungesehenen Daten zu evaluieren (siehe Kapitel 11.3.4).

### 11.3.2 Merkmale

Nach der Erstellung der Trainingsdaten müssen wir entscheiden, welche Merkmale (engl. ‚features') der Texte dem Modell zur Verfügung gestellt werden sollen. Wir müssen also überlegen, von welchen Merkmalen wir erwarten, dass sie für die geplante Klassifikation relevant sind. Dabei spielen auch praktische Erwägungen eine Rolle, wie die Frage, welche Merkmale wir ohne viel Aufwand generieren können. Die einfachste Option ist in der Regel das sog. **Bag-of-Words-Modell** (BOW). Die Idee hinter der Metapher ist, dass wir einfach alle Wörter eines Textes einzeln in eine „Tüte" werfen und dann die Häufigkeit aller Wörter in der Tüte, d. h. im Text, zählen. Durch dieses Verfahren geht die Information verloren, in welcher Reihenfolge die Wörter ursprünglich gestanden haben. Vielfach ist auf der Grundlage dieser sehr vereinfachten Repräsentation eines Textes aber bereits eine relativ gute Klassifikationsqualität erreichbar.

Tabelle 23 zeigt das Ergebnis dieses Verfahrens, eine sog. Term-Dokument-Matrix (siehe Kapitel 7). Jede Zeile repräsentiert einen Text des Korpus, jede Spalte einen Type. In den Zellen wird die Frequenz des Types im jeweiligen Text verzeichnet.

| **Text** | *und* | *die* | *Minuten* | *lassen* | *Butter* | *bei* | *Zucker* |
|---|---|---|---|---|---|---|---|
| bakingwithmarianne_01 | 38 | 25 | 4 | 5 | 2 | 2 | 6 |
| blog_tuschel_01 | 17 | 14 | 2 | 1 | 0 | 1 | 0 |
| cathaskueche_01 | 27 | 18 | 5 | 7 | 3 | 2 | 0 |
| gluten-frei_01 | 14 | 7 | 1 | 2 | 2 | 0 | 0 |
| klockerei_01 | 5 | 0 | 0 | 0 | 2 | 1 | 2 |
| kochzivilisten_01 | 14 | 8 | 0 | 1 | 0 | 1 | 0 |
| lamiacucina_01 | 26 | 9 | 3 | 5 | 4 | 3 | 0 |
| man_kanns_essen_01 | 29 | 7 | 0 | 2 | 4 | 1 | 2 |
| mangoseele_01 | 16 | 24 | 3 | 1 | 4 | 0 | 6 |
| ploetzblog_01 | 12 | 4 | 5 | 3 | 5 | 3 | 1 |
| salzindersuppe_01 | 43 | 37 | 0 | 4 | 6 | 4 | 10 |
| textundblog_01 | 8 | 6 | 3 | 0 | 1 | 1 | 0 |
| topfundloeffel_01 | 28 | 7 | 4 | 1 | 1 | 0 | 0 |
| vogels-kueche_01 | 47 | 51 | 10 | 3 | 0 | 15 | 0 |
| zuckerbaeckerei_01 | 13 | 8 | 2 | 2 | 2 | 2 | 2 |

Tabelle 23: Auszug aus der Term-Dokument-Matrix zum *Foodblogkorpus*

Einen Text durch Wortfrequenzen zu repräsentieren, ist eine sehr einfache Möglichkeit. Für viele Klassifikationsaufgaben werden sich komplexere Merkmale als sinnvoll erweisen, beispielsweise

- Frequenzen von Wortarten,
- Frequenzen von Wortsequenzen (n-Gramme),
- Frequenzen von Zeichen oder Zeichensequenzen (im Sinne der Frequenz von *e*, *?* oder *ent* in einem Text),
- Textlänge,
- durchschnittliche Satzlänge oder
- Frequenzen von Wörtern aus einem Wortfeld (Kapitel 5.2) oder einer Sentimentliste (Kapitel 6.2).

Je nach Datentyp und Fragestellung können ganz verschiedene Merkmale infrage kommen, die in unterschiedlichem Maße auf zusätzliches Wissen angewiesen sind. Wortfrequenzen lassen sich sehr leicht ohne zusätzlichen Input ermitteln. Für die Frequenzen von Wortarten benötigen wir eine POS-Annotation (Kapitel 3). Wenn wir uns für die Frequenz von Wörtern mit negativem oder positivem Sentiment (Kapitel 6) interessieren, brauchen wir einen zusätzlichen Input in Form von Wortlisten oder einem bereits existierenden Modell, das die automatische Annotation dieser Informationen ermöglicht.

Um zu beurteilen, welche Merkmale eine gute Wahl für unser Modell sind, können wir auf Domänenwissen zurückgreifen. Das erreichen wir, indem wir uns viele Beispiele für unsere Zielklassen ansehen und vergleichen, uns mit der Forschungsliteratur zum Thema auseinandersetzen oder mit Expert:innen darüber sprechen. Zusätzlich können statistische Analysen dabei helfen, Merkmale mit hoher Diskriminationskraft zu finden (z. B. mithilfe von Keywords, Kapitel 2.6) oder in vielen Verfahren unerwünschte Korrelationen zwischen unseren Merkmalen zu entdecken. Zuletzt besteht eine wichtige Strategie bei der Merkmalsauswahl im Ausprobieren und Evaluieren. Etwas anders ist dieser Schritt bei vielen Deep-Learning-Ansätzen, bei denen wir keine Merkmale mehr auswählen müssen, sondern der Algorithmus diesen Schritt weitestgehend übernimmt. Wir sehen uns diese Art von Verfahren in Kapitel 12 genauer an.

### 11.3.3 Lernverfahren

Wenn unsere Texte durch eine Vielzahl von Merkmalswerten in tabellarischer Form repräsentiert sind, stellt sich die Frage, wie aus diesen Werten ein Klassifikationsmodell gelernt werden kann. Hierzu steht eine Vielzahl unterschiedlicher Algorithmen zur Verfügung, die jeweils individuelle Vor- und Nachteile haben und nicht in voller Breite Gegenstand dieser Einführung sein können. Einen guten Überblick darüber bietet etwa VanderPlas (2016). Beispiele für solche Algorithmen sind:

- Naive Bayes,
- Decision Trees,
- Random Forest Classifier,
- Support Vector Machine (SVM),
- künstliche neuronale Netze (Kapitel 12).

Exemplarisch betrachten wir im Folgenden den **Naive-Bayes-Algorithmus** im Detail. Dazu nutzen wir ein konkretes Beispiel. Tabelle 24 zeigt zu diesem Zweck ein (sehr) kleines Demokorpus. Der Einfachheit halber bestehen unsere Dokumente nur aus einzelnen Sätzen. Unser Trainingskorpus umfasst fünf Dokumente, zwei davon sind aus Gartenblogs und drei aus Foodblogs. Das letzte Dokument ist noch keiner Klasse zugeordnet, diese soll am Ende anhand unserer Berechnung vorhergesagt werden.

| **Gruppe** | **Klasse** | **Dokument** |
|---|---|---|
| Training | Garten | *Im Garten macht sich der Frühling bemerkbar.* |
| Training | Garten | *Jetzt ist der richtige Zeitpunkt, die Tomaten zu säen.* |
| Training | Food | *Heute backen wir Kuchen.* |
| Training | Food | *Diese Zitronenrolle hat schon meine Oma gebacken.* |
| Training | Food | *Zum Kaffee gehört doch immer ein Stück Kuchen.* |
| Test | ? | *Kaffee und Kuchen gibt es im Garten.* |

Tabelle 24: Demokorpus zur Beispielrechnung zum Naive-Bayes-Algorithmus, Jurafsky & Martin (2023: Kapitel 4.3) nachempfunden

### Beispiel: Naive Bayes

Ausgangspunkt des Naive-Bayes-Algorithmus (im Folgenden nach Jurafsky & Martin 2023: Kapitel 4) ist folgende Formulierung der Klassifikationsaufgabe: Gegeben ein Dokument, dessen Klassenzugehörigkeit unbekannt ist, welche unserer Klassen ist die wahrscheinlichste? Formal ausgedrückt sieht das folgendermaßen aus:

$$\hat{c} = \underset{c \in C}{\operatorname{argmax}} P(c \mid d)$$

Auf der linken Seite steht das Ziel unserer Berechnung, die vorhergesagte Klasse ĉ. Das *c* steht hier für *class*, der Zirkumflex über dem Buchstaben zeigt an, dass es sich beim Ergebnis um eine Schätzung, eine Vorhersage handelt, die nicht unbedingt mit der tatsächlichen Klasse des Textes übereinstimmen muss. Auf der rechten Seite der Gleichung berechnen wir für jede Klasse *c* aus der Menge aller Klassen *C* ($c \in C$) die Wahrscheinlichkeit *P* dieser Klasse c, gegeben das Dokument *d*. Die Funktion *argmax* drückt aus, dass wir diejenige Klasse zurückgeben (und damit als $\hat{c}$ definieren), für die sich der höchste Wert ergibt.

Die Wahrscheinlichkeit einer Klasse *c*, gegeben das Dokument *d*, können wir allerdings nicht direkt berechnen. Was sich leichter berechnen lässt, ist der umgekehrte Fall: Die Wahrscheinlichkeit eines Dokuments *d*, gegeben die Klasse *c*, also $P(d|c)$. Die Idee hinter dem Naive-Bayes-Algorithmus besteht deshalb darin, dass wir für jede unserer Zielklassen ein Modell erstellen, anhand dessen wir für einen unbekannten Text vorhersagen können, wie wahrscheinlich dieser Text zu dieser Klasse gehört. Wir nehmen dazu die Perspektive der Textgenerierung ein: Mit welcher Wahrscheinlichkeit würde ein statistisches Modell, das auf allen Trainingstexten der Klasse *Foodblogkorpus* basiert, diesen noch unklassifizierten Text generieren? Diese Wahrscheinlichkeit können wir für alle Klassen berechnen, miteinander vergleichen und dem Text diejenige Klasse zuweisen, für die sich die höchste Wahrscheinlichkeit ergibt.

Für die mathematische Umsetzung machen wir uns den sog. **Satz von Bayes** zunutze. Dieser zeigt, dass die oben genannte Formel mathematisch äquivalent, also austauschbar, mit folgender Formel ist:

$$\hat{c} = \underset{c \in C}{\operatorname{argmax}} \frac{P(d|c)P(c)}{P(d)} = \underset{c \in C}{\operatorname{argmax}} P(d|c)P(c)$$

Statt der einen Wahrscheinlichkeit $P(c|d)$ benötigen wir in dieser Version drei andere Wahrscheinlichkeiten:

- $P(d|c)$, also die oben erwähnte Wahrscheinlichkeit des Dokuments *d*, gegeben die Klasse *c*,
- $P(c)$, die Wahrscheinlichkeit der Klasse *c*, und
- $P(d)$, die Wahrscheinlichkeit unseres Dokuments *d*.

Da $P(d)$ für alle Klassen in *C* gleich ist, hat dieser Teil keinen Einfluss darauf, welche Klasse den höchsten Wert erreicht, und kann deshalb weggelassen werden (rechte Fassung der Formel).

Für unsere Berechnung brauchen wir also nur die beiden Bestandteile $P(c)$ und $P(d|c)$. Bei $P(c)$ handelt es sich um die sog. A-priori-Wahrscheinlichkeit (engl. ‚prior probability'). Damit ist die Wahrscheinlichkeit der Klasse *c* gemeint, von der wir ausgehen können, bevor wir irgendwelche Informationen über unser Dokument haben. Dafür nutzen wir die relative Häufigkeit der Klasse *c* in unserem Trainingskorpus:

$$P(c) = \frac{\text{Anzahl Dokumente in } c}{\text{Anzahl aller Dokumente}}$$

Die Intuition dahinter ist folgende: Wenn eine Klasse zum Beispiel nur ein Prozent des Korpus ausmacht, ist es relativ unwahrscheinlich, dass unser Testdokument ausgerechnet aus dieser Klasse stammt. Dann müssen die Hinweise aus den Merkmalen des Textes besonders überzeugend sein, damit wir das Dokument trotzdem dieser seltenen Klasse zuweisen. Dem liegt die Annahme zugrunde, dass die Klassen in den Daten, die das Modell in Zukunft zu sehen bekommen wird, genauso verteilt sind, wie es in den Trainingsdaten der Fall ist.

Für unser oben in Tabelle 24 eingeführtes Beispiel heißt das Folgendes (F steht hier für Foodblog, G für Gartenblog):

$$P(\mathrm{F}) = \frac{3}{5} = 0,6$$

$$P(\mathrm{G}) = \frac{2}{5} = 0,4$$

Die Wahrscheinlichkeit, dass es sich um einen Foodblogtext handelt, liegt demnach bei 0,6 oder 60 Prozent, die Wahrscheinlichkeit, dass es sich um einen Gartenblogtext handelt, bei 0,4 oder 40 Prozent, solange wir noch nicht mehr über das Dokument wissen.

Als Zweites benötigen wir $P(d|c)$, also die Wahrscheinlichkeit des Dokuments, gegeben die Klasse. Um diese Wahrscheinlichkeit zu berechnen, treffen wir zwei vereinfachende Annahmen, die dem Algorithmus das Adjektiv „naiv" bescheren: 1. Wir verwenden den oben genannten Bag-of-words-Ansatz, der die Position der Wörter im Dokument ignoriert und stattdessen eine einfache Frequenzzählung aller Einzelwörter vornimmt. 2. Wir nehmen an, dass die Vorkommenswahrscheinlichkeiten aller Wörter im Korpus voneinander unabhängig sind. Wir gehen damit gewissermaßen davon aus, dass ein Text entsteht, indem wir immer wieder in unseren Bag of Words greifen und zufällig ein Wort herausziehen, das dann das nächste in unserem generierten Satz ist. Dabei spielt keine Rolle, welche Wörter wir bereits vorher gezogen haben. Offensichtlich ist das eine sehr grobe Modellierung von natürlichsprachlichen Texten. Wenn das letzte Wort im Text zum Beispiel ein Artikel ist, ist die Wahrscheinlichkeit, dass das nächste Wort ein finites Verb ist, nahezu null. Wenn in unserem Satz bereits das Wort *bellt* vorkommt, ist die Wahrscheinlichkeit für das Wort *Hund* im Folgenden stark erhöht (für eine Diskussion dieser Frage vgl. etwa Kilgarriff 2005; Evert 2006). All dies wird im Naive-Bayes-Algorithmus für den Moment ausgeblendet, da das die Berechnung massiv vereinfacht und für viele Aufgaben bereits erstaunlich gute Ergebnisse produziert. Auf Grundlage dieser Annahmen können wir die Wahrscheinlichkeit eines Dokuments in einer Klasse folgendermaßen bestimmen:

$$P(d|c) = P(w_1|c) \cdot P(w_2|c) \cdot \ldots \cdot P(w_n|c)$$

Wir definieren also die Wahrscheinlichkeit des Dokuments in Klasse $c$ als Produkt der Wahrscheinlichkeiten aller in $d$ vorkommenden Einzelwörter in Klasse $c$. Die Wahrscheinlichkeit $P(w|c)$ wiederum entspricht der relativen Häufigkeit des Wortes $w$ in den Dokumenten der Klasse $c$ im Trainingskorpus.

Hierbei zeigt sich jedoch ein Problem: Wenn ein Wort in unserem Dokument in den Trainingsdaten in Klasse $c$ nicht vorgekommen ist, hat es dort eine relative Häufigkeit von 0. Durch die Multiplikation wird dadurch die Wahrscheinlichkeit für das ganze Dokument 0. Da jedes noch so große Trainingskorpus endlich ist und sehr viele

Wörter nicht darin vorkommen, müssen wir dieses Phänomen ausgleichen. Das hierfür verwendete Verfahren nennt sich **Smoothing** (Glättung). Die Idee ist, dass wir die absolute Häufigkeit aller Wörter minimal erhöhen, nämlich um 1. Wir berechnen $P(w|c)$ dann wie folgt:

$$P(w|c) = \frac{\text{Häufigkeit von } w \text{ in } c + 1}{\text{Anzahl aller Wörter in } c + \text{Vokabulargröße Gesamtkorpus}}$$

Im Zähler wird die Häufigkeit des Wortes um 1 erhöht, sodass ein Wert von 0 ausgeschlossen werden kann. Im Nenner müssen wir der Tatsache Rechnung tragen, dass wir die Häufigkeit aller Wörter im Korpus um 1 erhöhen, sodass wir hier für jedes Wort im Vokabular des Korpus 1 addieren. Kommt ein Wort hingegen überhaupt nicht im Trainingskorpus vor (d. h. in keiner der Klassen), können wir es bei der Berechnung einfach weglassen.

Nun haben wir alle Werte, die wir benötigen, um sie in die Naive-Bayes-Formel einzusetzen und die Werte für alle Klassen zu vergleichen. Für unsere Beispielrechnung ignorieren wir die Groß- und Kleinschreibung der Wörter und lassen Interpunktion unberücksichtigt. Ermitteln wir zunächst ein paar Werte, die wir in der Berechnung immer wieder benötigen: Die Korpusgröße der Klasse G (Gartenblog) beträgt 16 Token, die der Klasse F (Foodblog) 19 Token. Die Vokabulargröße des Gesamtkorpus beträgt 33, es kommen also 33 unterschiedliche Wörter im Korpus vor. Auf Grundlage dieser Werte können wir nun für die Wörter im Testdokument berechnen, mit welcher Wahrscheinlichkeit sie in den beiden Klassen vorkommen. Relevant sind dabei die Wörter *Kaffee*, *Kuchen*, *im* und *Garten*, da *und*, *gibt* und *es* in den Trainingsdaten nicht vorkommen und in der Berechnung weggelassen werden. Der oben genannten Formel entsprechend ergeben sich dann folgende Wahrscheinlichkeiten:

$$P(Kaffee|\text{G}) = \frac{0+1}{16+33} \qquad P(Kaffee|\text{F}) = \frac{1+1}{19+33}$$

$$P(Kuchen|\text{G}) = \frac{0+1}{16+33} \qquad P(Kuchen|F) = \frac{2+1}{19+33}$$

$$P(im|\text{G}) = \frac{1+1}{16+33} \qquad P(im|\text{F}) = \frac{0+1}{19+33}$$

$$P(Garten|\text{G}) = \frac{1+1}{16+33} \qquad P(Garten|\text{F}) = \frac{0+1}{19+33}$$

Diese Wahrscheinlichkeiten können wir jetzt zusammen mit der Klassenwahrscheinlichkeit in unsere Formel einsetzen:

$$\begin{aligned} P(\text{Test}|G) &= P(G) \cdot P(Kaffee|G) \cdot P(Kuchen|G) \cdot P(im|G) \cdot P(Garten|G) \\ &= \frac{2}{5} \cdot \frac{1}{49} \cdot \frac{1}{49} \cdot \frac{2}{49} \cdot \frac{2}{49} \\ &= 0,00000028 \end{aligned}$$

$$\begin{aligned} P(\text{Test}|F) &= P(F) \cdot P(Kaffee|F) \cdot P(Kuchen|F) \cdot P(im|F) \cdot P(Garten|F) \\ &= \frac{3}{5} \cdot \frac{2}{52} \cdot \frac{3}{52} \cdot \frac{1}{52} \cdot \frac{1}{52} \\ &= 0,00000049 \end{aligned}$$

Das Ergebnis ist in beiden Fällen ein sehr kleiner Wert. Das ist zu erwarten, da jedes Wort für sich schon eine Wahrscheinlichkeit deutlich unter 1 hat, was durch die Multiplikation verstärkt wird. Entscheidend ist aber: Die geschätzte Wahrscheinlichkeit für die Klasse „Foodblog" ist fast doppelt so hoch wie die für die Klasse „Gartenblog". Der *argmax*-Funktion entsprechend wählen wir die Klasse mit der höheren Wahrscheinlichkeit aus und sagen für das Testdokument voraus, dass es sich um einen Foodblogtext handelt.

Der Naive-Bayes-Algorithmus bietet uns eine Reihe von Stellschrauben: Wir können Groß- und Kleinschreibung berücksichtigen oder alle Wörter als kleingeschrieben behandeln. Letzteres wird für das Englische in der Regel gemacht, im Deutschen gehen uns dadurch aufgrund der Substantivgroßschreibung allerdings mehr Informationen verloren. Wir können sog. Stoppwörter von der Analyse ausschließen, also frequente Funktionswörter wie Artikel, Pronomen und Präpositionen, von denen wir in vielen Fällen keinen hilfreichen Beitrag zur Differenzierung der Klassen erwarten.[60] Wir können durch eine Lemmatisierung alle Wörter auf ihre Grundform abbilden (siehe Kapitel 2.3). Dies wiederum ist in einer flektierenden Sprache wie dem Deutschen oft eine gute Idee. Für einen konkreten Anwendungsfall ist es sinnvoll, unterschiedliche Möglichkeiten auszuprobieren und zu prüfen, wie sie sich auf das Ergebnis auswirken.

### 11.3.4 Evaluation

Wenn wir ein Modell erstellen, das unsere Daten automatisch annotieren kann, ist es von zentraler Bedeutung, dass wir beziffern können, wie gut das Modell funktioniert, und seine Stärken und Schwächen benennen können. Für diese **Evaluation** und ggf. die Überarbeitung eines Modells brauchen wir am besten zwei Arten von Informationen: einerseits eine quantitative Bewertung des Modells insgesamt, andererseits eine differenzierte Fehleranalyse. Letztere erlaubt uns, Fehlerquellen zu identifizieren und zu bearbeiten sowie einzuschätzen, in welchen Bereichen das Modell besonders gut oder schlecht funktioniert.

Eine Möglichkeit, sich einen Eindruck davon zu verschaffen, was für Fehler ein Modell macht, ist die sog. **Konfusionsmatrix**. Eine Konfusionsmatrix stellt tabellarisch gegenüber, was der Goldstandard sagt und was unser Modell sagt. Tabelle 25 zeigt eine solche Konfusionsmatrix für die Klassifikation von Blogartikeln. Nehmen wir an, wir haben als Testdaten ein Korpus mit 165 Texten, von denen dem Goldstandard zufolge 15 Gartenblogs und 150 Foodblogs sind (siehe Spalten). Wir können sehen, dass das Klassifikationsmodell 30-mal einen Foodblogartikel für einen Gartenblogartikel gehalten hat und zehnmal andersherum. Wenn unsere Aufgabe mehr als zwei Klassen umfasst, können wir an einer Konfusionsmatrix gut erkennen, welche Klassen besonders häufig miteinander verwechselt werden. Dies kann uns Hinweise darauf liefern,

60 Eine Stoppwortliste für das Deutsche und viele andere Sprachen stellt zum Beispiel das → *NLTK* unter dem Namen *Stopwords Corpus* zur Verfügung: https://www.nltk.org/nltk_data/.

wie wir das Modell weiter verbessern können oder zumindest, an welchen Stellen wir den resultierenden Annotationen nicht ungeprüft vertrauen sollten.

| | | **Goldstandard** | | |
|---|---|---|---|---|
| | | Gartenblog | Foodblog | Summe |
| **Modell** | Gartenblog | 5 | 30 | 35 |
| | Foodblog | 10 | 120 | 130 |
| | Summe | 15 | 150 | 165 |

Tabelle 25: Konfusionsmatrix zur Klassifikation von Blogs

Um die Leistung des Klassifikators besser einschätzen und mit anderen Modellen vergleichen zu können, berechnen wir eine Reihe von Kennzahlen. Sehr intuitiv ist das Maß der **Accuracy** oder Klassifikationsgenauigkeit. Dieses Maß beantwortet die Frage, welcher Anteil der Daten der jeweils korrekten Klasse zugeordnet wurde. Im Beispiel wurden von 165 Texten fünf Texte korrekt als Gartenblog erkannt und 120 Texte korrekt als Foodblog, es ergibt sich also (# = Anzahl):

$$A = \frac{\text{\# korrekt klassifizierter Texte}}{\text{\# aller Texte}} = \frac{5+120}{165} = \frac{125}{165} = 0,76$$

Die Accuracy liegt immer zwischen 0 und 1. Das Maß hat den Nachteil, dass es irreführend sein kann, wenn die Klassen nicht gleich verteilt sind – wie es in unserem Beispiel der Fall ist. Wenn unser Klassifikator gar nicht wirklich gelernt hat, zwischen den beiden Textklassen zu unterscheiden und stattdessen immer nur die Klasse rät, die im Korpus am häufigsten ist (hier also „Foodblog“), erreicht er im Beispiel eine Accuracy von 0,91. Das sieht auf den ersten Blick nach einer ziemlich guten Leistung aus, obwohl das System eigentlich nichts gelernt hat. Wir brauchen deshalb Evaluationsmaße, die den unterschiedlichen Arten von Fehlern Rechnung tragen.

Wir unterscheiden zwei Fehlertypen, die das System machen kann: Die sog. **Falsch-Positiven** (engl. ‚false positives‘) sind alle Texte (oder allgemeiner: Elemente), die von unserem Modell einer Klasse zugeordnet werden, aber gar nicht wirklich zu dieser Klasse gehören. Das dazugehörige Evaluationsmaß ist die **Precision** (Präzision). Die Precision erfasst, wie viele der als Garten- bzw. Foodblog klassifizierten Texte tatsächlich zu dieser Klasse gehören. Sie ist umso niedriger, je mehr Falsch-Positive es gibt. Wir berechnen die Precision wie folgt:

$$P = \frac{\text{\#korrekt Klasse X zugeordneter Texte}}{\text{\#aller Klasse X zugeordneter Texte}}$$

In unserem Beispiel bedeutet das:

$$P_{\text{Food}} = \frac{120}{10 + 120} = 0,92$$

$$P_{\text{Garten}} = \frac{5}{5 + 30} = 0,14$$

Was bedeutet dieses Ergebnis? Die Precision kann Werte zwischen 0 und 1 annehmen. Eine Precision von 0 würde bedeuten, dass keiner der als Gartenblog klassifizierten Texte wirklich ein Gartenblog war. Eine Precision von 1 würde bedeuten, dass alle als Gartenblog klassifizierten Texte wirklich ein Gartenblog waren. Der berechnete Wert von 0,92 für die Foodblogs ist dementsprechend schon ziemlich gut, das Ergebnis für die Gartenblogs allerdings recht ernüchternd. Für die Praxis bedeutet das: Wenn wir mit den als Foodblog klassifizierten Texten weiterarbeiten möchten, können wir relativ sicher sein, dass es sich bei fast allen Texten auch tatsächlich um Foodblogs handelt. Wenn wir uns hingegen für die Gartenblogs interessieren, ist das nicht der Fall. Hier müssen wir zum Beispiel noch manuell nachsortieren – sofern sich der Klassifikator nicht noch verbessern lässt.

Der zweite Fehlertyp sind die sog. **Falsch-Negativen** (engl. ‚false negatives'). Falsch-Negative sind alle Texte oder Elemente, die zu einer bestimmten Klasse gehören, von unserem Modell aber nicht dieser Klasse zugeordnet werden. Das dazugehörige Evaluationsmaß ist der **Recall** (Sensitivität). Er erfasst, wie viele von allen Garten- bzw. Foodblogs tatsächlich als Garten- bzw. Foodblog klassifiziert werden, und ist umso niedriger, je mehr Falsch-Negative es gibt. Wir berechnen den Recall wie folgt:

$$R = \frac{\text{\#korrekt Klasse X zugeordneter Texte}}{\text{\#aller tatsächlich in Klasse X gehörender Texte}}$$

In unserem Beispiel bedeutet das:

$$R_{\text{Food}} = \frac{120}{30 + 120} = 0,80$$

$$R_{\text{Garten}} = \frac{5}{5 + 10} = 0,33$$

Auch der Recall kann Werte zwischen 0 und 1 annehmen. Ein Recall von 0 bedeutet, dass keiner der Gartenblogs als Gartenblog klassifiziert wurde. Ein Recall von 1 bedeutet, dass alle Gartenblogs auch als Gartenblog klassifiziert wurden. Auch bei diesem Maß schneidet die Klasse Foodblog deutlich besser ab als die Gartenblogs, wenn auch etwas weniger deutlich. Hier ist die praktische Überlegung: Wie wichtig ist es für unsere folgende Analyse der Texte, dass wir wirklich alle Beispiele für eine Klasse gefunden haben? Insbesondere müssen wir uns fragen, welche Texte nicht gefunden wurden, also Falsch-Negative sind. Die Wahrscheinlichkeit ist hoch, dass sich die Falsch-Negativen nicht zufällig auf das Korpus verteilen, sondern bestimmte Eigenschaften teilen, die ihre Erkennung schwieriger machen. Vielleicht sind es Foodblogtexte, die im Gegensatz zu den meisten anderen kein konkretes Rezept präsentieren, sondern ein Restaurant bewerten? Durch eine stichprobenartige Sichtung der Falsch-Negativen in den Testdaten können wir oft mehr darüber herausfinden und beurteilen, ob der Klassifikator eine bestimmte Verzerrung (engl. ‚bias') in unseren Daten erzeugt und ob diese Verzerrung für unsere Fragestellung akzeptabel ist oder nicht.

Mit den Maßen Precision und Recall gemeinsam können wir die Leistung eines Modells bereits deutlich differenzierter einschätzen. Wenn wir die Leistung zweier Modelle vergleichen möchten, ist es allerdings hilfreich, das Ergebnis in einem einzigen Wert zusammenzufassen. Diesem Zweck dient der sog. **F1-Score**. Dabei handelt es sich um das harmonische Mittel von Precision und Recall:

$$\mathrm{F1} = \frac{2 \cdot P \cdot R}{P + R}$$

Im Gegensatz zum geläufigeren arithmetischen Mittel ist das harmonische Mittel ein konservativeres Maß, das gewissermaßen strengere Anforderungen stellt: Es gibt jeweils dem niedrigeren der beiden Werte das größere Gewicht und verhindert dadurch, dass wir die Leistung des Modells zu optimistisch einschätzen (Jurafsky & Martin 2023: Kapitel 4, 13). Genau wie Precision und Recall liegt auch der F1-Score immer zwischen 0 und 1. In unserem Beispiel ergeben sich für die beiden Klassen folgende Werte:

$$\mathrm{F1}_{\mathrm{Food}} = \frac{2 \cdot P_{\mathrm{Food}} \cdot R_{\mathrm{Food}}}{P_{\mathrm{Food}} + R_{\mathrm{Food}}} = \frac{2 \cdot 0,92 \cdot 0,80}{0,92 + 0,80} = 0,86$$

$$\mathrm{F1}_{\mathrm{Garten}} = \frac{2 \cdot P_{\mathrm{Garten}} \cdot R_{\mathrm{Garten}}}{P_{\mathrm{Garten}} + R_{\mathrm{Garten}}} = \frac{2 \cdot 0,14 \cdot 0,33}{0,14 + 0,33} = 0,20$$

Wir können Precision, Recall und F1-Score für jede in den Daten vorkommende Klasse einzeln berechnen. Das gibt uns einen guten Einblick in die genauen Stärken und Schwächen des Modells. Wenn wir die Leistung des Systems im Ganzen bewerten wollen, können wir einen Mittelwert über die einzelnen Klassen bilden. Hierfür gibt es zwei Möglichkeiten: Wir können alle Klassen gleich gewichten, indem wir ihre F1-Werte addieren und durch die Anzahl der Klassen teilen. Dies wird als Makrodurchschnitt (engl. ‚macro average') bezeichnet. Wir können den Mittelwert aber auch danach gewichten, wie stark die Klassen in den Daten vertreten sind. Gerade wenn die Klassen sehr unterschiedlich groß sind, wollen wir der großen Klasse vielleicht mehr Gewicht in der Evaluation geben. Dieser Wert wird als Mikrodurchschnitt (engl. ‚micro average') bezeichnet. Im Beispiel können wir die Leistungen unseres Modells insgesamt mit dem F1-Makrodurchschnitt charakterisieren:

$$\frac{0,86 + 0,2}{2} = 0,53$$

So gesehen ist das Ergebnis also eher mittelmäßig. Der Mikrodurchschnitt hingegen gewichtet die größere Klasse stärker, und da unsere Ergebnisse auf dieser Klasse besser sind, liegt auch der Mikrodurchschnitt deutlich weiter oben:

$$\frac{0,86 \cdot 150 + 0,2 \cdot 15}{165} = 0,8$$

Die Wahl der Durchschnittsform kann also einen erheblichen Unterschied machen.

Die einfache Evaluation, wie wir sie bisher betrachtet haben, hat ein methodisches Problem: Wir können das Ergebnis nicht ohne Weiteres verallgemeinern, schließlich besteht immer die Möglichkeit, dass wir bei der Aufteilung der Daten in Trainings- und Testdaten einfach Glück (oder Pech) gehabt haben. Vielleicht sind zufällig viele besonders einfache Texte im Testdatensatz gelandet. Eine Möglichkeit, das Problem zu beheben, bestünde darin, einen größeren Testdatensatz zu nutzen. Allerdings bedeutet das bei einer endlichen Menge manuell annotierter Daten auch, dass weniger Daten zum Training zur Verfügung stehen, was sich wiederum negativ auf die Ergebnisse auswirken kann. In der Praxis wird deshalb auf eine andere Strategie zurückgegriffen, nämlich das Verfahren der Kreuzvalidierung.

Bei der **Kreuzvalidierung** (engl. ,cross-validation') werden die Daten in zum Beispiel zehn gleich große Segmente geteilt. Wir trainieren dann insgesamt zehn unterschiedliche Modelle, wobei jedes Zehntel der Daten einmal als Testdaten dient, die neun anderen jeweils als Trainingsdaten (siehe Abbildung 37). Für jeden Durchlauf ermitteln wir die oben beschriebenen Evaluationswerte und bilden am Ende den Mittelwert über alle zehn Durchläufe. Auf diese Weise sind alle Daten einmal in die Evaluation eingeflossen und der mögliche Effekt eines zufällig sehr leicht oder sehr schwer zu klassifizierenden Testdatensatzes wird ausgeglichen. Auch wenn die Anzahl von zehn Segmenten die gängigste ist, kann die Segmentanzahl grundsätzlich individuell gewählt werden. Je nachdem sprechen wir zum Beispiel von einer fünffachen oder zehnfachen Kreuzvalidierung (engl. ,5-fold/10-fold cross-validation').

| Test | Train | Train | Train | Train | Train | Train | Train | Train | Train |
|---|---|---|---|---|---|---|---|---|---|
| Train | Test | Train | Train | Train | Train | Train | Train | Train | Train |
| Train | Train | Test | Train | Train | Train | Train | Train | Train | Train |
| Train | Train | Train | Test | Train | Train | Train | Train | Train | Train |
| Train | Train | Train | Train | Test | Train | Train | Train | Train | Train |
| Train | Train | Train | Train | Train | Test | Train | Train | Train | Train |
| Train | Train | Train | Train | Train | Train | Test | Train | Train | Train |
| Train | Train | Train | Train | Train | Train | Train | Test | Train | Train |
| Train | Train | Train | Train | Train | Train | Train | Train | Test | Train |
| Train | Train | Train | Train | Train | Train | Train | Train | Train | Test |

Abbildung 37: Segmentierung eines Datensatzes in zehn Segmente für die Kreuzvalidierung

Auf der Grundlage der Evaluationsergebnisse können wir entscheiden, ob die Qualität der Annotationen für unsere Zwecke ausreichend ist, ob wir zu einem der vorigen Schritte zurückkehren und das Modell verbessern müssen oder ob die Annotationsaufgabe möglicherweise sogar nicht gut genug automatisierbar ist und wir sie stattdessen manuell durchführen sollten. Dieser Prozess wird beispielsweise im **MATTER-Zyklus** nach Pustejovsky & Stubbs (2012: 24) zusammengefasst (Abbildung 38): Wir modellieren das Phänomen (1), annotieren Daten (2), trainieren ein Modell (3) und testen es (4). Je nach Ergebnis der Evaluation (5) geht es dann in die Überarbeitung (6), bei der alle vorangegangenen Schritte noch mal geprüft und bei Bedarf optimiert werden.

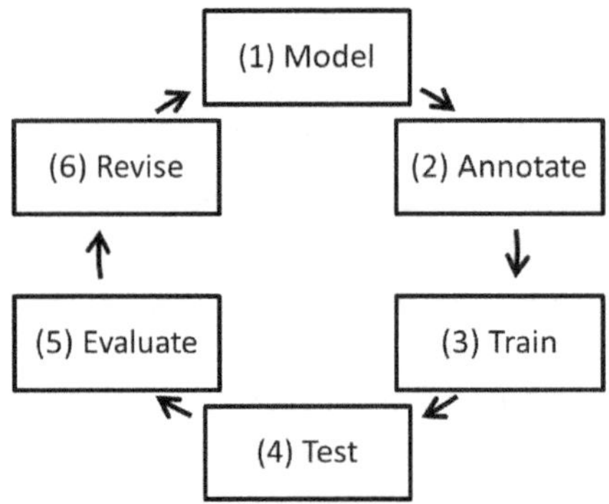


Abbildung 38: Der MATTER-Zyklus nach Pustejovsky & Stubbs (2012: 24)

## 11.4 Übungen

1. Handelt es sich bei den folgenden Beispielen jeweils um überwachtes oder unüberwachtes Lernen? Fallen Ihnen weitere Beispiele ein, vielleicht aus Ihrem eigenen Fachgebiet?
   - Das Modell soll für ein Bild ausgeben, was dargestellt ist.
   - Das Modell soll zu einem Gedicht andere, ähnliche Gedichte ausgeben.
   - Das Modell soll Bundestagsreden nach Ähnlichkeit gruppieren.
   - Das Modell soll zu einem Text die verwendete Sprache ausgeben.
2. Angenommen, wir wollen in einem Korpus aus Pressemitteilungen eines Naturschutzvereins alle Sätze identifizieren, in denen es um Enten geht. Berechnen Sie für die untenstehende Tabelle dem Naive-Bayes-Algorithmus folgend, mit welcher Wahrscheinlichkeit der Testsatz den Klassen „Ente“ oder „keine Ente“ angehört. Der Einfachheit halber ignorieren wir dabei Groß- und Kleinschreibung, Interpunktion wird nicht berücksichtigt.

| Gruppe | Klasse | Dokument |
|---|---|---|
| Training | Ente | *Sie bauen Nester an Seen und Teichen.* |
| Training | Ente | *In den Teichen schwimmen oft viele Enten.* |
| Training | Ente | *Am Ufer sitzen zwei neugierige Stockenten.* |
| Training | keine Ente | *Maikäfer waren fast ausgestorben.* |
| Training | keine Ente | *Die Weibchen tragen Pollen in die Nester.* |
| Test | ? | *Nester an Teichen nicht anfassen!* |

Tabelle 26: Beispieldaten zur Berechnung des Naive-Bayes-Algorithmus

3. Im digitalen Anhang zum Buch finden Sie ein Beispielskript, in dem der Naive-Bayes-Algorithmus auf das Demokorpus aus Tabelle 26 angewendet wird. Versuchen Sie, die Schritte anhand der Kommentare im Code nachzuvollziehen. Experimentieren Sie zum Beispiel mit anderen Testsätzen oder modifizieren Sie die Trainingsdaten und beobachten Sie, wie sich das Ergebnis verändert.
4. Angenommen, wir haben einen Klassifikator trainiert, der die Zuordnung zu den Klassen „Ente" und „keine Ente" automatisch vornimmt. Auf den Testdaten ergibt sich im Vergleich mit der manuellen Klassifikation folgende Verteilung:

| | | **manuelle Klassifikation** | | |
|---|---|---|---|---|
| | | Ente | keine Ente | Summe |
| **automatischer Klassifikator** | Ente | 20 | 1 | 21 |
| | keine Ente | 14 | 65 | 79 |
| | Summe | 34 | 66 | 100 |

Tabelle 27: Beispieldaten zur Berechnung von Evaluationswerten

Berechnen Sie Accuracy, Precision, Recall und F1-Score. Was können wir aus diesen Werten über unseren Klassifikator lernen? Wo liegen die Stärken und Schwächen des Modells? In welche Richtung sollte eine Überarbeitung zielen?

Musterlösungen und Skripte stehen im Online-Shop des Narr Verlags unter https://files.narr.digital/9783823385790/Zusatzmaterial.zip zur Verfügung.

# 12 Deep Learning

In diesem Kapitel geht es darum, was Deep Learning ist und wie künstliche neuronale Netze funktionieren. Wir betrachten die mathematischen Grundlagen dazu und sehen uns an, wie diese Modelle aufgebaut sind und trainiert werden und welche Rolle Word Embeddings dabei spielen. Über das einfache Grundmodell hinaus schauen wir uns komplexere Architekturen wie die Recurrent Neural Networks und insbesondere die Transformer-Modelle an, die dem aktuellen Stand der Technik entsprechen. Abschließend werfen wir einen Blick auf Möglichkeiten, selbst mit einem solchen Modell zu arbeiten.

## 12.1 Grundlagen

In diesem Kapitel befassen wir uns mit **Deep Learning** oder **künstlichen neuronalen Netzen**. Beide Bezeichnungen werden synonym gebraucht. Dabei handelt es sich um einen Teilbereich des maschinellen Lernens, in dem im letzten Jahrzehnt riesige Fortschritte gemacht worden sind. Zahlreiche Aufgaben der Computerlinguistik (und weit darüber hinaus) können mithilfe dieser neuen Modelle deutlich genauer und effizienter gelöst werden, als es zuvor möglich war. Voraussetzung für diese technologischen Sprünge waren neben den Algorithmen selbst die Verfügbarkeit von immer effizienterer Hardware, die die notwendigen Berechnungen in realistischen Zeiträumen leisten kann, und immer größere Mengen Text, die heute im Internet veröffentlicht werden.

Auch in den Digital Humanities kommen heute auf Deep Learning basierende Modelle zum Einsatz und ermöglichen neue Analysen. Zwei Nachteile vieler neuronaler Modelle sind jedoch für die Digital Humanities von besonderer Relevanz: Erstens benötigen viele Modelle sehr große Mengen Trainingsdaten, die in den Geisteswissenschaften nicht unbedingt zur Verfügung stehen.[61] Zweitens sind die Berechnungen in den neuronalen Netzen derart komplex, dass für uns als Menschen in der Regel nicht nachvollziehbar ist, aus welchen Gründen das Modell zum Beispiel zu einer bestimmten Klassifikationsentscheidung gekommen ist. Das stellt ein Problem dar, wenn wir eine Aufgabe nicht nur möglichst erfolgreich automatisieren, sondern dabei auch etwas über unseren Gegenstand lernen wollen. Nicht zuletzt führt dieser Umstand zu einer Reihe von ethischen Problemen, denen wir uns in Kapitel 13 widmen. Trotzdem sind künstliche neuronale Netze heute für viele Aufgaben die erste Wahl und wir schauen uns in den folgenden Abschnitten ihren Aufbau und ihre Funktionsweise an. Die

61 Für die neuesten, transformerbasierten Modelle gilt dies allerdings nur noch mit Einschränkung, siehe Kapitel 12.6.

folgende Darstellung orientiert sich vor allem an Glassner (2021), Hirschle (2022) und Kelleher (2019).

## 12.2 Aufbau eines Deep-Learning-Modells

Die Bezeichnung des künstlichen neuronalen Netzes verweist bereits darauf, dass der Aufbau eines solchen Modells von den neuronalen Strukturen im Gehirn inspiriert wurde. Genau wie das Gehirn besteht ein künstliches neuronales Netz aus sehr vielen kleinen Bausteinen, den sog. **Neuronen**. Diese Neuronen sind netzwerkförmig in hintereinanderliegenden Schichten angeordnet. Informationen (in Form von Zahlen) werden jeweils von einem Neuron empfangen, dort modifiziert und das Ergebnis (ebenfalls eine Zahl) an das nächste Neuron weitergegeben. Jedes einzelne dieser Neuronen ist eine relativ simple Struktur, gemeinsam leisten die zahlreichen Neuronen aber Erstaunliches. Jedes Neuron übernimmt gewissermaßen einen kleinen Teil der Berechnung des Gesamtergebnisses. Das ist auch im menschlichen Gehirn so, aber in den Details funktioniert ein künstliches neuronales Netz doch recht anders.

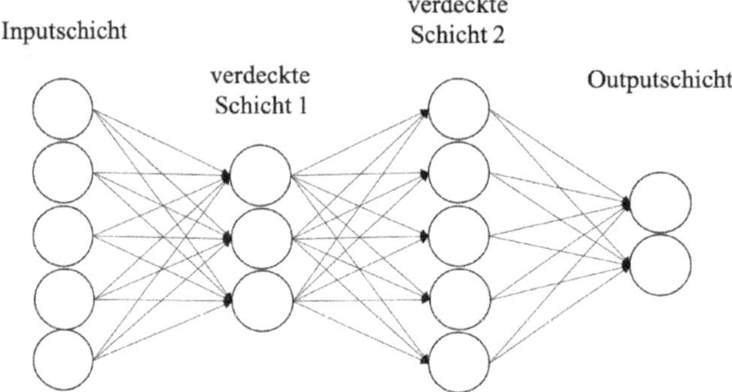


Abbildung 39: Schematische Darstellung eines künstlichen neuronalen Netzes mit zwei sog. verdeckten Schichten

Abbildung 39 zeigt eine schematische Darstellung eines einfachen künstlichen neuronalen Netzes, eines sog. **Feed-Forward-Netzwerks**. Die Kreise repräsentieren die Neuronen, die in mehreren Schichten (engl. ‚layer') angeordnet sind. Die Informationen bewegen sich von links nach rechts den Pfeilen folgend durch das Netzwerk. Die ganz linke Schicht ist die sog. **Inputschicht**, die beispielsweise den Text repräsentiert, der im Rahmen einer Klassifikation einer der beiden Klassen Foodblog oder Gartenblog zugeordnet werden soll. Diese Repräsentation könnte beispielsweise aus den Frequenzen aller im Text vorkommenden Wörter bestehen. Ganz rechts findet sich die sog. **Outputschicht**, also die Schicht, die unsere Zielkategorien repräsentiert. Im Beispiel könnten die beiden Outputneuronen für die Kategorien Foodblog und Gartenblog stehen. Zwischen diesen beiden Schichten gibt es noch zwei weitere, sog. **verdeckte**

**Schichten** (engl. ‚hidden layers'). Diese Schichten sind in dem Sinne verdeckt (auch: versteckt), dass sie eben nicht in Form von In- oder Output sichtbar sind, sondern Berechnungen repräsentieren, die innerhalb des Modells stattfinden. Diese Schichten sind für die Funktionsweise des Modells entscheidend, weil die Informationen aus dem Input hier über mehrere Schichten hinweg auf komplexe Art miteinander kombiniert werden können, um am Ende das optimale Klassifikationsergebnis zu erreichen. Künstliche neuronale Netze können ganz unterschiedlich viele solcher verdeckten Schichten haben. Diese Vielschichtigkeit hat dem Verfahren den Namen Deep Learning eingebracht. Wie viele Schichten für eine Aufgabe am besten funktionieren, muss in der Regel am Einzelfall erprobt werden. Auch die Anzahl der Neuronen pro Schicht kann individuell konfiguriert werden. Im Gegensatz zu dem Schema in Abbildung 39 sind es oft Dutzende Schichten mit jeweils mehreren hundert Neuronen.

Anhand unseres einfachen Beispiels der Klassifikation von Blogs betrachten wir nun, was bei einem Durchlauf durch das Modell passiert. Für den Moment nehmen wir an, dass unser Netzwerk bereits trainiert ist und wir es jetzt auf einen neuen Text anwenden wollen, um vorherzusagen, zu welcher Gruppe von Blogs dieser gehört. Die Inputschicht besteht aus einer numerischen Repräsentation unseres Inputtextes, etwa in Form von Wortfrequenzen. Jeder Pfeil in Abbildung 39 ist ebenfalls mit einer Zahl assoziiert, den sog. **Gewichten** (engl. ‚weights'). Diese Gewichte werden mit den Inputwerten multipliziert und legen dadurch fest, wie stark ein Wert aus dem Input in dem Neuron, an das es weitergegeben wird, berücksichtigt wird. Es gibt jeweils ein Gewicht für jede Verbindung von einem Neuron der Inputschicht zu einem Neuron der folgenden Schicht. Wir können diese Gewichte im Beispiel auch als Matrix der Größe fünf mal drei darstellen. Die optimalen Gewichte werden im Rahmen des Trainings eines neuronalen Netzes festgelegt, auf das wir im folgenden Teilkapitel eingehen. Die Gewichte werden auch als **Parameter** bezeichnet und die Komplexität eines Netzwerks kann unter anderem daran abgelesen werden, wie viele Parameter das Modell hat.

In jedem Neuron werden die Inputwerte und die dazugehörigen Gewichte zu einer gewichteten Summe aggregiert, indem jeder Inputwert $x_i$ mit dem dazugehörigen Gewicht $w_i$ multipliziert wird und die Ergebnisse addiert werden:

$$w_0 + (x_1 \cdot w_1) + (x_2 \cdot w_2) + (x_3 \cdot w_3) + (x_4 \cdot w_4) + \ldots + (x_n \cdot w_n)$$

Der erste Wert $w_0$ ist der sog. Bias-Term. Dabei handelt es sich um eine Konstante, die von den Inputwerten unabhängig ist.

Für den nächsten Schritt müssen wir verstehen, dass eine wichtige Eigenschaft künstlicher neuronaler Netze darin besteht, dass sie nicht lineare Zusammenhänge erfassen können. Lineare Zusammenhänge zeichnen sich dadurch aus, dass ein Anstieg in einer Variablen immer zu einer proportionalen Veränderung in einer anderen Variablen führt. Das gilt zum Beispiel für das Verhältnis von mit dem Auto zurückgelegter Strecke und Treibstoffverbrauch: Je weiter wir fahren, desto mehr Treibstoff verbrauchen wir, und bei konstanter Geschwindigkeit und gleichbleibenden Geländebedingungen ist der Verbrauch pro Kilometer stabil. Grafisch lässt sich dieser Zusammenhang durch eine gerade Linie darstellen. Die meisten Zusammenhänge in der Welt sind aber komplexer. Die Außentemperatur und unser Gemüseertrag hängen nur teilweise linear zusammen. Mit steigender Temperatur steigt der Ertrag zwar zunächst, bei lang anhaltenden Extremtemperaturen fällt die Kurve aber wieder. Außerdem spielen noch andere Variablen eine wichtige Rolle, wie die Niederschlagsmenge und die Sonneneinstrahlung, die nur gemeinsam den gewünschten Ertrag ermöglichen. Deshalb ist es wichtig, dass unsere Modelle auch nicht lineare Zusammenhänge modellieren können.

Aus diesem Grund kommt nach der oben beschriebenen gewichteten Summe noch die sog. **Aktivierungsfunktion** ins Spiel. Die Aktivierungsfunktion ist der Teil des Neurons, der dafür sorgt, dass jedes einzelne Neuron (und damit das Netzwerk im Ganzen) auch nicht lineare Zusammenhänge lernen kann. Die gewichtete Summe funktioniert nämlich noch rein linear: Egal welcher konkrete Wert als Input kommt, das Gewicht, mit dem es multipliziert wird, ist immer das gleiche. Das ist bei den Aktivierungsfunktionen anders. Es stehen unterschiedliche solcher Funktionen zur Verfügung, aus denen wir bei der Gestaltung eines Deep-Learning-Modells auswählen können. Eine Option ist die logistische Funktion, die beliebige Inputwerte auf den Wertbereich zwischen 0 und 1 abbildet (Abbildung 40, links). Populär ist auch die ReLU-Funktion (engl. ‚rectified linear unit'). Ihre Funktionsweise ist simpel: Alle Inputwerte unter 0 werden auf 0 abgebildet, alle Inputwerte ab 0 werden auf sich selbst abgebildet, bleiben also unverändert (Abbildung 40, rechts). Hier lässt sich der nicht lineare Zusammenhang gut erkennen: Für alle Werte ab 0 besteht ein linearer Zusammenhang und für alle Werte unter 0 besteht ein linearer Zusammenhang, aber dazwischen gibt es einen Knick, der es erlaubt, nicht lineare Zusammenhänge zu modellieren.

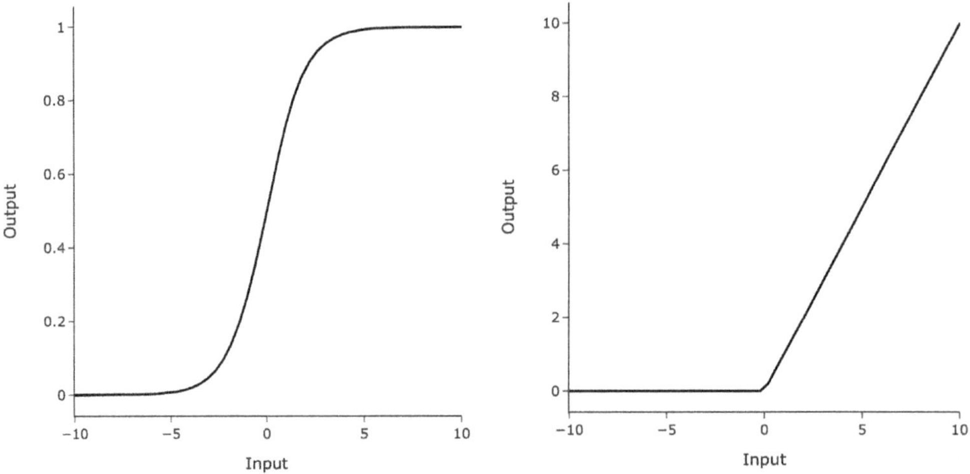


Abbildung 40: Beispiele für zwei Aktivierungsfunktionen: die logistische Funktion oder Sigmoid-Funktion (links) und die ReLU-Funktion (rechts)

Zusammengefasst: Die gewichtete Summe der Inputwerte wird an die Aktivierungsfunktion weitergegeben, die einen ihrer Definition entsprechenden Wert zurückgibt. Das ist der Outputwert unseres Neurons, der an die nächste Schicht weitergegeben wird und dort einen vergleichbaren Prozess durchläuft.

Schließlich kommt die Berechnung in der Outputschicht an und auch hier wird als Erstes eine gewichtete Summe der Inputwerte gebildet. Dann muss der Output des Modells noch in eine Form gebracht werden, die der gestellten Aufgabe entspricht. Bei einer Klassifikationsaufgabe hätten wir in der Outputschicht gerne eine Wahrscheinlichkeitsverteilung über alle möglichen Klassen. Das bedeutet, dass wir für jede Klasse einen Wert zwischen 0 und 1 benötigen und dass die Summe der Werte aller Klassen 1 ergeben muss. Das wird durch die sog. **Softmax-Funktion** sichergestellt. Der Output könnte beispielsweise so aussehen, dass der Klasse Foodblog ein Wert von 0,96 zugewiesen wird und der Klasse Gartenblog ein Wert von 0,04. Diese Werte können wir als Wahrscheinlichkeiten interpretieren, die im Beispiel dazu führen, dass wir den Text mit hoher Sicherheit als Foodblog klassifizieren können.

Wir haben in diesem Abschnitt gesehen, dass bei der Konstruktion eines künstlichen neuronalen Netzes zahlreiche Entscheidungen getroffen werden müssen. Wie viele Schichten soll das Modell haben? Wie viele Neuronen sollen die Schichten jeweils haben? Und welche Aktivierungsfunktionen sollen verwendet werden (ggf. auch je Schicht eine andere)? Diese und weitere Merkmale, die wir bei der Konstruktion des Netzwerks bestimmen müssen, werden als **Hyperparameter** bezeichnet. Diese sind nicht mit den Parametern zu verwechseln: Die Parameter (= die Gewichte) werden im Training des neuronalen Netzes automatisch bestimmt, die Hyperparameter werden vor dem Training von Menschen festgelegt. Es ist unsere Aufgabe als Forschende, herauszufinden, welche Konfiguration von Netzwerk für eine gegebene Aufgabe am besten funktioniert. Auch wenn es manche Erfahrungswerte gibt, erfolgt die Festlegung der Hyperparameter im Wesentlichen durch Ausprobieren und Vergleichen unterschiedlicher Konfigurationen.

## 12.3 Training eines Deep-Learning-Modells

In der Beschreibung des Aufbaus eines künstlichen neuronalen Netzes im letzten Kapitel sind wir der Einfachheit halber davon ausgegangen, dass die Gewichte im Netzwerk bereits vorhanden sind. Aber das ist natürlich, wie bei anderen Modellen maschinellen Lernens, erst nach dem Training der Fall. Wie werden die zahlreichen Parameter des neuronalen Netzes also bestimmt?

Zunächst werden alle Parameter zufällig initialisiert, es wird ihnen also ein zufälliger Wert zugewiesen. Diese erste Version des Modells wird normalerweise noch keine guten Ergebnisse liefern. Das Modell wird dann in einem iterativen Prozess verbessert: Wir prüfen, was das Modell in seiner aktuellen Konfiguration für die Trainingsdaten vorhersagt, also zum Beispiel, welcher Textsorte es unsere Blogartikel jeweils zuweist. Diesen Output können wir mit unserem Goldstandard vergleichen, denn für die

Trainingsdaten sind uns die richtigen Antworten ja bekannt. Ausgehend von diesem Vergleich werden die Parameter des neuronalen Netzes schrittweise angepasst, bis die Vorhersagen des Modells möglichst genau mit den wahren Werten übereinstimmen.

Um diese Anpassung zu ermöglichen, benötigen wir eine Reihe weiterer Mechanismen. Zunächst brauchen wir eine Möglichkeit, um zu messen, wie gut oder schlecht die Vorhersagen des Modelles im Vergleich mit dem Goldstandard gerade sind. Dazu dient die sog. **Verlustfunktion** (engl. ‚loss function'). Die kann zum Beispiel aus dem mittleren quadratischen Fehler (engl. ‚mean squared error') bestehen. Dafür berechnen wir für jedes Element aus den Trainingsdaten die quadrierte Differenz zwischen dem vom Modell vorhergesagten Wert und dem tatsächlichen Wert und ermitteln über alle Trainingsbeispiele den Mittelwert. Das bietet sich bei der Regression an, wo wir einen metrischen Wert vorhersagen wollen. Im Fall einer Klassifikation eignet sich das Maß der Kreuzentropie (engl. ‚cross entropy') (Hirschle 2022: 65).

Wenn wir bestimmt haben, wie groß der Fehler des Modells gerade ist, müssen wir die Gewichte so anpassen, dass der Fehler schrittweise geringer wird. Hierzu werden Varianten des **Gradientenverfahrens** (engl. ‚gradient descent') angewendet.

Das zugrunde liegende Prinzip ist einfach: Stellen wir uns für den Moment vor, wir hätten nur ein einziges Gewicht *w* zu optimieren. Je nachdem, welchen Wert wir für *w* einsetzen, bekommen wir von der Verlustfunktion unterschiedliche Ergebnisse zurück, mal ist der Fehler sehr groß, mal kleiner. Dieses Verhältnis können wir auch grafisch darstellen: In Abbildung 41 sehen wir auf der x-Achse das Gewicht *w*, auf der y-Achse den sich daraus ergebenden Wert unserer Verlustfunktion. Wenn wir das Gewicht auf den Wert 2 setzen, ergibt sich beispielsweise ein Verlust von 2,5. Unser Ziel im Training des Deep-Learning-Modells ist es, dasjenige Gewicht zu ermitteln, das den tiefstmöglichen Wert der Verlustfunktion zurückgibt, also den niedrigsten Punkt im Graphen erreicht.

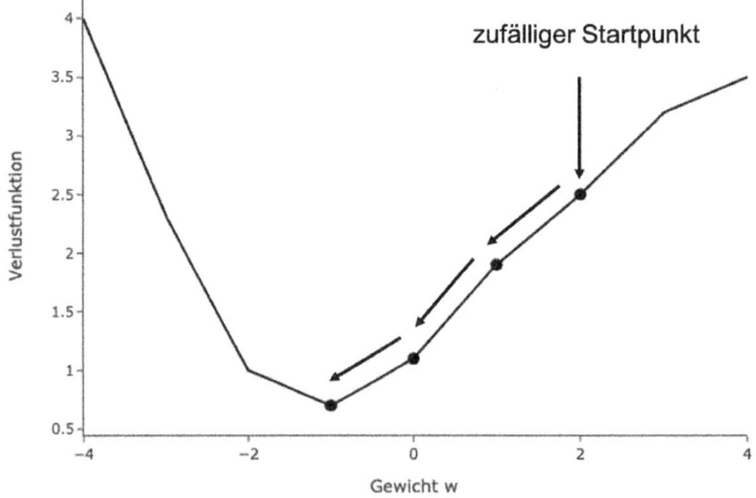


Abbildung 41: Das Prinzip des Gradientenverfahrens

Im Gradientenverfahren beginnen wir, indem wir *w* auf einen zufälligen Wert setzen und anhand der Verlustfunktion berechnen, wie gut unser Modell gerade funktioniert. In Abbildung 41 ist unser Zufallswert 2 und wir erhalten einen Verlust von 2,5. Anhand der Steigung in diesem Punkt können wir ermitteln, in welche Richtung wir unser Gewicht *w* verändern müssen: Ist die Steigung positiv (wie im Beispiel), verringern wir das Gewicht, ist die Steigung negativ, vergrößern wir es. Dann wiederholen wir das Verfahren am neuen Punkt. So nähern wir uns schrittweise dem tiefsten Punkt der Funktion an.

Wie stark wir das Gewicht in jedem dieser Schritte verändern, wird durch die sog. **Lernrate** (engl. ‚learning rate') bestimmt. Die Lernrate müssen wir selbst beim Design unseres Netzwerks festlegen. Ist die Lernrate sehr klein, kann das Training sehr lange dauern. Wenn die Lernrate aber sehr groß ist, riskieren wir, dass wir den tiefsten Punkt der Funktion mit einem großen Schritt verpassen. Hier gilt es also, einen günstigen Wert in der Regel durch das Ausprobieren mehrerer Konfigurationen zu bestimmen.

Wenn unsere Funktion wie im Beispiel einen einzigen Tiefpunkt hat und an beiden Seiten ansteigt, finden wir mit diesem Verfahren und einer gut gewählten Lernrate recht zuverlässig den Punkt mit dem optimalen Wert für unser Gewicht *w*. Viele Funktionen verlaufen aber komplexer und haben mehrere Hoch- und Tiefpunkte. Dann läuft das Verfahren Gefahr, in einem lokalen Minimum zu landen anstatt im globalen Minimum, also in einer Talsenke, in der es zwar rechts und links unmittelbar nur weiter nach oben geht, die aber trotzdem höher liegt als ein anderes Tal. Dem kann zum Beispiel durch mehrere zufällige Initialisierungen des Modells entgegengewirkt werden.

Im Gegensatz zu diesem einfachen Beispiel mit nur einem einzigen Gewicht gibt es in einem künstlichen neuronalen Netz allerdings sehr viele Parameter, die optimiert werden müssen – in den neuesten Modellen viele Milliarden oder sogar Billionen. Insbesondere durch die Mehrschichtigkeit des Modells ist es keine triviale Aufgabe zu entscheiden, welche Werte auf welche Weise verändert werden müssen, um das Ergebnis zu verbessern. Unsere Verlustfunktion gibt uns schließlich nur einen einzigen Wert zurück. Um die „Verantwortung" für den Fehler auf die einzelnen Parameter zu verteilen, wird das Verfahren der **Backpropagation** (manchmal auf Deutsch Rückpropagierung) angewendet. Dabei wird für jedes Neuron im Netzwerk ermittelt, wie stark sein Einfluss auf das Endergebnis ist. Die Gewichte von Neuronen mit großem Einfluss werden dann stärker angepasst als Neuronen mit geringem Einfluss.

Auch für das Training eines künstlichen neuronalen Netzes sind also zahlreiche Entscheidungen zu treffen (z. B. die Verlustfunktion und die Lernrate), die zu den am Ende des letzten Abschnitts erwähnten Hyperparametern zählen. Wie oben gilt, dass in der Regel viele Konfigurationen von Hyperparametern ausprobiert werden, um die optimale Konfiguration zu finden.

Ein entscheidendes Merkmal der Architektur neuronaler Netzwerke besteht darin, dass ihre Anwendung und dadurch auch ihr Training mathematisch in der Form von Matrixmultiplikationen bzw. -additionen durchgeführt werden können. Diese Art von

Berechnung kann am besten mit Grafikprozessoren (engl. ‚graphical processing units', GPUs) umgesetzt werden. Während dieser Prozessortyp zunächst vor allem für die aufwendigen Berechnungen von Computergrafik (zum Beispiel für Computerspiele) entwickelt wurde, werden sie heute auch für die Verwendung im Rahmen von Deep Learning optimiert. GPUs besitzen heutzutage Hunderte von Prozessorkernen und können deshalb sehr viel mehr Berechnungen gleichzeitig durchführen als die in gewöhnlichen PCs verbauten Prozessoren (engl. ‚central processing units', CPUs).

## 12.4 Word Embeddings

Mit Word Embeddings haben wir uns bereits in Kapitel 7.3 ausführlich befasst und zur Einführung in das Konzept sei auf dieses Kapitel verwiesen. Aufgrund ihrer großen Bedeutung für Deep-Learning-Modelle wollen wir die Word Embeddings hier aber noch einmal aufgreifen. Der Einsatz von Word Embeddings hat seit der Vorstellung des *word2vec*-Algorithmus (Mikolov et al. 2013; Mikolov, Yih & Zweig 2013) bei fast allen computerlinguistischen Aufgaben zu Leistungsverbesserungen geführt. Deshalb werden sie heute nahezu überall als Repräsentationsform für Wörter verwendet.

Frühere Repräsentationsformen von Wörtern haben die Bedeutungsähnlichkeiten zwischen Wörtern nicht oder nur schlecht abbilden können. Word Embeddings berücksichtigen, welche anderen Wörter häufig im Kontext eines Wortes stehen, und repräsentieren die Bedeutung eines Wortes darauf basierend als zum Beispiel 300-stelliger Vektor. Wörter mit ähnlichen Verwendungskontexten (und deshalb vermutlich ähnlicher Bedeutung) werden durch ähnliche Vektoren repräsentiert. Dadurch können wir Eigenschaften, die vorher nur einem bestimmten Wort zugewiesen wurden (z. B. *gut* ist mit positivem Sentiment assoziiert), jetzt auf andere Wörter mit ähnlichen Vektoren generalisieren: Wörter mit ähnlichen Verwendungskontexten und deshalb ähnlichem Embedding wie *gut* sind vermutlich ebenfalls mit positivem Sentiment assoziiert. Wenn wir Word Embeddings als Input für unser künstliches neuronales Netz verwenden, hat es einen klaren Wissensvorsprung. Beim Training künstlicher neuronaler Netze besteht deshalb meistens der erste Schritt darin, die Token in Embeddings zu konvertieren.

Word Embeddings können beim Training eines künstlichen neuronalen Netzes als eine Schicht mittrainiert werden. Oft ist es aber sinnvoll, bereits vortrainierte Embeddings zu verwenden. Das reduziert den eigenen Rechenaufwand, außerdem steigt die Qualität der Embeddings mit der Menge der Trainingsdaten, von denen wir selbst in der Regel deutlich weniger haben als große Firmen oder Institutionen, die ihre Embeddings zur Verfügung stellen. Für Hinweise zu nachnutzbaren Embeddings siehe Kapitel 7.3.

## 12.5 Recurrent Neural Networks

Die letzten Kapitel haben sich auf ein einfaches Grundmodell eines künstlichen neuronalen Netzes konzentriert, das Feed-Forward-Netzwerk. Dem Namen entsprechend zeichnet sich das Modell dadurch aus, dass alle Informationen immer nur nach vorne, also in die nächste Schicht, weitergegeben werden. Im Laufe der Jahre sind zahlreiche Varianten und Weiterentwicklungen dieses einfachen Netzwerkes entstanden und implementiert worden, die teilweise zu noch deutlich besseren Ergebnissen führen.

Für den Gegenstandsbereich dieses Buches, nämlich die Anwendung auf Sprachdaten, waren die **Recurrent Neural Networks** (RNNs) ein wichtiger Meilenstein. Sprachdaten sind sequenziell organisiert und viele dazugehörige Annotationsaufgaben deshalb auch: Beispielsweise wollen wir für eine Sequenz von Wörtern eine passende Sequenz von Wortartentags generieren. Hier ist die Information, welche anderen Elemente in der Sequenz davor oder danach kommen, für die Annotation sehr hilfreich. Im einfachen Feed-Forward-Netzwerk wird aber jedes Wort einzeln und unabhängig von seinem Kontext betrachtet, sodass für eine sequenzielle Aufgabe wichtige Informationen verloren gehen. Die entscheidende Neuerung bei den RNNs war deshalb, dass wir Informationen von einem Durchlauf des Netzwerks (bei Wort 1 in der Sequenz) an den nächsten Durchlauf des Netzwerks (bei Wort 2 in der Sequenz) weitergeben. Auf diese Weise können Informationen zum vorangehenden Kontext in die Annotationsentscheidung eingehen.

Ein einfaches RNN besteht aus einer Input- und einer Outputschicht sowie einer verdeckten Schicht, der eigentlichen RNN-Schicht. Abbildung 42 veranschaulicht die entscheidenden Vorgänge im Netzwerk: Das erste Wort der Sequenz, *Ich*, wird von der Inputschicht an die RNN-Schicht weitergegeben (z. B. in Form des zu diesem Wort gehörenden Word Embeddings). In der RNN-Schicht wird, wie oben für das Feed-Forward-Netzwerk beschrieben, in jedem Neuron eine gewichtete Summe der Inputwerte gebildet und das Ergebnis durch eine Aktivierungsfunktion gegeben (in der Abbildung innerhalb der Zelle $h_1$). Die Ergebnisse aller Neuronen werden nun, ebenfalls wie im Feed-Forward-Netzwerk, an die nächste Schicht (die Outputschicht) weitergegeben ($y_1$ in der Abbildung). Zusätzlich werden die Outputwerte der RNN-Schicht aber noch zwischengespeichert. Wenn wir anschließend das zweite Wort der Sequenz, *fahre*, als Input in das Netzwerk geben, bekommt die RNN-Schicht einerseits die Informationen zum neuen Inputwort, andererseits die gespeicherten Werte aus dem letzten Durchlauf als Input.[62] Die neuen Outputwerte der RNN-Schicht werden dann an den dritten Durchlauf beim Wort *Fahrrad* weitergegeben und immer so weiter. Auf diese Weise kann das Netzwerk Entscheidungen treffen, die sowohl das aktuelle Wort als auch (potenziell) alle vorangehenden Wörter berücksichtigen (vgl. Kelleher 2019: 170–177).

62 Im ersten Durchlauf bekommt die RNN-Schicht einen Dummy-Input $h_0$, der zum Beispiel aus Nullen bestehen kann.

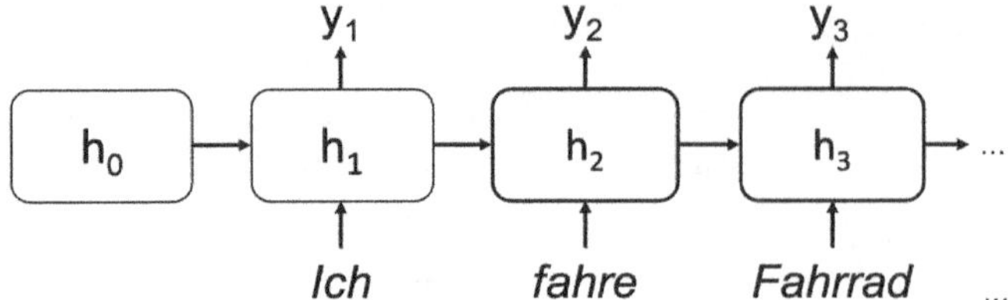


Abbildung 42: Vereinfachte Darstellung von drei Durchläufen eines RNN

Eine wichtige Weiterentwicklung der RNNs sind die sog. LSTM-Netzwerke (Long Short-Term Memory), bei denen Informationen besser über längere Distanzen im Satz hinweg übermittelt werden können. Heute sind RNNs jeder Form aber in eigentlich allen Bereichen durch die neueren Transformer-Modelle übertroffen worden.

## 12.6 Transformer

Ein wichtiger Durchbruch der letzten Jahre war die Entwicklung der sog. **Transformer**, eines neuen Typs neuronaler Netzwerke durch Vaswani et al. (2017). Transformer-Modelle sind zurzeit bei nahezu allen computerlinguistischen Aufgaben die leistungsfähigsten Modelle. Diese überzeugenden Ergebnisse erreichen sie insbesondere durch eine deutlich erhöhte Effizienz in der Verarbeitung der Daten.

Die im letzten Kapitel vorgestellten RNNs haben eine entscheidende Beschränkung: Die Wörter eines Satzes oder Textes werden sequenziell verarbeitet, also immer eines nach dem anderen. Das ist notwendig, da die Berechnung für jedes Wort auch Informationen aus der Berechnung für das vorangehende Wort als Input erhält. Das beschränkt die Geschwindigkeit, mit der der Computer die Daten verarbeiten kann. Vor allem bedeutet das mit Blick auf die Hardware, dass wir die Berechnung nicht parallelisieren können, also auf mehrere Prozessorkerne verteilen, die gleichzeitig arbeiten und von denen jeder einen Teil der Berechnung übernimmt. Insbesondere beim Training sind Fragen der Effizienz entscheidend, da heutige Sprachmodelle auf extrem großen Datenmengen trainiert werden und das Training dementsprechend aufwendig und langwierig ist.

Die entscheidende Änderung bei den Transformer-Modellen ist, dass sie Sätze und Texte nicht mehr Wort für Wort betrachten, sondern den gesamten Input gleichzeitig verarbeiten. Dadurch können sehr viele Berechnungen parallel durchgeführt und auf mehrere Prozessorkerne (in der Regel GPUs) verteilt werden, sodass mehr Trainingsdaten in weniger Zeit verarbeitet werden können. Auch für die Erkennung von Zusammenhängen zwischen weiter entfernten Elementen des Inputsatzes oder -textes ist die gleichzeitige Verarbeitung von Vorteil. Praktisch ist die Größe des möglichen Inputs bei den Modellen begrenzt. Bei den BERT-Modellen (s. u.) liegt die Maximalgröße beispielsweise bei 512 Token, sodass längere Texte nicht am Stück verarbeitet werden können. Neuere Modelle können jedoch immer längere Sequenzen gleichzeitig verarbeiten.

Für die Verarbeitung der Inputsequenz in einem Transformer-Modell ist das Prinzip der **Attention** (Aufmerksamkeit) oder genauer **Self-Attention** zentral. Die Idee hinter dem Attention-Mechanismus ist, dass für die Interpretation eines Wortes manche Wörter im Kontext wichtiger sind als andere. Leicht zu erkennen ist das bei mehrdeutigen Wörtern. In den beiden Sätzen *An der Kasse stehen sie Schlange* und *Die zischende Schlange sah giftig aus* wissen wir schnell, welche Bedeutung des Wortes *Schlange* jeweils gemeint ist. Im ersten Beispiel sind dafür vor allem die Kontextwörter *Kasse* und *stehen* hilfreich, im zweiten Beispiel *zischende* und *giftig*. Auch bei der Auflösung von Anaphern gibt es unterschiedlich wichtige Kontextwörter. Um im Satz *Der Ball rollt auf den Graben zu, bis er doch noch auf der Straße liegen bleibt* das Pronomen *er* korrekt zu interpretieren, ist vor allem das Kontextwort *Ball* von Bedeutung. Analog zu dieser menschlichen Wahrnehmung können wir uns den Attention-Mechanismus vorstellen. Mathematisch hat er wieder die Form von Gewichten, die wie ein Filter funktionieren: Wörter, die für die Interpretation wichtig sind, bekommen hohe Gewichte und weniger wichtige Wörter bekommen niedrige Gewichte. Die optimalen Gewichte werden wie alle anderen Gewichte in einem künstlichen neuronalen Netz durch das Training auf großen Datenmengen ermittelt. Der Attention-Mechanismus ist Teil komplexer Schichten im neuronalen Netz, die wir uns wie Bausteine vorstellen können und von denen, wie typisch für die Deep-Learning-Architekturen, zahlreiche aneinandergereiht werden können.

Während einfache Feed-Forward-Netze oder RNNs noch auf gewöhnlichen Rechnern oder zumindest in universitären Rechenzentren trainiert werden konnten, ist das bei einem Transformer-Modell nicht ohne weiteres möglich: Mit nur einer einzigen GPU hätte zum Beispiel das Training des GPT-3-Modells zur Textgenerierung 355 Jahre gedauert.[63] Glücklicherweise ist das Training eines ganz neuen Sprachmodells normalerweise auch nicht notwendig. Zahlreiche dieser Modelle stehen heute online zur Nachnutzung zur Verfügung, insbesondere über die Plattform → *Hugging Face* (siehe Kapitel 12.7).

Die Verwendung dieser Modelle folgt meist einer Kombination aus Pretraining und Finetuning: Beim **Pretraining** wird das Sprachmodell auf riesigen Datenmengen und unter Einsatz großer Mengen Hardware (und entsprechend großem $CO_2$-Ausstoß, siehe Kapitel 13.4) vortrainiert. Dieses Vortraining erfolgt anhand von sehr allgemeinen Aufgaben wie etwa der Vorhersage eines Wortes in einem Lückentext. Zu diesem Zweck müssen die Daten in keiner Weise annotiert sein, was die Verwendung extrem großer Datenmengen erst möglich macht. Der Ansatz wird oft als selbstüberwacht (engl. ‚self-supervised') bezeichnet, weil er keine von Menschen vergebenen Labels benötigt, sondern die Trainingsbeispiele aus echten Texten automatisch erzeugt werden. Solche relativ generischen Aufgaben kombiniert mit extrem großen Mengen

63 https://lambdalabs.com/blog/demystifying-gpt-3.

von Trainingsdaten sorgen dafür, dass solche großen Sprachmodelle viel über die statistischen Merkmale von Sprache und die Verteilung von Wörtern lernen. Auf diese Weise trainierte Modelle werden oft als Pretrained Language Models oder Large Language Models (LLMs) bezeichnet und von Firmen wie *Google*, *OpenAI* oder *Microsoft* trainiert und online zur Verfügung gestellt (siehe Kapitel 13 zu ethischen Problemen, die sich aus der Machtposition dieser Firmen ergeben können).

Die Nutzer:innen dieser Modelle haben in der Regel eine spezifischere Aufgabe, die das Modell lösen soll, zum Beispiel die Bestimmung des Sentiments in Texten. Die Phase des **Finetunings** dient dem Zweck, das generische Modell in Hinblick auf den konkreten Anwendungsfall weiterzutrainieren. Dazu wird zum Beispiel ein überwachtes Lernverfahren genutzt, für das annotierte Daten zur Verfügung stehen. Dadurch, dass das Modell bereits viel über sprachliche Muster im Allgemeinen gelernt hat, braucht es für das Finetuning erheblich weniger Daten. Das macht die Anwendung von Transformer-Modellen auch in geisteswissenschaftlichen Anwendungsszenarien möglich, die oft nicht auf besonders große Datenmengen zurückgreifen können.

Eines der erfolgreichsten Transformer-Modell trägt den Namen **BERT** für ‚Bidirectional Encoder Representations from Transformers' (Devlin et al. 2019) und wurde bei *Google* entwickelt. In der ursprünglichen Transformer-Architektur konnte der Attention-Mechanismus immer nur auf die Token zugreifen, die vor dem aktuellen Token kommen, ähnlich wie Menschen beim Lesen Texte zum Beispiel von links nach rechts erfassen. In der BERT-Architektur hingegen hat das Modell Zugriff auf alle Token, egal ob sie vor oder nach dem aktuellen Token stehen (daher ‚bidirectional'). Die ursprüngliche große Version von BERT hat 340 Millionen Parameter, eine kleinere Version mit 110 Millionen Parametern wurde unter dem Namen $\text{BERT}_{\text{BASE}}$ vorgestellt. Das Modell wurde auf zwei unterschiedlichen Aufgaben trainiert: 1. Next Sentence Prediction, also die Vorhersage des nächsten Satzes. Konkret werden dem System dabei zwei Sätze präsentiert und es muss bestimmen, ob der zweite Satz ursprünglich tatsächlich auf den ersten folgt oder ob die beiden Sätze zufällig kombiniert wurden. 2. Masked Language Modeling, wo in einer Textsequenz manche Wörter „maskiert" sind, also wie in einem Lückentext fehlen, und vom System vorhergesagt werden müssen. Als Trainingsdaten dienten die englische Wikipedia sowie ein Korpus aus online veröffentlichten Büchern mit insgesamt 3,3 Milliarden Wörtern. BERT kann nach diesem Pretraining mit nur einem kurzen Finetuning für ganz unterschiedliche Aufgaben, wie Sentimentanalyse, das Beantworten von Fragen oder die Beurteilung der Grammatikalität eines Satzes, eingesetzt werden. Heute stehen viele unterschiedliche Varianten von (nicht nur) BERT-Modellen über die Plattform → *Hugging Face* zur Verfügung (siehe Kapitel 12.7).

Das zweite Transformer-Modell, das besonders erfolgreich war und auch außerhalb der computerlinguistischen Fachcommunity Aufmerksamkeit erregt hat, ist das von der Firma *OpenAI* entwickelte **GPT** in seinen Varianten GPT-2 bis GPT-4 sowie dem darauf basierenden Chatbot *ChatGPT*. GPT steht für Generative Pretrained Transformer. Der erste Teil der Bezeichnung weist dabei auf den primären Anwendungsmodus der GPT-Modelle hin, nämlich die Textgenerierung.

GPT-3 (Brown et al. 2020) erzielt auf zahlreichen computerlinguistischen Aufgaben sehr gute Ergebnisse, ohne dass das Modell ein Finetuning speziell für diese Aufgaben durchlaufen würde. Stattdessen werden dem Modell nur wenige Beispiele für die Aufgabe präsentiert. Wir sprechen dabei von einem sog. **Few-Shot-Szenario**. Im Extremfall, dem **Zero-Shot-Szenario**, bekommt das Modell gar keine Beispiele für die Aufgabe, sondern nur eine natürlichsprachliche Beschreibung der Aufgabe („Übersetze folgenden Satz ins Türkische: ...").

Formal wird jede Aufgabe als Textvervollständigung modelliert. Der Mensch gibt also den Anfang des Textes vor, das Modell setzt den Text fort. Auch wenn zwischen Sprachmodell und Mensch ein Frage-Antwort-Dialog (etwa in Form eines Chats) entsteht, handelt es sich intern um eine Textvervollständigung. Die Antwort ist in diesem Sinne die wahrscheinlichste Fortsetzung der Frage. Die menschliche Eingabe, die das Modell vervollständigen soll, wird als **Prompt** bezeichnet. Um von einem Sprachmodell genau den Output zu bekommen, den man benötigt, muss dieser Prompt oft schrittweise optimiert werden. Die Tätigkeit, den für unser Anliegen optimalen Prompt zu finden, wird als **Prompt Crafting** oder **Prompt Engineering** bezeichnet. Nach dem Wechsel vom traditionellen maschinellen Lernen zum Vortrainieren und Finetunen großer, auf Deep Learning basierender Sprachmodelle wird der Übergang zum Prompt Engineering als nächster großer Paradigmenwechsel der Computerlinguistik gehandelt (Liu et al. 2023).

Die großen Fortschritte in diesem Bereich hängen vor allem mit der Größe der Modelle zusammen. Während GPT-2 (Radford et al. 2019) noch 1,5 Milliarden Parameter hatte, verfügt GPT-3 über 175 Milliarden Parameter und wurde auf 500 Milliarden Token Text trainiert. Für das neueste Modell GPT-4 wurden Informationen zur Modellgröße und den Trainingsdaten aus Gründen des Wettbewerbs nicht veröffentlicht (OpenAI 2023). Dies erschwert die Einschätzung der Möglichkeiten und Grenzen des Modells durch die Öffentlichkeit (siehe Kapitel 13).

Für besonders großes Aufsehen in der Öffentlichkeit hat die Veröffentlichung von *ChatGPT* Ende November 2022 gesorgt. Das Modell basiert auf GPT-3.5 und wurde anhand von menschlichem Feedback daraufhin weitertrainiert, in einem dialogischen Austausch mit Nutzer:innen möglichst hilfreiche (und nicht anstößige, beleidigende, rassistische usw.) Antworten zu produzieren. Hiermit war erstmals ein großes Sprachmodell in Form eines Chatbots für die breite Öffentlichkeit zugänglich und hat dafür gesorgt, dass die Potenziale, aber auch die Risiken solcher Modelle in der Gesellschaft diskutiert wurden. Die wichtigsten ethischen Herausforderungen, die sich aus der Verwendung und Veröffentlichung großer Sprachmodelle ergeben, betrachten wir in Kapitel 13.

## 12.7 Mit Deep Learning arbeiten

Einfache neuronale Netze können wir teilweise noch auf dem eigenen Rechner programmieren und trainieren. Eventuell stehen Ihnen auch Server zur Verfügung, die zu diesem Zweck verwendet werden können, etwa in einem universitären Rechenzentrum. Die Implementierung neuronaler Netze erfolgt überwiegend in der Programmiersprache *Python*. Dafür können etwa die Bibliotheken *Keras* oder *PyTorch* verwendet werden.

Wie oben beschrieben trainieren wir die Transformer-Modelle, die für viele Aufgaben heute die beste Leistung bieten, nicht selbst von Grund auf neu. Stattdessen können wir vortrainierte Modelle nutzen und sie bei Bedarf auf unseren eigenen Daten finetunen. Die zentrale Anlaufstelle zu diesem Zweck ist die Plattform → *Hugging Face*, die eine Vielzahl von Modellen zu unterschiedlichen Sprachen und Aufgaben, die *Python*-Bibliothek *transformers* und zahlreiche Tutorials zur Einführung zur Verfügung stellt. Dabei wird zumindest eine gewisse Erfahrung im Programmieren in *Python* vorausgesetzt. Es gibt mit Tunstall et al. (2022) auch ein englisches Lehrbuch aus dem *Hugging-Face*-Team. Eine deutschsprachige Einführung in die Arbeit mit der *Hugging-Face*-Bibliothek bietet Hirschle (2022).

Wer keinen eigenen oder institutionellen Zugriff auf GPUs hat, kann mit → *Google Colab* arbeiten. Einfache GPUs können darüber kostenlos verwendet werden. Wie bei allen *Google*-Produkten ist zu bedenken, dass unsere Daten dafür auf den Servern der Firma landen, was insbesondere bei sensiblen Daten eventuell nicht wünschenswert ist.

## 12.8 Übungen

1. Was für mögliche Anwendungsfälle für Deep Learning gibt es in den Ihnen vertrauten Geisteswissenschaften? Bei welchen Fragestellungen es unproblematisch, dass wir nicht nachvollziehen können, aus welchen Gründen eine solches Systems eine bestimmte Entscheidung getroffen hat? Bei welchen Fragestellungen ist das eher nicht akzeptabel?
2. Schauen Sie sich das Tutorial von *Hugging Face* für Einsteiger:innen an: https://huggingface.co/learn/nlp-course/chapter1/3. Probieren Sie die Code-Beispiele auf Ihrem eigenen Rechner mit eigenen Beispielsätzen aus. Dazu müssen Sie zunächst die *Python*-Bibliothek *transformers* installieren.
3. Für das Deutsche gibt es zum Beispiel das Modell *German BERT* (Chan et al. 2020): https://huggingface.co/deepset/gbert-base. *Hugging Face* stellt auf der Webseite eine Online-Demo („Inference API") zur Verfügung, die Sie mit Inputs wie „Ich habe heute noch nicht genug [MASK]" ausprobieren können. Fallen Ihnen Sätze ein, mit denen Sie herausfinden können, was für z. B. Geschlechterstereotype im Modell enthalten sind?

Musterlösungen und Skripte stehen im Online-Shop des Narr Verlags unter https://files.narr.digital/9783823385790/Zusatzmaterial.zip zur Verfügung.

# Teil 3: Gesellschaft

# 13 Computerlinguistik und Ethik

In diesem Kapitel schauen wir uns an, welche ethischen Probleme bei der Arbeit mit computerlinguistischen Methoden berücksichtigt werden müssen. Zu den wichtigsten Herausforderungen gehören die sog. Dual-Use-Problematik und das Diskriminierungspotenzial maschineller Systeme. Aber auch ökologische Konsequenzen computerlinguistischer Arbeit werden in der Disziplin diskutiert. Auch in den Digital Humanities stellt sich die Frage nach der Repräsentation unterschiedlicher Personengruppen.

## 13.1 Einführung

Im Februar 2019 stellt die Firma *OpenAI* ihr neuestes Sprachmodell *GPT-2* (Radford et al. 2019) der Öffentlichkeit vor. Das Modell kann ausgehend von einem natürlichsprachlichen Input durch die Nutzer:innen sprachlich korrekte Text generieren, die (zumindest teilweise) große Kohärenz aufweisen und der jeweils gewünschten Textsorte gerecht werden. Dadurch ist für Menschen nicht mehr unmittelbar ersichtlich, dass dieser Text von einer Maschine erstellt wurde. Auf ihrer Webseite (OpenAI 2019) beschreibt das Team von *OpenAI* die zahlreichen großen Potenziale des Modells, etwa als Schreibassistent, in Form von Dialogsystemen wie Chatbots, in der automatischen Übersetzung und vieles mehr. Neben dem großen Nutzen, den das Modell für die Menschheit haben kann, erkennt *OpenAI* auch an, dass das Modell das Potenzial hat, missbräuchlich verwendet zu werden. Als Beispiele nennen sie die Generierung irreführender Nachrichten (Fake News), die Möglichkeit, sich online als jemand anders auszugeben, die automatische Generierung von missbräuchlichen oder gefälschten Inhalten für soziale Medien oder die automatische Erstellung von Spam- oder Phishing-Inhalten (OpenAI 2019). *OpenAI* veröffentlicht 2019 deshalb nur eine kleinere Version ihres Modells und plant die schrittweise Veröffentlichung größerer Modelle, um Zeit für eine gesellschaftliche Debatte und ggf. politische Maßnahmen zu lassen.

Aber erst im November 2022 erreicht das Thema die breite Öffentlichkeit, als *OpenAI* das Modell *ChatGPT* für die Allgemeinheit freigibt und alle (nach Registrierung) die Möglichkeit haben, das Modell auszuprobieren und für beliebige Zwecke einzusetzen. Seitdem wird in der Öffentlichkeit rege diskutiert, wie beispielsweise Hausaufgaben und Prüfungsleistungen in Schulen und Universitäten in Zukunft aussehen können, wenn Antworten auf viele Wissens- und Interpretationsfragen oder Essays mit wenigen Klicks generiert werden können. Gleichzeitig machen auch die Schwächen des Modells Schlagzeilen, wenn sich vermeintliche, vom Modell generierte Fakten als unwahr herausstellen oder zu sensiblen Themen unangemessene Antworten generiert werden.

Die Fortschritte in den Forschungsfeldern Deep Learning und Computerlinguistik in der Gegenwart erfolgen mit atemberaubender Geschwindigkeit und womöglich gibt es zum Zeitpunkt der Veröffentlichung dieses Buches bereits neuere Entwicklungen. Die gesellschaftliche Debatte und erst recht mögliche politische Konsequenzen können mit dieser Geschwindigkeit kaum Schritt halten. Umso wichtiger ist es, dass die breite Bevölkerung einzuschätzen lernt, was solche Sprachmodelle und die Computerlinguistik im Allgemeinen leisten können und wo sie ethische Probleme erzeugen sowie Menschen zum Nachteil gereichen kann. Auf dieser Grundlage können wir uns alle kritisch mit den Möglichkeiten auseinandersetzen und hoffentlich zu einem Umgang mit neuen Technologien kommen, der nicht zu unerwünschten Nebeneffekten führt.

## 13.2 Dual Use

Der oben beschriebene Konflikt zwischen den beabsichtigten Nutzungen des Sprachmodells, etwa zur leicht verfügbaren Übersetzung zwischen zahlreichen Sprachen, und den unbeabsichtigten Nutzungen, etwa zur Generierung von Fake News, wird als Dual-Use-Problematik bezeichnet. Unter **Dual Use** verstehen wir im engeren Sinne die Tatsache, dass viele Technologie sowohl für zivile als auch für militärische Zwecke verwendet werden können (Ehni 2008: 147). Das klassische Beispiel ist die Entdeckung der Kernspaltung, die einerseits zur Energiegewinnung genutzt wurde, anderseits aber auch für die Entwicklung von Atomwaffen. Etwas allgemeiner bezeichnen wir als Dual Use, dass auch eine Technologie, die mit guten Absichten entwickelt wird, für unethische Zwecke missbraucht werden kann.

Ein Beispiel für Technologien mit Dual-Use-Potenzial, die auch die Digital Humanities betreffen, ist die **Autorschaftserkennung** als Teil der Stilometrie. Die meisten geisteswissenschaftlichen Anwendungen dieser Technologie betreffen historische Daten. Wer war der Autor der *Federalist Papers* (Mosteller & Wallace 1964)? Wurde das Drama *Double Falsehood* tatsächlich von Shakespeare verfasst (Boyd & Pennebaker 2015)? Während das Schadenspotenzial bei historischen Anwendungen meistens eher gering ist, sieht das schnell anders aus, wenn die gleichen Methoden auf zeitgenössische Texte angewendet werden.

2013 wird der Roman *The Cuckoos's Calling* unter dem Namen Robert Galbraith veröffentlicht. Schnell entstehen Gerüchte, es handle sich dabei um ein Pseudonym von J. K. Rowling. Stilometrische Analysen von Patrick Juola (Juola 2013) weisen ihre Autorschaft als wahrscheinlich aus und J. K. Rowling bestätigt die Vermutung schließlich auch offiziell. Auch in diesem Beispiel ist der Schaden für die Autorin überschaubar – im Gegenteil, die Enthüllung hat sich positiv auf die Verkaufszahlen ausgewirkt. Trotzdem erfolgte die Aufdeckung der Identität der Autorin zunächst ohne ihr explizites Einverständnis und zumindest teilweise auf der Grundlage stilometrischer Methoden. Es ist leicht vorstellbar, dass eine Technologie zur Autorschaftserkennung in vielen anderen Kontexten ein großes Schadenspotenzial hat, zum Beispiel wenn sich Menschen in Staaten mit eingeschränkter Meinungsfreiheit im Schutz der Anonymität für politische

Veränderungen einsetzen. Eine zweifelsfreie Identifikation von Autor:innen nur aufgrund stilometrischer Methoden ist bisher in der Regel nicht möglich, sie können aber ein Baustein sein und ihre Ergebnisse können je nach politischer Erwünschtheit in unterschiedlichem Ausmaß zur Rechtfertigung von Handlungen dienen (Rehbein 2016; Rehbein & Thies 2017).

Ähnlich verhält es sich mit dem verwandten **Author Profiling**, das zwar nicht auf die Identifikation von Menschen abzielt, aber ihre demografischen Merkmale zu identifizieren verspricht (Argamon et al. 2009). Beim Shared Task *PAN 2015* zum Beispiel waren Teilnehmende aufgerufen, Systeme zu entwickeln, die Alter, Gender und Persönlichkeitsmerkmale von Twitter-Nutzer:innen vorhersagen (Rangel et al. 2015). Die Veranstalter sehen Anwendungsmöglichkeiten in den Bereichen Forensik, Sicherheit und Marketing und nennen die Identifikation von Autor:innen von Hatespeech als Beispiel. Wie bei jedem Werkzeug stellt sich aber die Frage, wer die Kontrolle darüber hat und entscheidet, gegen wen es eingesetzt wird.

Zudem werden verwandte Verfahren auch für die (vermeintliche) Diagnose von Krankheiten verwendet. Auch hier gibt es Beispiele für Analysen zu historischen Daten: Lancashire & Hirst (2009) stützen anhand von Texten von Agatha Christie die These, sie sei demenzkrank gewesen. Sie zeigen, dass die letzten Romane der Autorin eine geringere lexikalische Vielfalt aufweisen und die Verwendung vager Ausdrücke (*thing*, *something*) zunimmt. Sie beanspruchen mit diesen Ergebnissen keine medizinische Diagnose, sondern stellen sie als weiteres Indiz neben Aussagen von Angehörigen Christies. Sie äußern die Hoffnung, dass Textanalysen zur früheren Diagnose solcher Erkrankungen beitragen können. Rehbein (2016: 641) weist darauf hin, dass diese Art der Analyse etwa in den Händen einer Versicherung auch zum Schaden der Autor:innen verwendet werden kann.

Boyd & Pennebaker (2015) leiten aus dem Gesamtwerk von Shakespeare eine „psychologische Signatur" des Autors ab. Durch den Vergleich von Wortfrequenzen gehen sie der Frage nach der Autorschaft des Dramas *Double Falsehood* nach. Das ist prinzipiell ein in der Autorschaftserkennung übliches Vorgehen, das sich, wenn auch nicht als Beweis, doch immerhin als Indiz für die Autorschaft einer Person als geeignet erwiesen hat. Die Interpretation der Wortfrequenzen als psychologische Signaturen geht jedoch über dieses Anliegen hinaus, wenn die Autoren schreiben:

> Such representations of people's mental worlds not only differentiate individuals, but also provide powerful clues as to how they differ from one another in specific and fundamental psychological terms. (Boyd & Pennebaker 2015: 571)

Aus all diesen Beispielen für Technologien mit Dual-Use-Potenzial ergeben sich hochkomplexe ethische Fragen: Inwieweit liegt es in der Verantwortung von Forscher:innen und/oder der wissenschaftlichen Community, wenn ihre Technologie durch Dritte auf schädliche Weise verwendet wird? Spielt es dabei eine Rolle, inwieweit diese schädliche Verwendung absehbar war? Und was machen wir, wenn wir in unserer Forschung das

Potenzial des Missbrauchs erkennen? Sollte Forschung zu bestimmten Gegenständen oder Methoden gar verboten werden?

Verbote sind natürlich in vielerlei Hinsicht problematisch. Die Freiheit der Forschung ist ein hohes Gut und ihre Einschränkung führt zu Folgefragen danach, wer die Entscheidung für ein Verbot treffen soll. Dies würde eine sehr große Macht bedeuten, von der kaum sichergestellt werden kann, dass sie langfristig neutral ausgeübt wird – was auch immer wir unter Neutralität verstehen wollen. Verbote sind im Licht der Internationalität von Forschung auch nur schwer durchzusetzen. Wird etwas in einem Land verboten, wird es voraussichtlich in einem anderen gemacht. Grundsätzlich sind Forschungsergebnisse in der Wissenschaft zur Veröffentlichung bestimmt und ein gezieltes Zurückhalten kann genauso als problematisch betrachtet werden wie die leichtfertige Veröffentlichung (Ehni 2008). Ehni (2008: 151) führt als gegebenenfalls anzusetzende Verpflichtungen von Forscher:innen an, die möglichen Dual-Use-Potenziale ihrer Forschung genau zu untersuchen, die Öffentlichkeit und/oder öffentliche Autoritäten über das Missbrauchspotenzial zu informieren, Forschungsergebnisse ggf. nicht zu veröffentlichen oder die Forschung abzubrechen. Was im jeweiligen Einzelfall angemessen ist und wer darüber zu entscheiden hat, muss Gegenstand gesellschaftlicher Debatten sein.

Zusammenfassend müssen wir uns bei der Erstellung computerlinguistischer Ressourcen und Tools sowie bei der Durchführung von Analysen fragen, ob unter Umständen eine von uns unbeabsichtigte Zweitnutzung derselben denkbar ist, wenn sie Personen mit schädlichen Absichten in die Hände fällt.

## 13.3 Bias und Diskriminierung

Ein zentrales Problem der meisten Sprachmodelle besteht darin, dass sie in der Gesellschaft bestehende Diskriminierungen reproduzieren und verstärken können. In der Öffentlichkeit besteht oft die Fehlannahme, eine computerbasierte Entscheidung sei auf irgendeine Weise „objektiver“ oder „sachlicher“ als menschliche Entscheidungen. Für viele regelbasierte Systeme mag das sogar der Fall sein. Das allgemeine Prinzip maschinellen Lernens ist hingegen, dass das System von Menschen in der Vergangenheit getroffene Entscheidungen als Input bekommt, in diesem menschlichen Verhalten nach Mustern sucht und diese reproduziert. Dabei machen die Systeme keinen Unterschied zwischen den erwünschten menschlichen Verhaltensweisen, die zur Lösung einer Aufgabe notwendig sind, und solchen menschlichen Verhaltensweisen, die unerwünscht sind und von denen man vielleicht sogar gehofft hatte, sie durch die Automatisierung der Aufgabe zu vermeiden. Konkret bedeutet das, dass große Sprachmodelle menschliche Vorurteile wie Rassismus, Sexismus, Ableismus usw. reproduzieren und durch ihre Anwendung folglich marginalisierte Gruppen diskriminiert werden können. Wir sprechen in diesem Fall davon, dass ein Computersystem einen **Bias** gegen eine bestimmte Personengruppe hat. Damit ist eine systematische und unfaire Benachteiligung der Personengruppe durch das System gemeint (Friedman & Nissenbaum 1996: 332).

### 13.3.1 Beispiele für Bias

Von Bias betroffene Zusammenhänge können beispielsweise in **Word Embeddings** beobachtet werden (siehe Kapitel 7.3). Das vielzitierte Beispiel, das die Funktionsweise von Word Embeddings illustriert, ist, dass sich das Wort *man* zu *woman* im Vektorraum genauso verhält wie *king* zu *queen*. Bolukbasi et al. (2016) zeigen, dass das gleiche Verhältnis in einem populären Embedding-Modell auch für *computer programmer* und *homemaker* sowie zahlreiche andere stereotype Relationen gilt. Manzini et al. (2019) machen ähnliche Beobachtungen für rassistische Zusammenhänge. Agarwal et al. (2019) können nachweisen, dass bestimmte Berufe und Nationalitäten in den Embeddings mit stereotypen Vorstellungen zu den Persönlichkeitsmerkmalen der Personen verbunden sind. Garg et al. (2018) machen sich diese Eigenschaften von Word Embeddings zunutze, um die historische Entwicklung von Stereotypen in der amerikanischen Gesellschaft zu beschreiben. Dazu nutzen sie nach Dekaden getrennte Word Embeddings und prüfen für jeden Zeitraum, welche Berufsbezeichnungen und Adjektive im Vektorraum näher an Männern vs. Frauen oder unterschiedlichen ethnischen Gruppen liegen. Zu deskriptiven Zwecken können Word Embeddings und die darin enthaltenen Bias also durchaus eine informative Quelle sein, anhand derer wir die Entwicklung von Stereotypen über die Zeit hinweg quantitativ erfassen und ggf. problematisieren können. Allerdings werden Word Embeddings oft als Input für Modelle mit vielen unterschiedlichen Anwendungsszenarien verwendet, wo es nicht mehr um die Beschreibung von Ist-Zuständen geht, sondern Entscheidungen über die Zukunft getroffen werden, bei denen Diskriminierungen so reproduziert werden.

Ein Bereich mit hohem Diskriminierungspotenzial ist die **Sentimenterkennung** (Kapitel 6), bei der es u. a. um die explizite Bewertung von Menschen oder Gegenständen geht. Robyn Speer berichtet in einem Blogpost (Speer 2017) vom Training eines auf Word Embeddings basierenden Modells, das Restaurantbewertungen nach ihrem Sentiment einordnen soll. Sie stellt dabei fest, dass Reviews zu mexikanischen Restaurants von dem Modell deutlich niedriger bewertet werden, obwohl die Bewertungen der Nutzer:innen in Sternen nicht schlechter sind. Speer führt den Befund darauf zurück, dass das Modell auf Internetdaten trainiert wurde und dort die Wörter *mexikanisch* und *illegal* häufig gemeinsam verwendet werden und das System dadurch gelernt hat, das Wort *mexikanisch* mit negativer Bewertung zu assoziieren. Kiritchenko & Mohammad (2018) evaluieren 219 Sentimentsysteme in Hinblick auf Unterschiede in der Bewertung von Sätzen, in denen männliche vs. weibliche Vornamen sowie afroamerikanische vs. euroamerikanische Vornamen vorkommen. Sie stellen unter anderem fest, dass afroamerikanische Namen in zahlreichen Systemen zu höheren Werten bei negativen Emotionen wie Angst, Wut und Traurigkeit führen. Je nachdem, in welchen Kontexten diese Systeme eingesetzt werden, kann das zur Benachteiligung der betroffenen Personengruppen führen.

Auch in Kontexten, die eigentlich das Ziel verfolgen, für weniger Hass im Netz zu sorgen, können unerwünschte Nebeneffekte entstehen, die für Betroffene weitreichende Konsequenzen haben können. Eine solche Aufgabe ist die Erkennung von **Toxizität** (engl. ‚toxicity detection'), also die automatische Erkennung toxischer Sprachverwendung, die es ermöglicht, angemessene Reaktionen zu implementieren, indem etwa Posts gelöscht oder Nutzer:innen gesperrt werden. Hier zeigt sich, dass in vielen automatisierten Systemen die bloße Nennung einer marginalisierten Gruppe zu hohen Toxizitätswerten führt. Dies hängt vermutlich damit zusammen, dass die Gruppe häufig Opfer von Hatespeech ist und ihre Identität im Kontext toxischer Nachrichten häufig benannt wird. Dadurch führen aber auch schon völlig neutrale Aussagen wie wie *I am a gay man* zu hohen Toxizitätswerten (Dixon et al. 2018). Hutchinson et al. (2020) berichten auf ähnliche Weise von hohen Werten für Sätze wie *I am a deaf person* oder *I will fight for people with mental illness.* Wenn ein solches System in der Praxis zum Einsatz kommt und auf der Grundlage dieser Zuordnungen Posts gelöscht oder Nutzer:innen gesperrt werden, dann trägt das zur weiteren Marginalisierung der betroffenen Gruppen bei. Sap et al. (2019) untersuchen zwei Korpora mit Annotationen zu Hatespeech und beleidigender oder anstößiger Sprache (i. O. engl. ‚offensive') auf rassistische Bias hin. Sie stellen fest, dass Social-Media-Posts in afroamerikanischem Englisch erheblich häufiger als anstößig klassifiziert werden als „weißes Englisch". Sie argumentieren deshalb, dass zur angemessenen Einordnung von Sprachverwendungen nicht nur die Texte selbst, sondern auch demografische Merkmale der Autor:innen berücksichtigt werden müssten – was wiederum für den Schutz der Privatsphäre unerwünscht sein kann.

Die Aufgabe der **Textgenerierung** ist ebenfalls geeignet, um diskriminierenden Output zu liefern. Abid, Farooqi & Zou (2021) berichten etwa, wie sie das Sprachmodell GTP-3 Sätze wie „Two Muslims walked into a ..." vervollständigen ließen. Im Experiment hat die Vervollständigung durch das System in 66 von 100 Fällen einen Bezug zu Gewalt enthalten, was bei anderen Religionsgruppen nicht der Fall war. Lucy & Bamman (2021) untersuchen den Output von GPT-3 auf Geschlechterstereotype. Anhand von Topic Modeling und Wortlisten demonstrieren sie, dass in den generierten Texten mit weiblichen Namen oder Pronomen Wörter aus Bereichen wie Familie und dem äußeren Erscheinungsbild überrepräsentiert sind, bei männlichen Namen und Pronomen hingegen Politik, Krieg und Sport. Die Autor:innen können zeigen, dass sich diese Merkmale teilweise durch die Wahl des Prompt beeinflussen lassen: Bei Prompts mit Kognitionsverben (wie *zusammenfassen* oder *kritisieren*) wurden Texte generiert, die in der Dimension Intellekt höher bewertet wurden.

Bei der Textgenerierung ist der Output sehr viel vielfältiger als etwa bei der Sentimentanalyse, wo der Output in einem bestimmten Label besteht („positiv", „neutral", „negativ") oder einem numerischen Wert auf einer Skala von 0 bis 1. Die Textgenerierung kann deshalb auch auf vielfältigere Weise schädlich sein, die über das

Problem der Diskriminierung hinausgeht. Ein frühes Beispiel ist der Twitter-Chatbot *Tay* von *Microsoft*. Das System lernte durch die Interaktion mit Nutzer:innen und sein Output entwickelte sich von alltäglichen Kommentaren sehr schnell zu rassistischen, sexistischen und generell von Hass geprägten Tweets, sodass *Microsoft* den Chatbot sehr schnell wieder vom Netz nehmen musste (Schwartz 2019). Das Problem besteht hier darin, dass die Firma die Kontrolle über die Trainingsdaten aufgibt und deshalb nicht mehr für die Aussagen des Systems garantieren kann (Zweig 2019: 218). Aber auch bei den heute verfügbaren Systemen zur Textgenerierung, wie bei den Modellen der GPT-Reihe von *OpenAI*, ist die Generierung von Hatespeech und verwandtem unerwünschten Verhalten ein Problem (Gehman et al. 2020). In diesem Fall werden die Trainingsdaten zwar nicht dynamisch durch Nutzer:innen live generiert, sind aber so umfangreich, dass sie sich der vollständigen Kontrolle entziehen.

### 13.3.2 Ursachen von Bias

Ein Konflikt im Training von Sprachmodellen besteht in der Abwägung von Datenquantität und Datenqualität. Die neuesten Verfahren maschinellen Lernens mit künstlichen neuronalen Netzen brauchen unheimlich viele Daten. Bender et al. (2021) stellen die Datensatzgrößen für die wichtigsten Modelle zwischen 2019 und 2021 zusammen. Während 2019 noch viele Modelle mit 16 GB Daten trainiert wurden, hatte das neueste Modell in ihrer Liste ganze 745 GB Trainingsdaten als Input. Die große Menge von Daten hängt mit der Anzahl der im Modell verwendeten Parameter zusammen (siehe Kapitel 12). Je mehr Parameter ein Modell hat, desto feinere Zusammenhänge kann es lernen, desto mehr Daten benötigt es aber auch, um diese Zusammenhänge zu erkennen.

Die benötigte Datenmenge steht in Konflikt mit der genauen Auswahl und Kontrolle der Daten. Wenn schnell viele digitale Daten benötigt werden, ist das Internet eine offensichtliche Wahl. Im Internet sind aber ganz grundsätzlich junge Menschen aus Industrieländern überrepräsentiert, viele Bereiche des Internets sind außerdem männlich dominiert. Die Daten für GPT-2 beispielsweise wurden gesammelt, indem in einem Webscraping alle Links auf der Plattform *Reddit* mit einer gewissen Mindestbewertung ermittelt und die dort vorhandenen Texte heruntergeladen wurden (Radford et al. 2019). Die Wahl dieser Quelle sorgt nicht gerade für Diversität im Datensatz: Bender et al. (2021) zitieren eine Studie, derzufolge 67 Prozent der Reddit-Nutzer:innen in den USA männlich sind und 64 Prozent im Alter von 18 bis 29 Jahren. Gehman et al. (2020) untersuchen den genannten Datensatz sowie ein Open-source-Äquivalent auf Toxizität. Sie finden in 2,1 bzw. 4,3 Prozent der Dokumente Inhalte, die von einem automatischen Klassifikator als toxisch eingestuft werden. Auch im Lichte der oben genannten Schwächen solcher Klassifikatoren weist das auf einen beträchtlichen Anteil toxischer Sprache in den Trainingsdaten hin.

Diesem Problem kann durch nachträgliche Filterungen anhand von einfachen Wortlisten oder selbst auf maschinellem Lernen basierenden Verfahren begegnet werden.

Bender et al. (2021) weisen aber darauf hin, dass solchen automatisierten Filterschritten auch marginalisierte Gruppen zum Opfer fallen können, etwa wenn als Beleidigungen verwendete Wörter als Selbstbezeichnung zurückerobert werden, wie im Beispiel von *queer* geschehen (McConnell-Ginet 2011: 208). Das kann dazu führen, dass auch nicht toxische Texte aus den betroffenen Communities ausgeschlossen werden und ihre Repräsentation in den Daten sinkt.

Eine andere beliebte Quelle für umfangreiche Textdaten, bei der zumindest mit direkter Toxizität nicht zu rechnen ist, ist die *Wikipedia*. Doch auch diese Ressource repräsentiert nicht alle Bevölkerungsgruppen gleichermaßen: Einer Umfrage der *Wikimedia Foundation* aus dem Jahr 2018 zufolge sind 90 Prozent der Autor:innen (bei allen Wikimedia-Projekten) männlich und stammen zu 85 Prozent aus dem globalen Norden (Wikimedia Foundation 2019). Auch in den Inhalten der *Wikipedia* sind unterschiedliche Personengruppen ungleich repräsentiert. Falenska & Çetinoğlu (2021) untersuchen Titel in der *Wikipedia* und stellen u. a. fest, dass Artikel mit Bezug auf Männer oft generische Titel haben, während bei Bezug auf Frauen dies im Titel explizit gemacht wird. Das kommt insbesondere in der Domäne Sport vor: Der Artikel *Deutsche Fußballnationalmannschaft* befasst sich mit der Mannschaft der Männer, das Frauenteam wird im Artikel *Deutsche Fußballnationalmannschaft der Frauen* besprochen. Wagner et al. (2016) sichten biografische Artikel in der englischsprachigen *Wikipedia* (Stand 2014). Nur 15,3 Prozent dieser Biografien befassen sich mit Frauen, in der deutschen *Wikipedia* sind es 13,2 Prozent. Sie finden außerdem Hinweise darauf, dass Frauen einen höheren Bekanntheitsgrad erreichen müssen, um in die Wikipedia aufgenommen zu werden, dass es thematische Unterschiede zwischen Artikeln zu Frauen und Männern gibt und Artikel über Frauen außerdem weniger gut mit anderen Artikeln verlinkt sind, was sich etwa auf ihr Ranking in Suchmaschinen auswirkt.

Insbesondere für kleinere Sprachgemeinschaften kann die *Wikipedia* stark durch Einzelpersonen geprägt sein, die zu wenig Kontrolle unterliegen. Das erwies sich als besonders fatal, als 2020 ein Reddit-Nutzer feststellte, dass ein erheblicher Teil der schottischen *Wikipedia* von einem Jugendlichen geschrieben wurde, der kein richtiges Schottisch beherrschte.[64] Was auf den ersten Blick vor allem kurios erscheint, ist für die Sprachgemeinschaft eine potenzielle Bedrohung, wenn Sprachmodelle für das Schottische auf fehlerhaften Daten trainiert werden.

Ein wichtiger Schritt zur Lösung dieser Probleme besteht in der Schaffung von Transparenz durch die kleinteilige und öffentliche Dokumentation von Daten und Algorithmen. Als Nutzer:innen sollte uns immer bekannt sein, was genau in einem Datensatz enthalten ist, welche Bevölkerungsgruppen repräsentiert sind, welche Menschen ggf. vorhandene Annotationen vorgenommen haben usw. Nur dann können wir abschätzen, ob die Daten und darauf basierende Modelle für unser Anwendungsszenario geeignet sind und mit welchen unerwünschten Bias wir rechnen müssen.

64 https://www.reddit.com/r/Scotland/comments/ig9jia/ive_discovered_that_almost_every_single_article/.

Bender & Friedman (2018) schlagen zu diesem Zweck sog. **Data Statements** vor. Diese sollen Informationen dazu enthalten, mit welcher Motivation ein Datensatz erstellt wurde, welche Sprachvarietäten repräsentiert sind, welche demografischen Merkmale die Autor:innen oder Sprecher:innen der enthaltenen Texte sowie mögliche Annotator:innen haben, um welche Textsorte(n) es sich handelt und in welchem Kontext die Texte entstanden sind. Diese Dokumentation erlaubt den angemessenen Einsatz der Daten und bietet eine Grundlage für eine Diskussion der Datenqualität im Allgemeinen.

Weitere Strategien zur Reduktion von Bias, zusammengestellt in Hovy & Prabhumoye (2021), bestehen darin, gezielt mehr Daten von unterrepräsentierten Gruppen einzubeziehen oder sie im Trainingsdatensatz höher zu gewichten. Bei der Annotation von Daten sollte darauf geachtet werden, dass die Annotator:innen sich mit der relevanten Domäne auskennen und nicht zum Beispiel eine ihnen wenig vertraute Varietät negativ bewerten. Wo möglich, sollte besonders Forschung zu anderen Sprachen als dem Standardenglischen gefördert werden. Für Word Embeddings sind mittlerweile zahlreiche Methoden zum sog. ‚Debiasing' vorgeschlagen worden (z. B. Bolukbasi et al. 2016; Manzini et al. 2019; zu Sprachmodellen im Allgemeinen z. B. Schick, Udupa & Schütze 2021), die versuchen, die unerwünschten Informationen aus den Embeddings nach dem Training herauszurechnen.

Wir haben gesehen, dass der Bias gegen bestimmte gesellschaftliche Gruppen immer schon in den Trainingsdaten vorhanden ist. Manche Modelle führen aber noch zu einer Zuspitzung des Problems: Zhao et al. (2017) zeigen dies für die Aufgabe, auf Bildern u. a. zu erkennen, ob eine Frau oder ein Mann abgebildet ist.[65] Sie nutzen als Beispiel Abbildungen von Personen, die in der Küche beim Kochen fotografiert wurden. In den Trainingsdaten sind auf zwei Dritteln dieser Bilder Frauen abgebildet, auf einem Drittel Männer. Es liegt in den Daten demnach schon ein Bias vor, indem Frauen stärker repräsentiert sind. Auf diesen Daten wird ein Modell trainiert, das anschließend für noch ungesehene Bilder das Geschlecht der abgebildeten Person angeben soll. Es zeigt sich, dass das Modell nur in 16 Prozent der Fälle die kochende Person als Mann klassifiziert, obwohl das wahre Verhältnis mit den Trainingsdaten vergleichbar ist. Auf diese Weise können Sprachmodelle den Bias der Gesellschaft verstärken. Eine mögliche Lösung sehen Hovy & Prabhumoye (2021: 9) darin, schon im Training der Modelle nicht (nur) die Gesamtgenauigkeit, sondern die Genauigkeiten für ausgewählte Teilgruppen der Daten zu optimieren.

65 Der Task selbst ist ethisch problematisch, erstens wegen der binären Kategorisierung: Die Autor:innen merken selbst an, dass für den praktischen Einsatz eines solchen Systems ein feingranulareres Modell von Gender zugrunde gelegt werden muss, das z. B. auch Nichtbinarität erfasst (Zhao et al. 2017: 2979). Zweitens ist auch die Prämisse schwierig, dass wir Geschlechterkategorien an äußeren Merkmalen erkennen können. Je nach Anwendungsszenario ist z. B. denkbar, dass sich Nachteile für Personen ergeben, die in ihrem Äußeren von den gesellschaftlichen Normvorstellungen abweichen.

## 13.4 Ressourcenverbrauch

In den letzten Jahren ist außerdem die Aufmerksamkeit für den Ressourcenverbrauch großer Sprachmodelle gestiegen – gemeinsam mit dem Ressourcenverbrauch selbst. Strubell, Ganesh & McCallum (2019) haben berechnet, dass das Training eines BERT-Modells in etwa so viel $CO_2$ ausstößt wie ein Flug von New York nach San Francisco. In der Praxis werden diese Modelle nicht nur einmal trainiert und zur Nachnutzung veröffentlicht. In Kapitel 12 wurde beschrieben, dass die Architektur und das Training eines Deep-Learning-Modells Entscheidungen zu sehr vielen Hyperparametern erfordert. Um das beste Zusammenspiel aller möglichen Kombinationen von Hyperparametern zu finden, werden im Optimierungsprozess zahlreiche Modellversionen erstellt und verglichen. Schwartz et al. (2020: 58) berichten von einem von Google erstellten Modell, während dessen Entwicklung 12.800 Modelle mit unterschiedlichen Konfigurationen trainiert wurden. Auch für die Nachnutzung eines Sprachmodells ist oft weiteres Training nötig, zudem verbrauchen die Modelle im laufenden Betrieb ebenfalls Energie. Die Gesamtenergiekosten, die ein Sprachmodell verursacht, sind dementsprechend schwer zu beziffern.

In jedem Fall leistet die Arbeit mit großen Sprachmodellen mit ihrem Energieverbrauch einen Beitrag zum Klimawandel. Bender et al. (2021) weisen darauf hin, dass gerade die Menschen in vom Klimawandel besonders stark betroffenen Regionen der Welt am wenigsten von den Sprachmodellen und darauf basierenden Technologien profitieren, weil diese nur für wenige Sprachen mit vielen Sprecher:innen entwickelt werden. Gleichzeitig begrenzen die hohen Kosten den Zugang zu dieser Technologie, indem nur Menschen mit den notwendigen Ressourcen an der Forschung zu großen Sprachmodellen und ihrer Anwendung teilhaben können. Das reduziert die Inklusivität des Feldes, was wiederum bereits benachteiligte Personengruppen besonders trifft.

Insgesamt ist es schwierig, gegeneinander abzuwägen, welchen Nutzen ein Sprachmodell hat und welche Kosten es verursacht – und für wen. Ein erster Schritt kann darin bestehen, Transparenz bezüglich des Energieverbrauchs zu schaffen. Bender et al. (2021) sprechen sich dafür aus, für Sprachmodelle immer zu berichten, wie lange das Training gedauert hat und wie hoch der Energieverbrauch und der $CO_2$-Ausstoß waren. Bei der Evaluation der Modelle sollte nicht nur berücksichtigt werden, mit welcher Genauigkeit eine bestimmte computerlinguistische Aufgabe erfüllt wird, sondern auch, wie effizient dieses Ziel erreicht wird und ob beides in einem vertretbaren Verhältnis zueinander steht. Schwartz et al. (2020) regen an, zu diesem Zweck das Maß FPO (auch: FLOPS, beides: ‚Floating Point Operations Per Second') zu verwenden, das angibt, wie viele Rechenoperationen (Additionen und Multiplikationen) in einem Modell notwendig sind.

## 13.5 Repräsentation

Viele der vorgestellten ethischen Probleme computerlinguistischer Methoden ergeben sich daraus, dass mit ihnen anwendungsorientierte Systeme entwickelt werden, die gesellschaftliche Entscheidungsprozesse unterstützen sollen und durch ihren Output zu Benachteiligungen bestimmter Gruppen führen. Diese Anwendungsperspektive spielt in den Geisteswissenschaften und Digital Humanities mehrheitlich keine Rolle. Es ist deshalb wichtig, sich zu vergegenwärtigen, dass es auch ohne ein solches Anwendungsszenario schädlich für Personengruppen ist, wenn sie stereotyp repräsentiert oder überhaupt nicht repräsentiert sind.

In der Praxis läuft Repräsentation oft auf die Verfügbarkeit von Daten hinaus. Welche Daten sind überhaupt überliefert, welche eher nicht? Welche Daten werden digitalisiert, welche eher nicht? Wozu wird geforscht, wozu eher nicht? Und nicht zuletzt: Wer forscht und welche Personengruppen sind an den Universitäten vertreten? Die Antworten auf diese Fragen zeigen alles andere als eine ausgeglichene Repräsentation von gesellschaftlichen Gruppen. Criado-Perez (2020) zeigt dies ausführlich für Daten über Frauen, die in vielen Domänen gar nicht erhoben wurden oder in einer Form, die keine Differenzierung nach Geschlecht erlaubt, obwohl es geboten wäre.

Für die Geisteswissenschaften sind oft vor allem historische Daten relevant, bei denen wir in der Regel von Entscheidungen der Vergangenheit abhängig sind: Wenn ein Dokument im 18. Jahrhundert nicht für aufbewahrenswert befunden wurde, haben wir heute keine Möglichkeit mehr, diese Datenlücke zu schließen. Schwartz & Cook (2002) beschreiben Archive deshalb als Institutionen der Machtausübung. Es kann immer nur ein Bruchteil aller Dokumente archiviert werden und die Auswahl wird stets durch Personen in Machtpositionen in Hinblick auf die von ihnen vertretenen Werte getroffen. Wir können in keinem Fall davon ausgehen, dass Daten, welchen Ursprungs auch immer, in irgendeiner Weise wertneutral sind und die Welt einfach so abbilden, wie sie ist.

Ein Beispiel dafür, wie sich Unterschiede in der Repräsentation aus der Geschichte bis in unsere Korpora der Gegenwart ziehen, ist der uns bekannte Bestand literarischer Texte und insbesondere der sog. **literarische Kanon**. Als Kanon bezeichnen wir ein

> Korpus, sei es von mündlichen Überlieferungen – etwa von Mythen –, sei es von Schriften, ein Korpus von Werken und von Autoren also, das eine Gemeinschaft als besonders wertvoll und deshalb als tradierenswert anerkennt und um dessen Tradierung sie sich kümmert. (von Heydebrand & Winko 1994: 131)

Im literarischen Kanon sind Männer stark überrepräsentiert.[66] Das gilt insbesondere für die historische Perspektive, aber durchaus auch für die Gegenwart. Es lässt sich eine lange Tradition der systematischen Abwertung von „Frauenliteratur" beobachten, in der Frauen der Zugang zum Schreiben erschwert wurde, ihre Befähigung zum Schreiben angezweifelt wurde und ihre Texte für uninteressant oder weniger wertvollen

66 Das trifft außerdem auf Weiße, Menschen ohne Behinderung, cisgender Personen usw. zu.

Gattungen angehörig erklärt wurden. Diese gesellschaftliche Haltung beeinflusst, was kanonisiert und was vergessen wird, was digitalisiert wird und den Digital Humanities heute zur Verfügung steht und was nicht (von Heydebrand & Winko 1994; Seifert 2021).

Das zeigt sich etwa an deutschen literarischen Korpora. Im deutschen Dramenkorpus → *GerDraCor* (Fischer et al. 2019) sind von über 600 Dramen aus dem Zeitraum 1540 bis 1940 nur 32 von Frauen. Das ebenfalls frei verfügbare → *d-Prose*-Korpus (Gius, Guhr & Adelmann 2021) zur deutschen Prosaliteratur von 1870 bis 1920 kommt auf knapp 14 Prozent an Texten von Autorinnen. Dies soll nicht als Vorwurf missverstanden werden, beides sind tolle Ressourcen, die viele Projekte möglich gemacht haben und bereits weit über den literarischen Kanon im engeren Sinne hinausgehen. Gleichzeitig verstärkt die Existenz solcher Ressourcen den Effekt, dass vor allem an diesen geforscht wird und andere Texte weniger Berücksichtigung finden.

Meiner Ansicht nach haben die Digital Humanities ein besonderes Potenzial dafür, ethische Aspekte (nicht nur) computerlinguistischer Forschung angemessen zu reflektieren. Das Fach vermittelt einerseits Kenntnisse im Umgang mit Zahlen und Technologie, die notwendig sind, um den Einsatz dieser Technologien auch über die Wissenschaft hinaus verstehen und in seinen Chancen und Gefahren einschätzen zu können. Andererseits sind die Digital Humanities weiterhin auch der geisteswissenschaftlichen Denkweise verschrieben. Deren Stärken bestehen darin, Kontexte mitzudenken, die Übertragung komplexer Zusammenhänge in Zahlen zu hinterfragen sowie Vagheit und Mehrdeutigkeit auszuhalten und angemessen zu berücksichtigen. Die Kombination dieser Perspektiven verspricht eine differenzierte Sicht auf Daten und Analysen, von der nicht nur die Forschung, sondern unsere Gesellschaft insgesamt profitieren kann.

# Ressourcenverzeichnis

## AntConc

*AntConc* (Anthony 2005) ist ein einstiegsfreundliches Tool zur Korpusanalyse mit Benutzungsoberfläche, das für Windows, MacOS und Linux verfügbar ist und von Laurence Anthony programmiert wird. Es ermöglicht den Import von einfachen Textdateien, docx-Dateien und PDFs. Zu den Analyseoptionen gehören die Suche nach Wörtern oder Mustern (Keyword-in-Context) mit direktem Link zum Volltext sowie die Berechnung von Kollokationen und Keywords.

- URL: https://www.laurenceanthony.net/software/antconc/
- YouTube-Tutorials von Laurence Anthony: https://www.youtube.com/@AntLabJPN

## BookNLP

Bei *BookNLP* handelt es sich um eine in *Python* implementierte NLP-Bibliothek, die auf längere Dokumente spezialisiert ist und (bisher) nur für das Englische funktioniert. Neben grundlegenden Annotationen wie Wortarten und Syntax, für die auf → *spaCy* zurückgegriffen wird, gehören weiterführende Analysen wie Koreferenzresolution, Ereignisannotation und die Erkennung von Sprecher:innen zum Funktionsumfang.

- URL: https://github.com/booknlp/booknlp

## CATMA

*CATMA* (Gius et al. 2023) ist ein browserbasiertes Tool zur manuellen Annotation von Texten, das im Kontext der Literaturwissenschaft entwickelt wird. Es erlaubt den Upload eigener Texte, die flexible Erstellung von Tagsets und die kollaborative Annotation sowie eine Reihe von Analysemethoden. Das Tool ist besonders für die Annotation von Textspannen ohne vorab festgelegte Länge geeignet.

- URL: https://catma.de/

## CorefAnnotator

Der *CorefAnnotator* (Reiter 2018) wurde von Nils Reiter für die Annotation von Koreferenzrelationen entwickelt.

- URL: https://github.com/nilsreiter/CorefAnnotator/

## Cöref

Das Tool *Cöref* (Schröder, Hatzel & Biemann 2021) ermöglicht die automatische Koreferenzannotation für deutsche Texte. Eine Onlinedemo steht zur Verfügung.

- URL: https://github.com/uhh-lt/neural-coref/tree/konvens
- Demo: https://ltdemos.informatik.uni-hamburg.de/coref-de/

## CoreNLP

*CoreNLP* (Manning et al. 2014) ist eine javabasierte NLP-Bibliothek der Stanford-NLP-Gruppe. Sie umfasst Tokenisierung, Wortartenannotation, Lemmatisierung, Named Entity Recognition und Dependenzparsing für acht Sprachen. Eine Onlinedemo steht zur Verfügung.

- URL: https://stanfordnlp.github.io/CoreNLP/
- Demo: http://corenlp.run/

## CorZu

Das Tool *CorZu* (Tuggener 2016) ermöglicht die automatische Koreferenzannotation für deutsche Texte.

- URL: https://github.com/dtuggener/CorZu

## d-prose

Das Korpus *d-prose* (Gius, Guhr & Adelmann 2021) umfasst 2511 deutsche Erzähltexte aus dem Zeitraum von 1870–1920. Die Daten stehen im txt-Format zum Download bereit und werden von einer Metadatentabelle im csv-Format begleitet.

- URL: https://zenodo.org/record/5015008

## Digitales Wörterbuch der deutschen Sprache (DWDS)

Das *DWDS* ist in seiner Kernfunktion ein Wörterbuch. Es bietet aber auch einen direkten Zugang zu den dem Wörterbuch zugrunde liegenden Korpora, insbesondere den *DWDS*-Referenzkorpora des 20. und des 21. Jahrhunderts. Neben der Suche nach Wörtern, Mustern und Annotationen können auch unterschiedliche Statistiken erhoben werden. Das *DWDS*-Wortprofil gibt differenzierte Einblick in die Verwendungskontexte von Wörtern.

- URL: https://www.dwds.de/
- Korpora: https://www.dwds.de/r

- Referenzkorpora: https://www.dwds.de/d/k-referenz
- Wortprofil: https://www.dwds.de/wp

## Foodblogkorpus

Das *Foodblogkorpus* (Andresen & Zinsmeister 2018) umfasst 150 Texte aus 15 deutschsprachigen Foodblogs mit Metadaten. Zusätzlich stehen manuelle Annotationen zu den Textteilen zur Verfügung (Rezeptrahmung, Zutatenliste, Vorgehensbeschreibung).

- URL: https://zenodo.org/record/3568973

## GerDraCor

Das deutsche Dramenkorpus *GerDraCor* (Fischer et al. 2019) umfasst über 600 deutschsprachige Dramen aus den 1540ern bis in die 1940er. Alle Texte sind im TEI-XML-Format kodiert und Informationen zu Akt- und Szenengrenzen sowie den Sprecher:innen aller Äußerungen sind im XML hinterlegt.

- URL: https://dracor.org/ger

## GermaNet

Das lexikalische Netz *GermaNet* (Hamp & Feldweg 1997; Henrich & Hinrichs 2010) umfasst deutsche Substantive, Verben und Adjektive und fasst sie zu dem englischen ⟶ *WordNet* entsprechenden Synsets (Bedeutungseinheiten) zusammen und definiert hierarchische Relationen zwischen ihnen. Zur Nutzung von *GermaNet* muss eine (kostenlose) Lizenzvereinbarung geschlossen werden.

- URL: https://uni-tuebingen.de/en/142806

## Gemeinsame Normdatei (GND)

Die *Gemeinsame Normdatei* (*GND*) ist eine u. a. von der *Deutschen Nationalbibliothek* betriebene Datenbank, die Entitäten wie Personen, Werke und Sachbegriffe erfasst und mit persistenten Identifikatoren versieht.

- URL: https://gnd.network

## ggplot2

Bei *ggplot2* handelt es sich um eine beliebte *R*-Bibliothek zur Visualisierung von Daten.

- URL: https://ggplot2.tidyverse.org/

## Google Colab

*Google Colab* ermöglicht das Programmieren in *Python* über den Browser. Insbesondere kann über die Plattform kostenlos auf GPUs zugegriffen werden, die für die neusten Deep-Learning-Modelle benötigt werden.

- URL: https://colab.research.google.com/

## HanTa

Der Tagger *HanTa* („The Hanover Tagger“, Wartena 2019) ist in *Python* implementiert und kann zur Lemmatisierung und zum POS-Tagging deutscher Sprachdaten verwendet werden.

- URL: https://github.com/wartaal/HanTa

## Hugging Face

Die Firma *Hugging Face* bietet eine Plattform, über die Deep-Learning-Modelle von allen Nutzer:innen zur Verfügung gestellt und nachgenutzt werden können. *Hugging Face* hat außerdem die *Python*-Bibliothek *transformers* entwickelt und bietet umfangreiche Tutorials dazu an.

- URL: https://huggingface.co/
- Tutorials: https://huggingface.co/course/

## INCEpTION

Bei *INCEpTION* (Klie et al. 2018) handelt es sich um ein Tool zur manuellen Annotation. Es unterstützt die Annotation durch mehrere Personen sowie den Vergleich und die Zusammenführung unterschiedlicher Versionen durch eine kuratierende Person. *INCEpTION* erlaubt die Integration semantischer Ressourcen wie → *Wikidata*. Die manuelle Annotation kann durch maschinelles Lernen unterstützt werden.

- URL: https://inception-project.github.io/

## lobin-gnd API

Die *lobin-gnd API* ist eine Programmierschnittstelle zum Zugriff auf die → *Gemeinsame Normdatei (GND)*.

- URL: https://lobid.org/gnd/api

## MarMoT

Das javabasierte Tool *MarMoT* (Müller, Schmid & Schütze 2013) ermöglicht die Lemmatisierung und POS-Annotation von deutschsprachigen Textdaten.

- URL: http://cistern.cis.lmu.de/marmot/

## Natural Language Toolkit (NLTK)

Das *Natural Language Toolkit* (NLTK, Bird, Klein & Loper 2009) ist eine *Python*-Bibliothek zur Verarbeitung natürlicher Sprache. Das NLTK umfasst für das Englische zahlreiche NLP-Aufgaben wie die Tokenisierung, POS-Annotation, Lemmatisierung, Named Entity Recognition und syntaktische Annotationen. Für die deutsche Sprache steht leider nur die Tokenisierung zur Verfügung. Es gibt aber weitere nützliche, sprachunabhängige Funktionen wie die Erzeugung von Keyword-in-Context-Ansichten zu Suchwörtern und die Berechnung von Kollokationen.

- URL: https://www.nltk.org/

## OdeNet

Bei *OdeNet* (Siegel & Bond 2021) handelt es sich um eine deutsche Entsprechung zu ⟶ *WordNet*, d. h. ein lexikalisches Netz, das Substantive, Verben und Adjektive nach ihren Bedeutungen hierarchisch organisiert. Ein Zugriff ist über die *Python*-Bibliothek ⟶ *wn* möglich.

- URL: https://github.com/hdaSprachtechnologie/odenet

## Plotly

*Plotly* ist eine *Python*-Bibliothek zur Datenvisualisierung. Für den Einstieg ist das Modul *Plotly Express* besonders geeignet.

- URL: https://plotly.com/python/plotly-express/

## Polcla

Bei *Polcla* (Wiegand, Wolf & Ruppenhofer 2018) handelt es sich um ein Programm zur Sentimentanalyse für das Deutsche, das anhand von syntaktischen Annotationen berücksichtigt, ob sentimenthaltige Wörter durch ihren Kontext in ihrer Polarität umgekehrt werden, etwa durch eine Negation.

- URL: https://github.com/artificial-max/polcla

## Potsdam Commentary Corpus (PCC)

Das *Potsdam Commentary Corpus* (Bourgonje & Stede 2020) umfasst 220 deutsche Zeitungstexte (rund 44.000 Token) und ist mit Informationen zu Syntax, Koreferenz und unterschiedlichen Diskursstrukturen annotiert. Es steht frei zur Nachnutzung zur Verfügung.

- URL: http://angcl.ling.uni-potsdam.de/resources/pcc.html

## PyCharm

*PyCharm* ist eine Programmierumgebung für *Python*, die Programmierer:innen zum Beispiel durch farbliche Hervorhebungen der Syntax und Funktionen zum Debugging, d. h. zum Finden von Fehlern im Code, unterstützt. Es gibt eine kostenfreie Community-Version.

- URL: https://www.jetbrains.com/de-de/pycharm/

## Python

*Python* ist die in der Computerlinguistik am meisten verwendete Programmiersprache. Es wird etwa einmal jährlich eine neue Version veröffentlicht.

- URL: https://www.python.org/

## quanteda

In der Programmiersprache *R* steht die Bibliothek *quanteda* („Quantitative Analysis of Textual Data“, Benoit et al. 2018) zur Verfügung. Zu den Funktionen gehört die Erstellung von Korpora, die Tokenisierung, Keyword-in-Context-Ansichten zu Suchwörtern, die Erstellung von Term-Dokument-Matrizen sowie darauf basierende Berechnung von Text- und Wortähnlichkeiten, außerdem Kollokations- und Keywordanalysen.

- URL: https://quanteda.io/

## R

*R* ist eine beliebte Programmiersprache, die vor allem für Statistik und Datenvisualisierung verwendet wird.

- URL: https://www.r-project.org/

## SentiWS

Das Sentimentlexikon *SentiWS* (Remus, Quasthoff & Heyer 2010) umfasst zwei Wortlisten, je eine mit positiven und negativen Sentimentwörtern und dazugehörigen Scores zwischen −1 und 1. Die Listen umfassen 1644 bzw. 1827 Lemmata plus ihre Flexionsformen.

- URL: https://wortschatz.uni-leipzig.de/de/download

## SentText

Das browserbasierte Tool *SentText* (Schmidt, Dangel & Wolff 2021) ermöglicht den Upload von Texten, auf denen dann eine zum Beispiel auf → *SentiWS* basierende Sentimentanalyse durchgeführt wird. Negationen werden durch einfache Heuristiken berücksichtigt. Das Tool bietet eine Visualisierung der Ergebnisse, etwa durch die farbliche Hervorhebung von Sentimentwörtern, und unterschiedliche Download-Formate.

- URL: https://thomasschmidtur.pythonanywhere.com/

## spaCy

*SpaCy* ist eine *Python*-Bibliothek der Softwarefirma *Explosion*, die umfangreiche NLP-Funktionen bietet. Zu den Kernfunktionen gehören Tokenisierung, POS-Tagging, morphologische Annotation, Lemmatisierung, Dependenzannotationen und Named Entity Recognition. Es gibt außerdem eine Erweiterung, die eine lexikonbasierte Sentimentanalyse mit → *SentiWS* implementiert.

- URL: https://spacy.io/
- Sentiment: https://spacy.io/universe/project/spacy-sentiws

## Stanza

Die *Python*-Bibliothek *Stanza* (Qi et al. 2020) wird von der Stanford-NLP-Gruppe entwickelt und basiert auf künstlichen neuronalen Netzen. Die Bibliothek bietet alle zentralen linguistischen Verarbeitungsschritte: Tokenisierung, Lemmatisierung, Annotation von Wortarten und Morphologie, syntaktische Annotationen, Named Entity Recognition und Sentimentanalyse. Es werden insgesamt 70 Sprachen unterstützt, aber nicht immer von allen Verarbeitungsschritten.

- URL: https://stanfordnlp.github.io/stanza/

## stylo

Die *R*-Bibliothek *stylo* (Eder, Rybicki & Kestemont 2016) bietet eine Reihe von Analysemethoden aus dem Feld der Stilometrie, d. h. der quantitativen Stilanalyse, und Autorschaftserkennung. Die Bibliothek ist einstiegsfreundlich gestaltet und verfügt über eine einfache Benutzungsoberfläche.

- URL: https://github.com/computationalstylistics/stylo

## Text+Berg-Korpus

Das *Text+Berg-Korpus* (Bubenhofer et al. 2015) umfasst die Jahrbücher des Schweizer Alpen-Clubs von 1864 bis 2015.

- URL: http://textberg.ch/

## TIGER-Korpus

Das *TIGER-Korpus* (Brants et al. 2004) umfasst rund 900.000 Token aus deutschen Zeitungen und ist mit Wortarten, Lemmata und Morphologie sowie syntaktischen Strukturen annotiert.

- URL: https://www.ims.uni-stuttgart.de/forschung/ressourcen/korpora/tiger/

## TreeTagger

Mit dem *TreeTagger* (Schmid 1994) können Texte in zahlreichen Sprachen mit Wortarten annotiert und lemmatisiert werden.

- URL: https://www.cis.uni-muenchen.de/~schmid/tools/TreeTagger/

## TüNDRA

Über den Webservice *TüNDRA* („Tübingen aNnotated Data Retrieval Application", Martens 2013) können Baumbanken, d. h. Korpora mit syntaktischen Annotationen, in zahlreichen Sprachen durchsucht werden.

- URL: https://weblicht.sfs.uni-tuebingen.de/Tundra

## Universal Dependencies

Die Initiative der *Universal Dependencies* (Nivre et al. 2016; de Marneffe et al. 2021) hat Annotationsschemata entwickelt, mit denen Wortarten und Dependenzsyntax sprachübergreifend annotiert werden können. Mittlerweile stehen außerdem für über 100 Sprachen annotierte Korpora (Baumbanken) zur Verfügung.

- URL: https://universaldependencies.org/

## Visual Studio Code

*Visual Studio Code* ist eine Programmierumgebung von *Microsoft* für *Python*, die Programmierer:innen zum Beispiel durch farbliche Hervorhebungen der Syntax und Funktionen zum Debugging, d. h. zum Finden von Fehlern im Code, unterstützt.

- URL: https://code.visualstudio.com/

## WebLicht

Die Plattform *WebLicht* wird von *CLARIN-D* bereitgestellt und ermöglicht einen einstiegsfreundlichen Zugriff auf zahlreiche computerlinguistische Tools, ohne dass man sie selbst auf einem Rechner installieren und sich mit der Frage nach den passenden In- und Outputformaten der Tools befassen müsste.

- URL: https://weblicht.sfs.uni-tuebingen.de

## Wikidata

*Wikidata* ist eine Wissensdatenbank, die strukturierte Informationen über Entitäten in der Welt (z. B. Personen, Orte, Ereignisse und Sachbegriffe) zur Verfügung stellt. Wie *Wikipedia* ist *Wikidata* communitybasiert und jede:r kann beitragen.

- URL: https://www.wikidata.org/

## wn

Die *Python*-Bibliothek *wn* kann verwendet werden, um auf das englische ⟶ *WordNet* und zum Beispiel das deutsche ⟶ *OdeNet* zuzugreifen.

- URL: https://wn.readthedocs.io/

## WordNet

*WordNet* (Princeton University 2010) ist eine lexikalische Datenbank, in der Substantive, Verben, Adjektive und Adverbien in sog. Synsets synonymer Wörter organisiert sind. Zusätzlich werden hierarchische und andere semantische Relationen zwischen Synsets abgebildet.

- URL: https://wordnet.princeton.edu
- Webseitenversion: http://wordnetweb.princeton.edu/perl/webwn

# Literaturverzeichnis

Alle URLs im Literaturverzeichnis wurden zuletzt am 12. Dezember 2023 überprüft.

Abid, Abubakar, Maheen Farooqi & James Zou. 2021. Persistent Anti-Muslim Bias in Large Language Models. In *Proceedings of the 2021 AAAI/ACM Conference on AI, Ethics, and Society* (AIES '21), 298–306. New York, NY, USA. https://doi.org/10.1145/3461702.3462624.

Adelmann, Benedikt, Melanie Andresen, Anke Begerow, Lina Franken, Evelyn Gius & Michael Vauth. 2019. Evaluation of a Semantic Field-Based Approach to Identifying Text Sections about Specific Topics. In *DH 2019. Book of Abstracts.* https://doi.org/10.5281/zenodo.10376869.

Adelmann, Benedikt, Melanie Andresen, Wolfgang Menzel & Heike Zinsmeister. 2018a. Evaluating Part-of-Speech and Morphological Tagging for Humanities' Interpretation. In *Proceedings of the Second Workshop on Corpus-Based Research in the Humanities*, 5–14. Wien. https://www.oeaw.ac.at/fileadmin/subsites/academiaecorpora/PDF/CRH2.pdf.

Adelmann, Benedikt, Melanie Andresen, Wolfgang Menzel & Heike Zinsmeister. 2018b. Evaluation of Out-Of Domain Dependency Parsing for its Application in a Digital Humanities Project. In *Proceedings of the 14th Conference on Natural Language Processing (KONVENS 2018)*, 121–135. Vienna, Austria. https://konvens.org/proceedings/2018/PDF/konvens18_14.pdf.

Agarwal, Oshin, Funda Durupınar, Norman I. Badler & Ani Nenkova. 2019. Word Embeddings (Also) Encode Human Personality Stereotypes. In *Proceedings of the Eighth Joint Conference on Lexical and Computational Semantics (*SEM 2019)*, 205–211. Minneapolis, Minnesota. https://doi.org/10.18653/v1/S19-1023.

Albert, Ruth. o. J. Reliabilität. In *Digitales Lexikon Fremdsprachendidaktik.* https://www.lexikon-mla.de/lexikon/reliabilitaet/.

Albert, Stefanie, Jan Anderssen, Regine Bader, Stephanie Becker, Tobias Bracht, Sabine Brants, Thorsten Brants et al. 2003. TIGER Annotationsschema. https://www.linguistics.ruhr-uni-bochum.de/~dipper/pub/tiger_annot.pdf.

Althage, Melanie. 2022. Potenziale und Grenzen der Topic-Modellierung mit Latent Dirichlet Allocation für die Digital History. In Karoline Dominika Döring, Stefan Haas, Mareike König & Jörg Wettlaufer (Hrsg.), *Digital History* (Studies in Digital History and Hermeneutics 6), 255–278. Berlin, Boston: De Gruyter Oldenbourg. https://doi.org/10.1515/9783110757101-014.

Andresen, Melanie. 2022. *Datengeleitete Sprachbeschreibung mit syntaktischen Annotationen. Eine Korpusanalyse am Beispiel der germanistischen Wissenschaftssprachen* (Korpuslinguistik und interdisziplinäre Perspektiven auf Sprache (CLIP) 10). Tübingen: Narr Francke Attempto.

Andresen, Melanie, Anke Begerow, Lina Franken, Uta Gaidys, Gertraud Koch & Heike Zinsmeister. 2020. Syntaktische Profile für Interpretationen jenseits der Textoberfläche. In *Book of Abstracts of DHd 2020*, 219–223. Paderborn, Germany. https://doi.org/10.5281/zenodo.3666690.

Andresen, Melanie, Benjamin Krautter, Janis Pagel & Nils Reiter. 2021. Wissensvermittlungen im Drama annotieren. Annotationsguideline. Zenodo. https://doi.org/10.5281/zenodo.5729706.

Andresen, Melanie, Benjamin Krautter, Janis Pagel & Nils Reiter. 2022. Who Knows What in German Drama? A Composite Annotation Scheme for Knowledge Transfer. *Journal of Computational Literary Studies* 1(1). https://doi.org/10.48694/jcls.107.

Andresen, Melanie, Katharina Krüger, Michael Vauth & Heike Zinsmeister. 2018. Can we describe a literary character by its explicit attributions based on syntactic annotation? In *EADH 2018.* Galway, Ireland. https://eadh2018.exordo.com/programme/presentation/83.

Andresen, Melanie & Michael Vauth. 2018. Added Value of Coreference Annotation for Character Analysis in Narratives. In *Proceedings of the Workshop on Annotation in Digital Humanities*, 1–6. Sofia, Bulgaria. http://ceur-ws.org/Vol-2155/andresen.pdf.

Andresen, Melanie & Michael Vauth. 2020. Figurenrelationen und Figurencharakterisierung. Interdisziplinarität zwischen Literaturwissenschaft und Computerlinguistik am Beispiel der Text- und Genreanalyse. In Dominik Orth & Margarete Jarchow (Hrsg.), *Kultur und Technik. Interdisziplinäre Perspektiven*, 43–62. Kiel/Hamburg: Wachholtz.

Andresen, Melanie & Heike Zinsmeister. 2018. Foodblog-Korpus. Zenodo. https://doi.org/10.5281/zenodo.1410445.

Andresen, Melanie & Heike Zinsmeister. 2019. *Korpuslinguistik* (narr Starter). Tübingen: Narr Francke Attempto.

Anthony, Laurence. 2005. AntConc: A Learner and Classroom Friendly, Multi-Platform Corpus Analysis Toolkit. In *Proceedings of IWLeL 2004: An Interactive Workshop on Language e-Learning*, 7–13. Tokyo: Waseda University.

Argamon, Shlomo, Moshe Koppel, James W. Pennebaker & Jonathan Schler. 2009. Automatically profiling the author of an anonymous text. *Communications of the ACM* 52(2). 119–123. https://doi.org/10.1145/1461928.1461959.

Artstein, Ron & Massimo Poesio. 2008. Inter-Coder Agreement for Computational Linguistics. *Computational Linguistics* 34(4). 555–596. https://doi.org/10.1162/coli.07-034-R2.

Beißwenger, Michael, Thomas Bartz, Angelika Storrer & Swantje Westpfahl. 2015. Tagset und Richtlinie für das PoSTagging von Sprachdaten aus Genres internetbasierter Kommunikation. https://sites.google.com/site/empirist2015/gscl-shared-task-automatic-linguistic-annotation-of-computer-mediated-communication-social-media/annotation-guidelines.

Bender, Emily M. & Batya Friedman. 2018. Data Statements for Natural Language Processing: Toward Mitigating System Bias and Enabling Better Science. *Transactions of the Association for Computational Linguistics* 6. 587–604. https://doi.org/10.1162/tacl_a_00041.

Bender, Emily M., Timnit Gebru, Angelina McMillan-Major & Shmargaret Shmitchell. 2021. On the Dangers of Stochastic Parrots: Can Language Models Be Too Big? 🦜. In *Proceedings of the 2021 ACM Conference on Fairness, Accountability, and Transparency* (FAccT '21), 610–623. New York, NY, USA. https://doi.org/10.1145/3442188.3445922.

Benoit, Kenneth, Kohei Watanabe, Haiyan Wang, Paul Nulty, Adam Obeng, Stefan Müller & Akitaka Matsuo. 2018. quanteda: An R package for the quantitative analysis of textual data. *Journal of Open Source Software* 3(30). 774. https://doi.org/10.21105/joss.00774.

Bernhart, Toni. 2020. Beiwerk als Werk: Stochastische Texte von Theo Lutz. *editio* 34(1). 180–206. https://doi.org/10.1515/editio-2020-0010.

Betti, Arianna, Martin Reynaert, Thijs Ossenkoppele, Yvette Oortwijn, Andrew Salway & Jelke Bloem. 2020. Expert Concept-Modeling Ground Truth Construction for Word Embeddings Evaluation in Concept-Focused Domains. In *Proceedings of the 28th International Conference on Computational Linguistics*, 6690–6702. Barcelona, Spain (Online). https://doi.org/10.18653/v1/2020.coling-main.586.

Biemann, Chris, Gerhard Heyer & Uwe Quasthoff. 2022. *Wissensrohstoff Text: Eine Einführung in das Text Mining*. 2. Auflage. Wiesbaden: Springer Fachmedien Wiesbaden. https://doi.org/10.1007/978-3-658-35969-0.

Bird, Steven, Ewan Klein & Edward Loper. 2009. *Natural Language Processing with Python*. Beijing; Cambridge Mass.: O'Reilly and Associates.

Bizzoni, Yuri, Stefania Degaetano-Ortlieb, Peter Fankhauser & Elke Teich. 2020. Linguistic Variation and Change in 250 Years of English Scientific Writing: A Data-Driven Approach. *Frontiers in Artificial Intelligence* 3. https://doi.org/10.3389/frai.2020.00073.

Blei, David M. 2012. Topic Modeling and Digital Humanities. *Journal of Digital Humanities* 2(1). http://journalofdigitalhumanities.org/2-1/topic-modeling-and-digital-humanities-by-david-m-blei/.

Bojanowski, Piotr, Edouard Grave, Armand Joulin & Tomas Mikolov. 2017. Enriching Word Vectors with Subword Information. *Transactions of the Association for Computational Linguistics* 5. 135–146. https://doi.org/10.1162/tacl_a_00051.

Bolukbasi, Tolga, Kai-Wei Chang, James Zou, Venkatesh Saligrama & Adam Kalai. 2016. Man is to Computer Programmer as Woman is to Homemaker? Debiasing Word Embeddings. In *Proceedings of the 30th International Conference on Neural Information Processing Systems* (NIPS'16), 4356–4364. Red Hook, NY, USA. https://dl.acm.org/doi/10.5555/3157382.3157584.

Borgstedt, Thomas. 2010. Sonett. In Georg Braungart, Harald Fricke, Klaus Grubmüller, Jan-Dirk Müller, Friedrich Vollhardt & Klaus Weimar (Hrsg.), *Reallexikon der deutschen Literaturwissenschaft*, Bd. III: P – Z, 447–450. Berlin, New York: De Gruyter. https://doi.org/10.1515/9783110914672.

Bourgonje, Peter & Manfred Stede. 2020. The Potsdam Commentary Corpus 2.2: Extending Annotations for Shallow Discourse Parsing. In *Proceedings of the Twelfth Language Resources and Evaluation Conference*, 1061–1066. Marseille, France. https://aclanthology.org/2020.lrec-1.133.

Boyd, Ryan L. & James W. Pennebaker. 2015. Did Shakespeare Write Double Falsehood? Identifying Individuals by Creating Psychological Signatures With Text Analysis. *Psychological Science* 26(5). 570–582.

Brants, Sabine, Stefanie Dipper, Peter Eisenberg, Silvia Hansen-Schirra, Esther König, Wolfgang Lezius, Christian Rohrer, George Smith & Hans Uszkoreit. 2004. TIGER: Linguistic Interpretation of a German Corpus. *Research on Language and Computation* 2(4). 597–620. https://doi.org/10.1007/s11168-004-7431-3.

Braun, Manuel & Nora Ketschik. 2019. Soziale Netzwerkanalysen zum mittelhochdeutschen Artusroman oder: Vorgreiflicher Versuch, Märchenhaftigkeit des Erzählens zu messen. *Das Mittelalter* 24(1). 54–70. https://doi.org/10.1515/mial-2019-0005.

Brown, Tom, Benjamin Mann, Nick Ryder, Melanie Subbiah, Jared D Kaplan, Prafulla Dhariwal, Arvind Neelakantan et al. 2020. Language Models are Few-Shot Learners. In *Advances in Neural Information Processing Systems*, vol. 33, 1877–1901. https://papers.nips.cc/paper/2020/hash/1457c0d6bfcb4967418bfb8ac142f64a-Abstract.html.

Bubenhofer, Noah & Juliane Schröter. 2012. Die Alpen. Sprachgebrauchsgeschichte – Korpuslinguistik – Kulturanalyse. In Péter Maitz (Hrsg.), *Historische Sprachwissenschaft: Erkenntnisinteressen, Grundlagenprobleme, Desiderate* (Studia linguistica Germanica 110), 263–287. Berlin [u. a.]: De Gruyter.

Bubenhofer, Noah, Martin Volk, Fabienne Leuenberger & Daniel Wüest (Hrsg.). 2015. Text+Berg-Korpus (release 151v01). Institut für Computerlinguistik, Universität Zürich. http://textberg.ch/.

Busch, Albert & Oliver Stenschke. 2018. *Germanistische Linguistik: eine Einführung* (Narr Bachelor-Wissen.de). 4., aktualisierte Auflage. Tübingen: Narr Francke Attempto.

Bußmann, Hadumod (Hrsg.). 2008. *Lexikon der Sprachwissenschaft*. 4. Auflage. Stuttgart: Kröner.

Chan, Branden, Stefan Schweter & Timo Möller. 2020. German's Next Language Model. In *Proceedings of the 28th International Conference on Computational Linguistics*, 6788–6796. Barcelona, Spain (Online). https://doi.org/10.18653/v1/2020.coling-main.598.

Citron, Francesca M. M., Cristina Cacciari, Michael Kucharski, Luna Beck, Markus Conrad & Arthur M. Jacobs. 2016. When emotions are expressed figuratively: Psycholinguistic and Affective Norms of 619 Idioms for German (PANIG). *Behavior Research Methods* 48(1). 91–111. https://doi.org/10.3758/s13428-015-0581-4.

Cohen, Jacob. 1960. A Coefficient of Agreement for Nominal Scales. *Educational and Psychological Measurement* 20(1). 37–46. https://doi.org/10.1177/001316446002000104.

Criado-Perez, Caroline. 2020. *Invisible women: exposing data bias in a world designed for men*. London: Vintage.

Dennerlein, Katrin, Thomas Schmidt & Christian Wolff. 2022. Emotion courses in German historical comedies and tragedies. In *Digital Humanities 2022: Conference Abstracts*, 193–197. https://dh2022.dhii.asia/dh2022bookofabsts.pdf.

Dennis-Henderson, Ashley, Matthew Roughan, Lewis Mitchell & Jonathan Tuke. 2020. Life still goes on: Analysing Australian WW1 Diaries through Distant Reading. In *Proceedings of the The 4th Joint SIGHUM Workshop on Computational Linguistics for Cultural Heritage, Social Sciences, Humanities and Literature*, 90–104. Online. https://aclanthology.org/2020.latechclfl-1.11.

Deutsche Forschungsgemeinschaft. 2022. Leitlinien zur Sicherung guter wissenschaftlicher Praxis. https://doi.org/10.5281/zenodo.6472827.

Deutsche Nationalbibliothek. 2022. Jahresbericht 2021. https://d-nb.info/1257467816/34.

Devlin, Jacob, Ming-Wei Chang, Kenton Lee & Kristina Toutanova. 2019. BERT: Pre-training of Deep Bidirectional Transformers for Language Understanding. In *Proceedings of the 2019 Conference of the North American Chapter of the Association for Computational Linguistics:*

*Human Language Technologies, Volume 1 (Long and Short Papers)*, 4171–4186. Minneapolis, Minnesota. https://doi.org/10.18653/v1/N19-1423.

Dipper, Stefanie, Karin Donhauser, Thomas Klein, Sonja Linde, Stefan Müller & Klaus-Peter Wegera. 2013. HiTS: ein Tagset für historische Sprachstufen des Deutschen. *Journal for Language Technology and Computational Linguistics* 28(1). 85–137. https://doi.org/10.21248/jlcl.28.2013.170.

Dixon, Lucas, John Li, Jeffrey Sorensen, Nithum Thain & Lucy Vasserman. 2018. Measuring and Mitigating Unintended Bias in Text Classification. In *Proceedings of the 2018 AAAI/ACM Conference on AI, Ethics, and Society* (AIES '18), 67–73. New York, NY, USA. https://doi.org/10.1145/3278721.3278729.

Donaldson, Christopher, Ian N. Gregory & Joanna E. Taylor. 2017. Locating the beautiful, picturesque, sublime and majestic: spatially analysing the application of aesthetic terminology in descriptions of the English Lake District. *Journal of Historical Geography* 56. 43–60. https://doi.org/10.1016/j.jhg.2017.01.006.

Duden. 2009. *Die Grammatik: Unentbehrlich für richtiges Deutsch.* 8. Auflage. Mannheim [u. a.]: Dudenverlag.

Dun, Lindsay, Stuart Soroka & Christopher Wlezien. 2021. Dictionaries, Supervised Learning, and Media Coverage of Public Policy. *Political Communication* 38(1–2). 140–158. https://doi.org/10.1080/10584609.2020.1763529.

Dunning, Ted. 1993. Accurate Methods for the Statistics of Surprise and Coincidence. *Computational Linguistics* 19(1). 61–74.

Dürscheid, Christa. 2012. *Syntax: Grundlagen und Theorien* (UTB 3319). 6., aktualisierte Aufl. Göttingen [u. a.]: Vandenhoeck & Ruprecht.

Eder, Maciej, Jan Rybicki & Mike Kestemont. 2016. Stylometry with R: A Package for Computational Text Analysis. *The R Journal* 8(1). 107–121.

Ehni, Hans-Jörg. 2008. Dual use and the ethical responsibility of scientists. *Archivum Immunologiae et Therapiae Experimentalis* 56(3). 147–152. https://doi.org/10.1007/s00005-008-0020-7.

Ehrmann, Maud, Ahmed Hamdi, Elvys Linhares Pontes, Matteo Romanello & Antoine Doucet. 2023. Named Entity Recognition and Classification on Historical Documents: A Survey. ACM Computing Surveys 56(2). 27:1–27:47. https://doi.org/10.1145/3604931.

Evert, Stefan. 2006. How Random is a Corpus? The Library Metaphor. *Zeitschrift für Anglistik und Amerikanistik* 54(2). 177–190. https://doi.org/10.1515/zaa-2006-0208.

Evert, Stefan. 2009. Corpora and collocations. In Anke Lüdeling & Merja Kytö (Hrsg.), *Corpus linguistics: an international handbook* (Handbücher zur Sprach- und Kommunikationswissenschaft 29), vol. 2, 1212–1248. Berlin, Boston: De Gruyter.

Evert, Stephanie. 2022. Measuring Keyness. In *Book of Abstracts of Digial Humanities (DH2022)*, 202–205. Tokyo, Japan. https://dh2022.dhii.asia/dh2022bookofabsts.pdf.

Falenska, Agnieszka & Özlem Çetinoğlu. 2021. Assessing Gender Bias in Wikipedia: Inequalities in Article Titles. In *Proceedings of the 3rd Workshop on Gender Bias in Natural Language Processing*, 75–85. Online. https://doi.org/10.18653/v1/2021.gebnlp-1.9.

Field, Andy, Jeremy Miles & Zoë Field. 2012. *Discovering statistics using R.* Los Angeles: Sage.

Firth, John R. 1957. A Synopsis of Linguistic Theory, 1930-1955. In *Studies in linguistic analysis* (Special Volume of the Philological Society), 1–32. Oxford: Blackwell.

Fischer, Frank, Ingo Börner, Mathias Göbel, Angelika Hechtl, Christopher Kittel, Carsten Milling & Peer Trilcke. 2019. Programmable Corpora – Die digitale Literaturwissenschaft zwischen Forschung und Infrastruktur am Beispiel von DraCor. In *DHd 2019 Digital Humanities: multimedial & multimodal. Konferenzabstracts*, 194–197. https://doi.org/10.5281/zenodo.2596095.

Fleiss, Joseph L. 1971. Measuring nominal scale agreement among many raters. *Psychological Bulletin* 76(5). 378–382. https://doi.org/10.1037/h0031619.

Foth, Kilian A. 2006. Eine umfassende Constraint-Dependenz-Grammatik des Deutschen. http://edoc.sub.uni-hamburg.de/informatik/volltexte/2014/204/.

Friedman, Batya & Helen Nissenbaum. 1996. Bias in computer systems. *ACM Transactions on Information Systems* 14(3). 330–347. https://doi.org/10.1145/230538.230561.

Fuhrhop, Nanna & Jörg Peters. 2023. Graphematisches Wort. In Nanna Fuhrhop & Jörg Peters (Hrsg.), *Einführung in die Phonologie und Graphematik*, 259–275. Stuttgart: J. B. Metzler. https://doi.org/10.1007/978-3-476-05940-6_17.

Garg, Nikhil, Londa Schiebinger, Dan Jurafsky & James Zou. 2018. Word embeddings quantify 100 years of gender and ethnic stereotypes. *Proceedings of the National Academy of Sciences* 115(16). E3635–E3644. https://doi.org/10.1073/pnas.1720347115.

Gehman, Samuel, Suchin Gururangan, Maarten Sap, Yejin Choi & Noah A. Smith. 2020. RealToxicityPrompts: Evaluating Neural Toxic Degeneration in Language Models. In *Findings of the Association for Computational Linguistics: EMNLP 2020*, 3356–3369. Online. https://doi.org/10.18653/v1/2020.findings-emnlp.301.

Gius, Evelyn, Svenja Guhr & Benedikt Adelmann. 2021. d-Prose 1870-1920 (2.0). https://doi.org/10.5281/zenodo.5015008.

Gius, Evelyn & Janina Jacke. 2016. Zur Annotation narratologischer Kategorien der Zeit. Guidelines zur Nutzung des CATMA-Tagsets. http://heureclea.de/wp-content/uploads/2016/11/guidelinesV2.pdf.

Gius, Evelyn, Jan Christoph Meister, Malte Meister, Marco Petris, Mareike Schumacher & Dominik Gerstorfer. 2023. CATMA. https://doi.org/10.5281/zenodo.7986177.

Glassner, Andrew S. 2021. *Deep learning: a visual approach.* San Francisco, CA: No Starch Press, Inc.

Googasian, Victoria & Ryan J. Heuser. 2019. Digital Animal Studies: Modeling Anthropomorphism in Animal Writing, 1870-1930. In *Book of Abstracts of DH 2019.* https://doi.org/10.34894/CPZUSR.

Gries, Stefan Th. 2008. *Statistik für Sprachwissenschaftler* (Studienbücher zur Linguistik 13). Göttingen: Vandenhoeck & Ruprecht.

Hagenbruch, André. 2010. Flache Satzverarbeitung. In Kai-Uwe Carstensen, Christian Ebert, Cornelia Ebert, Susanne Jekat, Ralf Klabunde & Hagen Langer (Hrsg.), *Computerlinguistik und Sprachtechnologie: Eine Einführung*, 264–279. 3., überarb. und erw. Aufl. Heidelberg: Spektrum.

Hamp, Birgit & Helmut Feldweg. 1997. GermaNet – a Lexical-Semantic Net for German. In *Automatic Information Extraction and Building of Lexical Semantic Resources for NLP Applications*, 9–15. http://www.aclweb.org/anthology/W97-0802.

Harris, Zellig S. 1954. Distributional Structure. *WORD* 10(2–3). 146–162. https://doi.org/10.1080/00437956.1954.11659520.

Hengchen, Simon, Ruben Ros, Jani Marjanen & Mikko Tolonen. 2021. A data-driven approach to studying changing vocabularies in historical newspaper collections. *Digital Scholarship in the Humanities* 36(Supplement_2). ii109–ii126. https://doi.org/10.1093/llc/fqab032.

Henrich, Verena & Erhard Hinrichs. 2010. GernEdiT – The GermaNet Editing Tool. In *Proceedings of the Seventh Conference on International Language Resources and Evaluation (LREC 2010)*, 2228–2235. Valletta, Malta. https://aclanthology.org/L10-1180/.

Heuser, Ryan & Long Le-Khac. 2011. Learning to Read Data: Bringing out the Humanistic in the Digital Humanities. *Victorian Studies* 54(1). 79–86. https://doi.org/10.2979/victorianstudies.54.1.79.

Heuser, Ryan, Franco Moretti & Erik Steiner. 2016. *The Emotions of London* (Pamphlets of the Stanford Literary Lab 13). https://litlab.stanford.edu/LiteraryLabPamphlet13.pdf.

Heydebrand, Renate von & Simone Winko. 1994. Geschlechterdifferenz und literarischer Kanon. Historische Beobachtungen und systematische Überlegungen. *Internationales Archiv für Sozialgeschichte der deutschen Literatur* 19(2). 96–172. https://doi.org/10.1515/iasl-1994-9005.

Hirschle, Jochen. 2022. *Deep Natural Language Processing: Einstieg in Word Embedding, Sequence-to-Sequence-Modelle und Transformer mit Python*. München: Hanser.

Hovy, Dirk & Shrimai Prabhumoye. 2021. Five sources of bias in natural language processing. *Language and Linguistics Compass* 15(8). 1–19. https://doi.org/10.1111/lnc3.12432.

Hulden, Vilja. 2016. Whodunit... and to Whom? Subjects, Objects, and Actions in Research Articles on American Labor Unions. In *Proceedings of the 10th SIGHUM Workshop on Language Technology for Cultural Heritage, Social Sciences, and Humanities*, 140–145. https://doi.org/10.18653/v1/W16-2118.

Hutchinson, Ben, Vinodkumar Prabhakaran, Emily Denton, Kellie Webster, Yu Zhong & Stephen Denuyl. 2020. Social biases in NLP models as barriers for persons with disabilities. In *Proceedings of the 58th annual meeting of the association for computational linguistics*, 5491–5501. Online. https://doi.org/10.18653/v1/2020.acl-main.487.

Ide, Nancy & James Pustejovsky (Hrsg.). 2017. *Handbook of Linguistic Annotation*. 2017. Dordrecht: Springer. https://doi.org/10.1007/978-94-024-0881-2.

Jablotschkin, Sarah. 2022. LeiKo: Koreferenzannotation. https://zenodo.org/record/3626763.

Jannidis, Fotis, Leonard Konle & Peter Leinen. 2019. Makroanalytische Untersuchung von Heftromanen. In *DHd 2019 Digital Humanities: multimedial & multimodal. Konferenzabstracts*, 167–173. https://doi.org/10.5281/zenodo.4622093.

Jannidis, Fotis, Isabella Reger, Lukas Weimer, Markus Krug, Martin Toepfer & Frank Puppe. 2015. Automatische Erkennung von Figuren in deutschsprachigen Romanen. In *Book of Abstracts of DHd 2015: Von Daten zu Erkenntnissen*. Graz. https://doi.org/10.5281/zenodo.3684491.

Juola, Patrick. 2013. Rowling and „Galbraith“: an authorial analysis. *Language Log*. http://languagelog.ldc.upenn.edu/nll/?p=5315.

Jurafsky, Dan & James H. Martin. 2023. *Speech and language processing: An introduction to natural language processing, computational linguistics, and speech recognition.* 3. Auflage (laufend aktualisierter Entwurf). https://web.stanford.edu/~jurafsky/slp3/.

Kelleher, John D. 2019. *Deep Learning.* Illustrated Edition. Cambridge, Massachusetts: MIT Press.

Ketschik, Nora, André Blessing, Sandra Murr, Maximilian Overbeck & Axel Pichler. 2020. Interdisziplinäre Annotation von Entitätenreferenzen. In Nils Reiter, Axel Pichler & Jonas Kuhn (Hrsg.), *Reflektierte algorithmische Textanalyse: Interdisziplinäre(s) Arbeiten in der CRETA-Werkstatt*, 203–236. Berlin, Boston: De Gruyter. https://doi.org/10.1515/9783110693973.

Ketschik, Nora, Benjamin Krautter, Sandra Murr & Yvonne Zimmermann. 2020. Zur Theorie von Erzählebenen und ihrer Annotation im digitalen Kontext. In Nils Reiter, Axel Pichler & Jonas Kuhn (Hrsg.), *Reflektierte algorithmische Textanalyse: Interdisziplinäre(s) Arbeiten in der CRETA-Werkstatt*, 439–464. Berlin, Boston: De Gruyter. https://doi.org/10.1515/9783110693973.

Kilgarriff, Adam. 2005. Language is never, ever, ever, random. *Corpus Linguistics and Linguistic Theory* 1(2). 263–275. https://doi.org/10.1515/cllt.2005.1.2.263.

Kim, Evgeny & Roman Klinger. 2019. A Survey on Sentiment and Emotion Analysis for Computational Literary Studies. *Zeitschrift für digitale Geisteswissenschaften.* http://dx.doi.org/10.17175/2019_008_v2.

Kiritchenko, Svetlana & Saif Mohammad. 2018. Examining Gender and Race Bias in Two Hundred Sentiment Analysis Systems. In *Proceedings of the Seventh Joint Conference on Lexical and Computational Semantics*, 43–53. New Orleans, Louisiana. https://doi.org/10.18653/v1/S18-2005.

Kiss, Tibor & Jan Strunk. 2006. Unsupervised Multilingual Sentence Boundary Detection. *Computational Linguistics* 32(4). 485–525. https://doi.org/10.1162/coli.2006.32.4.485.

Kleinnijenhuis, Jan & Wouter van Atteveldt. 2014. Positions of Parties and Political Cleavages between Parties in Texts. In Bertie Kaal, Isa Maks & Annemarie van Elfrinkhof (Hrsg.), *Discourse Approaches to Politics, Society and Culture*, vol. 55, 1–20. Amsterdam: Benjamins. https://doi.org/10.1075/dapsac.55.01kle.

Klie, Jan-Christoph, Michael Bugert, Beto Boullosa, Richard Eckart de Castilho & Iryna Gurevych. 2018. The INCEpTION platform: Machine-assisted and knowledge-oriented interactive annotation. In *Proceedings of the 27th international conference on computational linguistics: System demonstrations*, 5–9. Santa Fe, USA. https://aclanthology.org/C18-2002/.

Klinger, Roman, Surayya Samat Suliya & Nils Reiter. 2016. Automatic Emotion Detection for Quantitative Literary Studies – A case study based on Franz Kafka's „Das Schloss" and „Amerika." In *Digital Humanities 2016: Conference Abstracts*, 826–828. Kraków, Poland. http://dh2016.adho.org/abstracts/318.

Köhler, Reinhard. 2005. Korpuslinguistik – zu wissenschaftstheoretischen Grundlagen und methodologischen Perspektiven. *LDV-Forum* 20(2). 1–16.

Kolhatkar, Varada, Adam Roussel, Stefanie Dipper & Heike Zinsmeister. 2018. Anaphora With Non-nominal Antecedents in Computational Linguistics: a Survey. *Computational Linguistics* 44(3). 547–612. https://doi.org/10.1162/coli_a_00327.

Köper, Maximilian & Sabine Schulte im Walde. 2016. Automatically generated affective norms of abstractness, arousal, imageability and valence for 350 000 German lemmas. In *Proceedings of the tenth international conference on language resources and evaluation (LREC'16)*, 2595–2598. Portorož, Slovenia. https://aclanthology.org/L16-1413.

Koplenig, Alexander. 2017. Against statistical significance testing in corpus linguistics. *Corpus Linguistics and Linguistic Theory* 15(2). 321–346. https://doi.org/10.1515/cllt-2016-0036.

Krautter, Benjamin, Janis Pagel, Nils Reiter & Marcus Willand. 2020. „[...] ein Vater, dächte ich, ist doch immer ein Vater". Figurentypen und ihre Operationalisierung. *Zeitschrift für digitale Geisteswissenschaften.* http://dx.doi.org/10.17175/2020_007.

Krippendorff, Klaus. 1980. *Content analysis: an introduction to its methodology* (The Sage Commtext Series 5). Beverly Hills, California: Sage.

Krug, Markus, Frank Puppe, Fotis Jannidis, Luisa Macharowsky, Isabella Reger & Lukas Weimar. 2015. Rule-based Coreference Resolution in German Historic Novels. In *Proceedings of the Fourth Workshop on Computational Linguistics for Literature*, 98–104. https://doi.org/10.3115/v1/W15-0711.

Krug, Markus, Lukas Weimer, Isabella Reger, Luisa Macharowsky, Stephan Feldhaus, Frank Puppe & Fotis Jannidis. 2018. *Description of a Corpus of Character References in German Novels – DROC [Deutsches ROman Corpus]* (DARIAH-DE Working Papers 27). Göttingen: DARIAH-DE. http://nbn-resolving.de/urn:nbn:de:gbv:7-dariah-2018-2-9.

Labov, William. 1974. The Boundaries of Words and their Meanings. In Charles-James N. Bailey & Roger W. Shuy (Hrsg.), *New ways of analyzing variation in English*, 340–373. Washington, DC: Georgetown University Press.

Lancashire, Ian & Graeme Hirst. 2009. Vocabulary Changes in Agatha Christie's Mysteries as an Indication of Dementia: A Case Study. http://ftp.cs.toronto.edu/pub/gh/Lancashire+Hirst-extabs-2009.pdf.

Landis, J. Richard & Gary G. Koch. 1977. The measurement of observer agreement for categorical data. *Biometrics* 33(1). 159–174.

Langer, Hagen. 2010. Syntax und Parsing. In Kai-Uwe Carstensen, Christian Ebert, Cornelia Ebert, Susanne Jekat, Ralf Klabunde & Hagen Langer (Hrsg.), *Computerlinguistik und Sprachtechnologie: Eine Einführung*, 280–329. 3., überarb. und erw. Aufl. Heidelberg: Spektrum.

Lemnitzer, Lothar & Heike Zinsmeister. 2015. *Korpuslinguistik: Eine Einführung.* 3. Auflage. Tübingen: Narr Francke Attempto.

Lenci, Alessandro. 2018. Distributional Models of Word Meaning. *Annual Review of Linguistics* 4(1). 151–171. https://doi.org/10.1146/annurev-linguistics-030514-125254.

Liebl, Bernhard & Manuel Burghardt. 2020. „Shakespeare in the Vectorian Age" – An evaluation of different word embeddings and NLP parameters for the detection of Shakespeare quotes. In *Proceedings of the The 4th Joint SIGHUM Workshop on Computational Linguistics for Cultural Heritage, Social Sciences, Humanities and Literature*, 58–68. Online. https://aclanthology.org/2020.latechclfl-1.7.

Liu, Bing. 2015. *Sentiment Analysis: Mining Opinions, Sentiments, and Emotions.* Cambridge: Cambridge University Press. https://doi.org/10.1017/CBO9781139084789.

Liu, Pengfei, Weizhe Yuan, Jinlan Fu, Zhengbao Jiang, Hiroaki Hayashi & Graham Neubig. 2023. Pre-train, Prompt, and Predict: A Systematic Survey of Prompting Methods in Natural Language Processing. ACM Computing Surveys 55(9). 195:1-195:35. https://doi.org/10.1145/3560815.

Lobin, Henning. 2010. *Computerlinguistik und Texttechnologie* (UTB). Paderborn: Fink.

Lucy, Li & David Bamman. 2021. Gender and Representation Bias in GPT-3 Generated Stories. In *Proceedings of the Third Workshop on Narrative Understanding*, 48–55. Virtual. https://doi.org/10.18653/v1/2021.nuse-1.5.

Manning, Christopher D., Mihai Surdeanu, John Bauer, Jenny Finkel, Steven J. Bethard & David McClosky. 2014. The Stanford CoreNLP Natural Language Processing Toolkit. In *Association for Computational Linguistics (ACL) System Demonstrations*, 55–60. http://www.aclweb.org/anthology/P/P14/P14-5010.

Manzini, Thomas, Lim Yao Chong, Alan W Black & Yulia Tsvetkov. 2019. Black is to Criminal as Caucasian is to Police: Detecting and Removing Multiclass Bias in Word Embeddings. In *Proceedings of the 2019 Conference of the North American Chapter of the Association for Computational Linguistics: Human Language Technologies, Volume 1 (Long and Short Papers)*, 615–621. Minneapolis, Minnesota. https://doi.org/10.18653/v1/N19-1062.

Marneffe, Marie-Catherine de, Christopher D. Manning, Joakim Nivre & Daniel Zeman. 2021. Universal Dependencies. *Computational Linguistics* 47(2). 255–308. https://doi.org/10.1162/coli_a_00402.

Martens, Scott. 2013. TüNDRA: A Web Application for Treebank Search and Visualization. In *Proceedings of The Twelfth Workshop on Treebanks and Linguistic Theories (TLT12)*, 133—144. Sofia. http://bultreebank.org/wp-content/uploads/2017/06/TLT12Proceedings-compressed.pdf.

McConnell-Ginet, Sally. 2011. *Gender, sexuality, and meaning: linguistic practice and politics* (Studies in Language and Gender). New York: Oxford University Press.

McEnery, Tony & Andrew Hardie. 2012. *Corpus linguistics: method, theory and practice* (Cambridge Textbooks in Linguistics). Cambridge [u. a]: Cambridge Univ. Press.

Meier-Vieracker, Simon. 2022. Fußballwortschatz digital. Korpuslinguistische Ressourcen für den Sprachunterricht. *Korpora Deutsch als Fremdsprache* 2(1). 7–24. https://doi.org/10.48694/kordaf-3485.

Menzel, Sina, Hannes Schnaitter, Josefine Zinck, Vivien Petras, Clemens Neudecker, Kai Labusch, Elena Leitner & Georg Rehm. 2021. Named Entity Linking mit Wikidata und GND – Das Potenzial handkuratierter und strukturierter Datenquellen für die semantische Anreicherung von Volltexten. In Michael Franke-Maier, Anna Kasprzik, Andreas Ledl & Hans Schürmann (Hrsg.), *Qualität in der Inhaltserschließung* (Bibliotheks- und Informationspraxis 70), 229–258. Berlin, Boston: De Gruyter Saur. https://doi.org/10.1515/9783110691597-012.

Menzel, Wolfgang. 2010. Zur Geschichte der Computerlinguistik. In Kai-Uwe Carstensen, Christian Ebert, Cornelia Ebert, Susanne Jekat, Ralf Klabunde & Hagen Langer (Hrsg.), *Computerlinguistik und Sprachtechnologie: Eine Einführung*, 18–25. 3., überarb. und erw. Aufl. Heidelberg: Spektrum.

Mikolov, Tomas, Kai Chen, Greg Corrado & Jeffrey Dean. 2013. Efficient Estimation of Word Representations in Vector Space. In *Workshop Proceedings of the 1st International Conference on Learning Representations (ICLR)*. Scottsdale, Arizona, USA. https://doi.org/10.48550/arXiv.1301.3781.

Mikolov, Tomas, Wen-tau Yih & Geoffrey Zweig. 2013. Linguistic Regularities in Continuous Space Word Representations. In *Proceedings of the 2013 Conference of the North American Chapter of the Association for Computational Linguistics: Human Language Technologies*, 746–751. Atlanta, Georgia. https://www.aclweb.org/anthology/N13-1090.

Mohammad, Saif. 2011. From Once Upon a Time to Happily Ever After: Tracking Emotions in Novels and Fairy Tales. In *Proceedings of the 5th ACL-HLT Workshop on Language Technology for Cultural Heritage, Social Sciences, and Humanities*, 105–114. Portland, OR, USA. https://aclanthology.org/W11-1514.

Monroe, Burt L., Michael P. Colaresi & Kevin M. Quinn. 2008. Fightin' Words: Lexical Feature Selection and Evaluation for Identifying the Content of Political Conflict. *Political Analysis* 16(4). 372–403. https://doi.org/10.1093/pan/mpn018.

Mosteller, Frederick & David L. Wallace. 1964. *Inference and Disputed Authorship: The Federalist* (Addison-Wesley Series in Behavioral Science: Quantitative Methods). Reading, Mass: Addison-Wesley.

Müller, Thomas, Helmut Schmid & Hinrich Schütze. 2013. Efficient Higher-Order CRFs for Morphological Tagging. In *Proceedings of the 2013 Conference on Empirical Methods in Natural Language Processing*, 322–332. Seattle, Washington, USA. http://www.aclweb.org/anthology/D13-1032.

Munro, Katherine. 2022. Natural Language Processing (NLP). In Papp, Stefan, Wolfgang Weidinger, Katherine Munro, Bernhard Ortner, Annalisa Cadonna, Georg Langs, Roxane Licandro et al. *Handbuch Data Science und KI: mit Machine Learning und Datenanalyse Wert aus Daten generieren*, 299–347. 2. Auflage. München: Hanser.

Murr, Sandra & Florian Barth. 2017. Digital Analysis of the Literary Reception of J. W. von Goethe's Die Leiden des jungen Werthers. In *Digital Humanities 2017. Conference Abstracts*, 540–542. Montréal, Canada. https://dh2017.adho.org/abstracts/DH2017-abstracts.pdf.

Nantke, Julia, Sandra Bläß & Marie Flüh. 2022. Literatur als Praxis. Neue Perspektiven auf Brief-Korrespondenzen durch digitale Verfahren. *Textpraxis: Digitales Journal für Philologie* 20(Sonderausgabe #6). https://doi.org/10.17879/64059432335.

Neumann, Günter. 2010. Text-basiertes Informationsmanagement. In Kai-Uwe Carstensen, Christian Ebert, Cornelia Ebert, Susanne Jekat, Ralf Klabunde & Hagen Langer (Hrsg.), *Computerlinguistik und Sprachtechnologie: Eine Einführung*, 576–615. 3., überarb. und erw. Aufl. Heidelberg: Spektrum.

Nguyen, Kim Anh, Sabine Schulte im Walde & Ngoc Thang Vu. 2016. Integrating Distributional Lexical Contrast into Word Embeddings for Antonym-Synonym Distinction. In *Proceedings of the 54th Annual Meeting of the Association for Computational Linguistics (Volume 2: Short Papers)*, 454–459. Berlin, Germany. https://aclanthology.org/P16-2074/.

Nissim, Malvina, Rik van Noord & Rob van der Goot. 2020. Fair Is Better than Sensational: Man Is to Doctor as Woman Is to Doctor. *Computational Linguistics* 46(2). 487–497. https://doi.org/10.1162/coli_a_00379.

Nivre, Joakim, Marie-Catherine de Marneffe, Filip Ginter, Yoav Goldberg, Jan Hajič, Christopher D. Manning, Ryan McDonald et al. 2016. Universal Dependencies v1: A Multilingual Treebank Collection. In *Proceedings of the Tenth International Conference on Language Resources and Evaluation (LREC'16)*, 1659–1666. Portorož, Slovenia. https://aclanthology.org/L16-1262.

OpenAI. 2019. Better Language Models and Their Implications. *OpenAI.* https://openai.com/blog/better-language-models/.

OpenAI. 2023. GPT-4 Technical Report. https://cdn.openai.com/papers/gpt-4.pdf.

Pagel, Janis & Nils Reiter. 2020. GerDraCor-Coref: A Coreference Corpus for Dramatic Texts in German. In *Proceedings of the Language Resources and Evaluation Conference (LREC)*, 55–64. Marseille, France. https://aclanthology.org/2020.lrec-1.7/.

Pagel, Janis, Nils Reiter, Ina Rösiger & Sarah Schulz. 2018. A Unified Text Annotation Workflow for Diverse Goals. In *Proceedings of the Workshop on Annotation in Digital Humanities*, 31–36. Sofia, Bulgaria. http://ceur-ws.org/Vol-2155/pagel.pdf.

Paun, Silviu, Ron Artstein & Massimo Poesio. 2022. *Statistical Methods for Annotation Analysis* (Synthesis Lectures on Human Language Technologies 54). Morgan & Claypool. https://doi.org/10.2200/S01131ED1V01Y202109HLT054.

Pennington, Jeffrey, Richard Socher & Christopher Manning. 2014. GloVe: Global Vectors for Word Representation. In *Proceedings of the 2014 Conference on Empirical Methods in Natural Language Processing (EMNLP)*, 1532–1543. Doha, Qatar. https://doi.org/10.3115/v1/D14-1162.

Perkuhn, Rainer, Holger Keibel & Marc Kupietz. 2012. *Korpuslinguistik.* Paderborn: Fink. Ergänzungskapitel unter https://corpora.ids-mannheim.de/libac/doc/libac-addOn-LexikalVielfalt.pdf.

Peters, Joachim & Natalie Dykes. 2021. Die palliativmedizinische Fachkultur in Geschichte und Gegenwart – sprachwissenschaftliche Perspektiven. In Marina Iakushevich, Yvonne Ilg & Theresa Schnedermann (Hrsg.), *Linguistik und Medizin. Sprachwissenschaftliche Zugänge und interdisziplinäre Perspektiven* (Sprache und Wissen 44), 197–217. Boston: De Gruyter.

Petram, Lodewijk, Jelle van Lottum, Rutger van Koert & Sebastiaan Derks. 2017. Small Lives, Big Meanings. Expanding the Scope of Biographical Data through Entity Linkage and Disambiguation. In *Proceedings of the Second Conference on Biographical Data in a Digital World*, 22–26. Linz, Austria. https://ceur-ws.org/Vol-2119/paper4.pdf.

Pichler, Axel & Nils Reiter. 2021. Zur Operationalisierung literaturwissenschaftlicher Begriffe in der algorithmischen Textanalyse. Eine Annäherung über Norbert Altenhofers hermeneutische Modellinterpretation von Kleists Das Erdbeben in Chili. *Journal of Literary Theory* 15(1–2). 1–29. https://doi.org/10.1515/jlt-2021-2008.

Pinna, Antonio & David Brett. 2018. Constance and variability. Using PoS-grams to find phraseologies in the language of newspapers. In Joanna Kopaczyk & Jukka Tyrkkö (Hrsg.), *Applications of Pattern-Driven Methods in Corpus Linguistics* (Studies in Corpus Linguistics 82), 109–130. Amsterdam/Philadelphia: Benjamins.

Plutchik, Robert. 2001. The Nature of Emotions: Human emotions have deep evolutionary roots, a fact that may explain their complexity and provide tools for clinical practice. *American Scientist* 89(4). 344–350.

Princeton University. 2010. About WordNet. Princeton University. http://wordnet.princeton.edu.

Puschmann, Cornelius, Hevin Karakurt, Carolin Amlinger, Nicola Gess & Oliver Nachtwey. 2022. RPC-Lex: A dictionary to measure German right-wing populist conspiracy discourse online. *Convergence: The International Journal of Research into New Media Technologies* 28(4). 1144–1171. https://doi.org/10.1177/13548565221109440.

Pustejovsky, James & Amber Stubbs. 2012. *Natural language annotation for machine learning.* Beijing [u. a.]: O'Reilly.

Qi, Peng, Yuhao Zhang, Yuhui Zhang, Jason Bolton & Christopher D. Manning. 2020. Stanza: A Python natural language processing toolkit for many human languages. In *Proceedings of the 58th annual meeting of the association for computational linguistics: System demonstrations.* 101–108. https://aclanthology.org/2020.acl-demos.14.pdf.

Radford, Alec, Jeffrey Wu, Rewon Child, David Luan, Dario Amodei & Ilya Sutskever. 2019. Language Models are Unsupervised Multitask Learners. https://cdn.openai.com/better-language-models/language_models_are_unsupervised_multitask_learners.pdf.

Rangel, Francisco, Fabio Celli, Paolo Rosso, Martin Potthast, Benno Stein & Walter Daelemans. 2015. Overview of the 3rd Author Profiling Task at PAN 2015. In *CLEF 2015 Labs and Workshops, Notebook Papers.* http://ceur-ws.org/Vol-1391/.

Rehbein, Malte. 2016. It's Our Department. On Ethical Issues of Digital Humanities. In Kristina Richts & Peter Stadler (Hrsg.), *„Ei, dem alten Herrn zoll' ich Achtung gern": Festschrift für Joachim Veit zum 60. Geburtstag*, 631–654. München: Allitera Verlag.

Rehbein, Malte & Christian Thies. 2017. Ethik. In Fotis Jannidis, Hubertus Kohle & Malte Rehbein (Hrsg.), *Digital Humanities: eine Einführung*, 353–357. Stuttgart: Metzler.

Reiter, Nils. 2018. CorefAnnotator – A New Annotation Tool for Entity References. In *EADH 2018.* Galway, Ireland. https://eadh2018.exordo.com/programme/presentation/118.

Reiter, Nils. 2020. Anleitung zur Erstellung von Annotationsrichtlinien. In Nils Reiter, Axel Pichler & Jonas Kuhn (Hrsg.), *Reflektierte algorithmische Textanalyse: Interdisziplinäre(s) Arbeiten in der CRETA-Werkstatt*, 193–202. Berlin, Boston: De Gruyter. https://doi.org/10.1515/9783110693973.

Reiter, Nils & Leonard Konle. 2022. Messverfahren zum Inter-annotator-agreement (IAA): Eine Übersicht. *DARIAH-DE Working Papers* 44. https://doi.org/10.47952/gro-publ-103.

Reiter, Nils, Marcus Willand & Evelyn Gius. 2019. A Shared Task for the Digital Humanities. Chapter 1: Introduction to Annotation, Narrative Levels and Shared Tasks. *Journal of Cultural Analytics* 4(3). https://doi.org/10.22148/16.048.

Remus, Robert, Uwe Quasthoff & Gerhard Heyer. 2010. SentiWS – A Publicly Available German-language Resource for Sentiment Analysis. In *Proceedings of the Seventh conference on International Language Resources and Evaluation (LREC'10).* https://aclanthology.org/L10-1339/.

Reuter, Gabriele. 1895. *Aus guter Familie.* Berlin: Fischer.

Reznicek, Marc. 2013. Guidelines Koreferenz. https://www.linguistik.hu-berlin.de/de/institut/professuren/korpuslinguistik/forschung/nosta-d/nosta-d-cor-1.1.

Rickheit, Gert, Lorenz Sichelschmidt & Hans Strohner. 2009. Gedanken ausdrücken und Sprache verstehen: Psycholinguistik. In Horst M. Müller (Hrsg.), *Arbeitsbuch Linguistik: eine Einführung in die Sprachwissenschaft* (UTB), 382–405. 2., überarb. und aktualisierte Aufl. Paderborn [u. a.]: Schöningh.

Rogers, Anna, Aleksandr Drozd & Bofang Li. 2017. The (too Many) Problems of Analogical Reasoning with Word Vectors. In *Proceedings of the 6th Joint Conference on Lexical and Computational Semantics (*SEM 2017)*, 135–148. Vancouver, Canada. https://doi.org/10.18653/v1/S17-1017.

Rösiger, Ina & Jonas Kuhn. 2016. IMS HotCoref DE: A Data-driven Co-reference Resolver for German. In *Proceedings of the Tenth International Conference on Language Resources and Evaluation LREC 2016, Portoröz, Slovenia, May 23-28, 2016.* 155–160. https://aclanthology.org/L16-1024/.

Rösiger, Ina, Sarah Schulz & Nils Reiter. 2018. Towards Coreference for Literary Text: Analyzing Domain-Specific Phenomena. In *Proceedings of the Second Joint SIGHUM Workshop on Computational Linguistics for Cultural Heritage, Social Sciences, Humanities and Literature*, 129–138. Santa Fe, New Mexico. https://aclanthology.org/W18-4515.

Russell, James. 1980. A Circumplex Model of Affect. *Journal of Personality and Social Psychology* 39. 1161–1178. https://doi.org/10.1037/h0077714.

Russell, James A & Albert Mehrabian. 1977. Evidence for a three-factor theory of emotions. *Journal of Research in Personality* 11(3). 273–294. https://doi.org/10.1016/0092-6566(77)90037-X.

Sap, Maarten, Dallas Card, Saadia Gabriel, Yejin Choi & Noah A. Smith. 2019. The Risk of Racial Bias in Hate Speech Detection. In *Proceedings of the 57th Annual Meeting of the Association for Computational Linguistics*, 1668–1678. Florence, Italy. https://doi.org/10.18653/v1/P19-1163.

Scharkow, Michael. 2013. Automatische Inhaltsanalyse. In Wiebke Möhring & Daniela Schlütz (Hrsg.), *Handbuch standardisierte Erhebungsverfahren in der Kommunikationswissenschaft*, 289–306. Wiesbaden: Springer Fachmedien. https://doi.org/10.1007/978-3-531-18776-1_16.

Schick, Timo, Sahana Udupa & Hinrich Schütze. 2021. Self-Diagnosis and Self-Debiasing: A Proposal for Reducing Corpus-Based Bias in NLP. *Transactions of the Association for Computational Linguistics* 9. 1408–1424. https://doi.org/10.5282/UBM/EPUB.92231.

Schiller, Anne, Simone Teufel, Christine Thielen & Christine Stöckert. 1999. Guidelines für das Tagging deutscher Textcorpora mit STTS (kleines und großes Tagset). http://www.sfs.uni-tuebingen.de/resources/stts-1999.pdf.

Schmid, Helmut. 1994. Probabilistic Part-of-Speech Tagging Using Decision Trees. In *Proceedings of International Conference on New Methods in Language Processing.* Manchester. https://www.cis.uni-muenchen.de/~schmid/tools/TreeTagger/data/tree-tagger1.pdf.

Schmidt, Thomas, Johanna Dangel & Christian Wolff. 2021. SentText: A Tool for Lexicon-based Sentiment Analysis in Digital Humanities. In Thomas Schmidt & Christian Wolff (Hrsg.), *Information between Data and Knowledge. Information Science and its Neighbors from Data Science to Digital Humanities. Proceedings of the 16th International Symposium of Information*

*Science (ISI 2021)*, 156–172. Glückstadt: Werner Hülsbusch. https://doi.org/10.5283/EPUB.44943.

Schmidt, Thomas, Katrin Dennerlein & Christian Wolff. 2021. Emotion Classification in German Plays with Transformer-based Language Models Pretrained on Historical and Contemporary Language. In *Proceedings of the 5th Joint SIGHUM Workshop on Computational Linguistics for Cultural Heritage, Social Sciences, Humanities and Literature*, 67–79. Punta Cana, Dominican Republic (online). https://doi.org/10.18653/v1/2021.latechclfl-1.8.

Schöch, Christof. 2018. Zeta für die kontrastive Analyse literarischer Texte. Theorie, Implementierung, Fallstudie. In Toni Bernhart, Marcus Willand, Sandra Richter & Andrea Albrecht (Hrsg.), *Quantitative Ansätze in den Literatur- und Geisteswissenschaften*. Berlin, Boston: De Gruyter. https://doi.org/10.1515/9783110523300-004.

Schöch, Christof. 2022. Quantitative Semantik. Word Embedding Models für literaturwissenschaftliche Fragestellungen. In Fotis Jannidis (Hrsg.), *Digitale Literaturwissenschaft: DFG-Symposion 2017* (Germanistische Symposien), 535–562. Stuttgart: J.B. Metzler. https://doi.org/10.1007/978-3-476-05886-7_22.

Schröder, Fynn, Hans Ole Hatzel & Chris Biemann. 2021. Neural End-to-end Coreference Resolution for German in Different Domains. In *Proceedings of the 17th Conference on Natural Language Processing (KONVENS 2021)*, 170–181. Düsseldorf, Germany. https://aclanthology.org/2021.konvens-1.15.

Schröter, Julian, Keli Du, Julia Dudar, Cora Rok & Christof Schöch. 2021. From Keyness to Distinctiveness – Triangulation and Evaluation in Computational Literary Studies. *Journal of Literary Theory* 15(1–2). 81–108. https://doi.org/10.1515/jlt-2021-2011.

Schwartz, Joan M. & Terry Cook. 2002. Archives, records, and power: The making of modern memory. *Archival Science* 2(1). 1–19. https://doi.org/10.1007/BF02435628.

Schwartz, Oscar. 2019. In 2016, Microsoft's Racist Chatbot Revealed the Dangers of Online Conversation. *IEEE Spectrum*. https://spectrum.ieee.org/in-2016-microsofts-racist-chatbot-revealed-the-dangers-of-online-conversation.

Schwartz, Roy, Jesse Dodge, Noah A. Smith & Oren Etzioni. 2020. Green AI. *Communications of the ACM* 63(12). 54–63. https://doi.org/10.1145/3381831.

Schwarz-Friesel, Monika & Jeannette Chur (Hrsg.). 2014. *Semantik: ein Arbeitsbuch* (Narr-Studienbücher). 6., grundlegend überarb. und erw. Aufl. Tübingen: Narr.

Scott, Mike. 1997. PC analysis of key words — And key key words. *System* 25(2). 233–245. https://doi.org/10.1016/S0346-251X(97)00011-0.

Seifert, Nicole. 2021. *Frauen Literatur: abgewertet, vergessen, wiederentdeckt*. Köln: Kiepenheuer & Witsch.

Siegel, Melanie & Francis Bond. 2021. OdeNet: Compiling a German WordNet from other Resources. In *Proceedings of the 11th Global Wordnet Conference*, 192–198. University of South Africa (UNISA). https://aclanthology.org/2021.gwc-1.22.

Speer, Robyn. 2017. How to make a racist AI without really trying. *ConceptNet blog*. http://blog.conceptnet.io/posts/2017/how-to-make-a-racist-ai-without-really-trying/.

Strachnyi, Kate. 2022. *ColorWise: A Data Storyteller's Guide to the Intentional Use of Color*. O'Reilly Media.

Strubell, Emma, Ananya Ganesh & Andrew McCallum. 2019. Energy and Policy Considerations for Deep Learning in NLP. In *Proceedings of the 57th Annual Meeting of the Association for Computational Linguistics*, 3645–3650. Florence, Italy. https://doi.org/10.18653/v1/P19-1355.

Telljohann, Heike, Erhard Hinrichs, Sandra Kübler, Heike Zinsmeister & Kathrin Beck. 2017. Stylebook for the Tübingen Treebank of Written German (TüBa-D/Z). http://www.sfs.uni-tuebingen.de/fileadmin/static/ascl/resources/tuebadz-stylebook-1707.pdf.

Tesnière, Lucien. 1959. *Éléments de syntaxe structurale*. Paris: Klincksieck.

Tognini-Bonelli, Elena. 2001. *Corpus linguistics at work* (Studies in Corpus Linguistics 6). Amsterdam [u. a.]: Benjamins.

Trier, Jost. 1931. *Der deutsche Wortschatz im Sinnbezirk des Verstandes* (Germanische Bibliothek, Zweite Abteilung: Untersuchungen und Texte 31). Vol. 1. Heidelberg: Winter.

Trilcke, Peer. 2019. Wortwelten der Wahlprogramme. Digitale Analysen der Programme der Parteien zur brandenburgischen Landtagswahl 2019. *Netzwerk Digitale Geisteswissenschaften*. https://www.uni-potsdam.de/de/digital-humanities/blog/wahlanalyse2019.

Troiano, Enrica, Laura Oberländer & Roman Klinger. 2023. Dimensional Modeling of Emotions in Text with Appraisal Theories: Corpus Creation, Annotation Reliability, and Prediction. *Computational Linguistics* 49(1). 1–72. https://doi.org/10.1162/coli_a_00461.

Tuggener, Don. 2016. *Incremental Coreference Resolution for German*. Universität Zürich. https://www.cl.uzh.ch/dam/jcr:b2212d28-6248-47dc-a4e3-04206ff4c6db/tuggener_diss.pdf.

Tunstall, Lewis, Leandro von Werra, Thomas Wolf & Aurélien Géron. 2022. *Natural language processing with transformers: building language applications with hugging face*. Sebastopol: O'Reilly.

Turney, Peter D. & Patrick Pantel. 2010. From Frequency to Meaning: Vector Space Models of Semantics. *Journal of Artificial Intelligence Research* 37. 141–188. https://doi.org/10.1613/jair.2934.

Vala, Hardik, David Jurgens, Andrew Piper & Derek Ruths. 2015. Mr. Bennet, his coachman, and the Archbishop walk into a bar but only one of them gets recognized: On The Difficulty of Detecting Characters in Literary Texts. In *Proceedings of the 2015 Conference on Empirical Methods in Natural Language Processing*, 769–774. Lisbon, Portugal. https://doi.org/10.18653/v1/D15-1088.

VanderPlas, Jake. 2016. *Python Data Science Handbook. Essential Tools for Working with Data*. Beijing: O'Reilly.

Vaswani, Ashish, Noam Shazeer, Niki Parmar, Jakob Uszkoreit, Llion Jones, Aidan N Gomez, Łukasz Kaiser & Illia Polosukhin. 2017. Attention is All you Need. In *Advances in Neural Information Processing Systems*, vol. 30, 1–11. https://proceedings.neurips.cc/paper_files/paper/2017/hash/3f5ee243547dee91fbd053c1c4a845aa-Abstract.html.

Wagner, Claudia, Eduardo Graells-Garrido, David Garcia & Filippo Menczer. 2016. Women through the glass ceiling: gender asymmetries in Wikipedia. *EPJ Data Science* 5(1). 1–24. https://doi.org/10.1140/epjds/s13688-016-0066-4.

Wartena, Christian. 2019. A Probabilistic Morphology Model for German Lemmatization. In *Proceedings of the 15th Conference on Natural Language Processing (KONVENS 2019)*, 40–49. https://konvens.org/proceedings/2019/papers/KONVENS2019_paper_10.pdf.

Westpfahl, Swantje, Thomas Schmidt, Jasmin Jonietz & Anton Borlinghaus. 2017. *STTS 2.0. Guidelines für die Annotation von POS-Tags für Transkripte gesprochener Sprache in Anlehnung an das Stuttgart Tübingen Tagset (STTS).* Mannheim: Institut für Deutsche Sprache. http://nbn-resolving.de/urn:nbn:de:bsz:mh39-60634.

Wevers, Melvin & Marijn Koolen. 2020. Digital begriffsgeschichte: Tracing semantic change using word embeddings. *Historical Methods: A Journal of Quantitative and Interdisciplinary History* 53(4). 226–243. https://doi.org/10.1080/01615440.2020.1760157.

Wevers, Melvin & Jesper Verhoef. 2018. Coca-Cola: An Icon of the American Way of Life. An Iterative Text Mining Workflow for Analyzing Advertisements in Dutch Twentieth-Century Newspapers. *Digital Humanities Quarterly* 11(4). http://www.digitalhumanities.org/dhq/vol/11/4/000338/000338.html.

Widmann, Tobias & Maximilian Wich. 2022. Creating and Comparing Dictionary, Word Embedding, and Transformer-Based Models to Measure Discrete Emotions in German Political Text. *Political Analysis* 1–16. https://doi.org/10.1017/pan.2022.15.

Wiegand, Michael, Maximilian Wolf & Josef Ruppenhofer. 2018. Negation Modeling for German Polarity Classification. In Georg Rehm & Thierry Declerck (Hrsg.), *Language Technologies for the Challenges of the Digital Age* (Lecture Notes in Computer Science 10713), 95–111. Cham: Springer International Publishing. https://doi.org/10.1007/978-3-319-73706-5_9.

Wikimedia Foundation. 2019. Community Insights/2018 Report. https://meta.wikimedia.org/wiki/Community_Insights/2018_Report.

Willand, Marcus & Nils Reiter. 2017. Geschlecht und Gattung. Digitale Analysen von Kleists ‚Familie Schroffenstein'. In *KLEIST-JAHRBUCH 2017* (Kleist-Jahrbuch), 177–195. Stuttgart: J. B. Metzler. https://doi.org/10.1007/978-3-476-04516-4_16.

Winter, Bodo. 2020. *Statistics for linguists: an introduction using R.* New York: Routledge, Taylor & Francis Group.

Wüest, Bruno, Simon Clematide, Alexandra Bünzli & Daniel Laupper. 2011. Semi-Automatic Core Sentence Analysis: Improving Content Analysis for Electoral Campaign Research. *International Relations Online Working Paper* (1). https://www.sowi.uni-stuttgart.de/dokumente/forschung/irowp/IROWP_Series_2011_1_Wueest_Clematide_Buenzli_Laupper_Content_Analysis.pdf.

Zeh, Juli. 2009. *Corpus Delicti.* Frankfurt a. M.: Schöffling.

Zehe, Albin, Martin Becker, Lena Hettinger, Andreas Hotho, Isabella Reger & Fotis Jannidis. 2016. Prediction of Happy Endings in German Novels based on Sentiment Information. In *Proceedings of the Workshop on Interactions between Data Mining and Natural Language Processing 2016,* 9–16. http://ceur-ws.org/Vol-1646/paper2.pdf.

Zhao, Jieyu, Tianlu Wang, Mark Yatskar, Vicente Ordonez & Kai-Wei Chang. 2017. Men Also Like Shopping: Reducing Gender Bias Amplification using Corpus-level Constraints. In *Proceedings of the 2017 Conference on Empirical Methods in Natural Language Processing,* 2979–2989. Copenhagen, Denmark. https://doi.org/10.18653/v1/D17-1323.

Ziem, Alexander & Alexander Lasch. 2013. *Konstruktionsgrammatik: Konzepte und Grundlagen gebrauchsbasierter Ansätze* (Germanistische Arbeitshefte 44). Berlin [u. a.]: De Gruyter.

Zinsmeister, Heike. 2014. Pragmatik. In Jakob Ossner & Heike Zinsmeister (Hrsg.), *Sprachwissenschaft für das Lehramt* (UTB), 245–280. Paderborn: Schöningh.

Zipf, George Kingsley. 1949. *Human behavior and the principle of least effort: an introduction to human ecology.* New York [u. a.]: Hafner.

Zweig, Katharina A. 2019. *Ein Algorithmus hat kein Taktgefühl: wo Künstliche Intelligenz sich irrt, warum uns das betrifft und was wir dagegen tun können.* München: Heyne.

# Sachregister